일어문법 기초부터 고급까지 총정리

일본어문법
기초부터 JLPT까지

박재욱 지음

정진출판사

■저자 **박재욱**

국립 경상대학교 사범대학 일어교육과 졸업

관광 통역 안내원

한국 일본어 교육학회 정회원

전 유명 외국어학원 및 대기업 일본어 강사

JPT 시험 70회 이상 응시

전 고등학교 교사

현 중학교 교사

■저서

「JPT 보카 한권으로 끝내기」

「일본 상용한자 일촌맺기」

일본어문법
기초부터 *JLPT* 까지

초판 1쇄 발행 2011년   4월 15일
　　 10쇄 발행 2024년   6월 15일

발행인 박해성

발행처 정진출판사

지은이 박재욱

편집 김양섭, 박주홍

기획마케팅 이훈

디자인 허다경

출판등록 1989년 12월 20일 제 6–95호

주소 136–130 서울시 성북구 하월곡동 10–6

전화 02–917–9900

팩스 02–917–9907

홈페이지 www.jeongjinpub.co.kr

ISBN 978–89–5700–108–0   *13730

머리말

　외국어 학습에 있어서 가장 중요한 것은 탄탄한 기초를 토대로 꾸준히 반복, 연습하여 실력을 쌓아가는 것이라고 생각합니다. 그러나 안타깝게도 많은 학습자들은 자신의 실력을 과신하여 기초는 쉽게 지나쳐 버리고 그저 빨리 배우기 위해 잘못된 학습 방향을 설정하여 공부하고 있는 것이 현실입니다. 특히 일본어는 우리말과 매우 비슷한 문법구조를 가지고 있기 때문에 다른 외국어에 비해 배우기 쉬운 것 또한 사실입니다. 하지만 일본어를 너무 쉽게만 생각하고 시작했다가 기초에서 벗어나지 못하고 중도에 포기하게 되는 경우도 많습니다.

　저자는 그동안 학교와 학원 등 여러 곳에서 많은 학생들을 가르쳐 왔습니다. 그 과정에서 어떻게 하면 학습자가 일본어 문법을 합리적이고 체계적으로 학습할 수 있는가에 대해 고민해 왔습니다. 여러 날 동안 저의 경험과 생각을 고민하고 연구, 정리한 끝에 마침내 이 책을 집필하게 되었습니다. 다시 말해, 일본어 공부를 하는 학습자가 기초를 탄탄히 하여 중·상급 과정까지 포기하는 일 없이 실력을 쌓을 수 있게 길잡이 역할을 하는 것이 이 책의 집필 목적입니다.

　이 책의 가장 큰 특징은 다음과 같습니다. 제1부에서는 일본어 공부를 시작하는 학습자를 위한 기초 문법을, 제2부에서는 중·상급자를 위한 문법으로 나누어 책을 구성했습니다. 따라서 기초가 부족한 학습자는 제1부를 중심으로 공부하고, 더 깊게 일본어 문법을 필요로 하는 학습자는 제2부까지 보기를 권합니다. 특히, 교재에 수록된 문제들은 기출문제를 변형해 만들었기 때문에 실제 시험에서의 적응력을 높여 고득점 달성에도 도움을 줄 수 있을 것입니다.

　조금 안다는 것은 모르는 것보다 위험하다고 했습니다. 부디, 이 책으로 꾸준히 학습하여 문법으로 인해 일본어를 포기하는 일 없이 자신이 원하는 수준까지 일본어를 익힐 수 있기를 바랍니다. 이것이 부끄럽지만 조심스럽게 이 책을 여러분 앞에 내놓는 저자의 작은 바람입니다.

　마지막으로 이 책이 나오기까지 도움을 주신 윤준호 선생님, 지상훈 선생님, 유코 선생님, 사오리 선생님께 감사드리며 항상 옆에서 지켜봐 주는 사랑하는 나의 가족에게 이 책을 바칩니다.

2011. 3월

가깝지만 바다가 더욱 그리운 포항에서 저자 씀

이 책의 구성과 특징

각 과의 주요 문법 사항을 학교전통문법에 맞추어 설명했습니다.

도표를 통해 한눈에 이해할 수 있도록 일목요연하게 정리하였습니다.

각 과에서 학습한 내용을 확인할 수 있도록 〈기초확인문제〉를 실었습니다.

JPT/JLPT(일본어 능력시험)의 기출 유형에 맞추어 〈실전확인문제〉를 실었습니다.

동사 · 조동사 활용별 연습을 이해하기 쉽도록 자세한 설명과 함께 연습문제를 실었습니다.

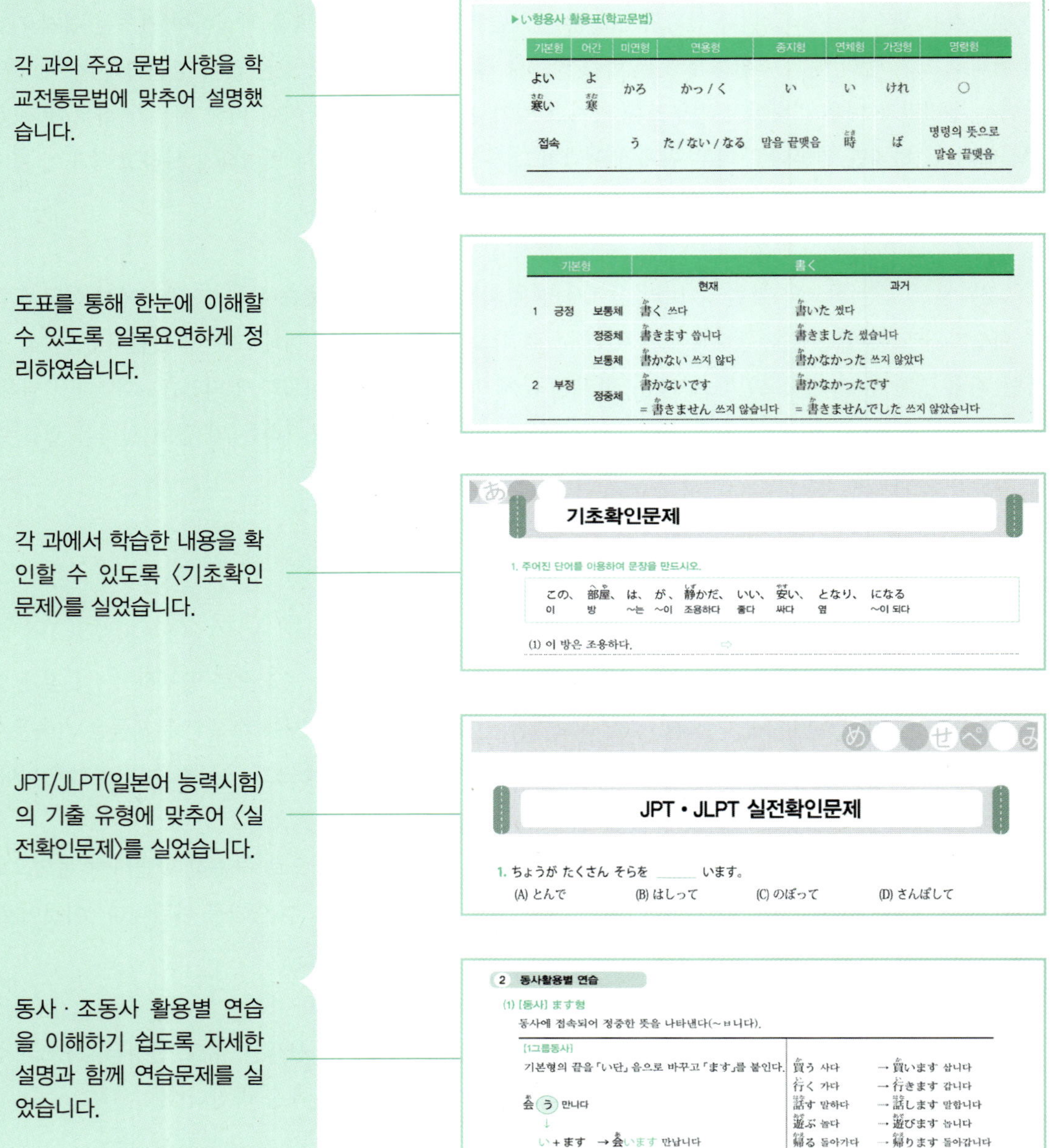

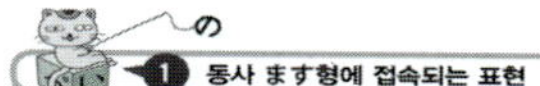

시험에 자주 나오는 한자어					
1자 한자어(시간·계절)					
朝 아침	昼 낮	晩 저녁	夜 밤	暁 새벽	夕べ 저녁
宵 밤	闇 어둠	春 봄	夏 여름	秋 가을	冬 겨울
古 옛날	今 지금	暦 달력	齢 연령	暇 여유	昔 옛날
先 먼저	後 뒤(시간적)	半ば 반(절반)	年 나이	初め 처음	日 해, 날

시험에 자주 나오는 단어를 품사별로 정리하였습니다.

1 동사 ます형에 접속되는 표현

01 동사 ます형 + はじめる : ~하기 시작하다(동작의 개시를 나타내는 동작동사에 붙음)
- 子どもが歩きはじめた。 아이가 걷기 시작했다.

02 동사 ます형 + だす : ~하기 시작하다(자연현상이나 감정, 생리 등을 나타내는 무의지동사에 붙음)
- その子は突然泣きだした。 그 아이는 갑자기 울기 시작했다.

동사에 접속되는 표현을 유형별로 정리하였습니다.

check　ごろ / ぐらい / ほど

1. ごろ　약(約), 시점
- 明日十時ごろ来てください。 내일 10시쯤 와 주세요.

2. ぐらい
① 대략의 「양」
- きのうは五時間ぐらい勉強した。 어제는 5시간 정도 공부했다.

check를 통해 유사표현에 관한 차이점 및 보충내용을 정리하였습니다.

1. 가타카나			
Eメール 이메일	テレビ 텔레비전	ゲーム 게임	サッカー 축구
スポーツ 스포츠	コンピューター 컴퓨터	デパート 백화점	バス 버스
インターネット 인터넷	コーヒー 커피	パン 빵	ジュース 쥬스
テニス 테니스	キムチ 김치	ホームページ 홈페이지	ノート 노트
タバコ 담배	シャツ 셔츠	ジャズ 재즈	ロック 록

가타가나/고어/편지의 서식 등의 내용을 정리하였습니다.

5. 신체 관련 관용구

頭 머리

- 頭が上がらない 고개를 들지 못하다. 큰 소리를 칠 수 없다.
- 頭が固い 고지식하다.
- 頭が切れる 두뇌가 명석하다.

신체 부위별 관용구와 그에 관련된 문제를 정리하였습니다.

 책 속의 모든 내용을 상세하게 설명한 음성강의를 mp3 음원을 통해 들으면서 학습할 수 있습니다.

차례

일본어의 입문　　1. 일본어의 문자 …………………………………………………… 12

2. 일본어의 발음 …………………………………………………… 13

3. 일본어 문법에서 반드시 알아야 하는 용어 ………………… 16

제1부 초급자가 반드시 알아야 할 문법

제1장 | 명사　　1. 명사의 성질 …………………………………………………… 22

2. 명사의 분류 …………………………………………………… 23

3. 명사의 기본문형 ……………………………………………… 32

■ 기초확인문제 ………………………………………………… 36

■ JPT · JLPT 실전확인문제 …………………………………… 38

제2장 | い형용사　　1. い형용사의 성질 ……………………………………………… 41

2. い형용사의 활용 ……………………………………………… 42

3. い형용사 활용별 용례 연습 ………………………………… 43

■ 기초확인문제 ………………………………………………… 49

■ JPT · JLPT 실전확인문제 …………………………………… 51

제3장 | な형용사　　1. な형용사의 성질 ……………………………………………… 54

2. な형용사의 활용 ……………………………………………… 55

3. な형용사 활용별 용례 연습 ………………………………… 56

■ 기초확인문제 ………………………………………………… 63

■ JPT · JLPT 실전확인문제 …………………………………… 65

제4장 | 동사　　1. 동사의 성질 …………………………………………………… 68

2. 동사의 종류 …………………………………………………… 69

3. 동사의 활용형 및 용법 ……………………………………… 71

Contents

	4. 동사의 음편	85
	5. 존재 표현「あります・います」	90
	6. 자동사와 타동사	93
	7. ~ている와 ~てある	95
	8. 수수표현	98
	■ 기초확인문제	102
	■ JPT · JLPT 실전확인문제	105
제5장 | **조동사**	1. 조동사의 성질	108
	2. 조동사의 분류	109
	3. 동사 활용형의 조동사	110
	4. い형용사 활용형의 조동사	119
	5. な형용사 활용형의 조동사	121
	6. 특수 활용형의 조동사	126
	7. 무변화 활용형의 조동사	127
	■ 기초확인문제	133
	■ JPT · JLPT 실전확인문제	135
제6장 | **조사**	1. 조사의 성질	138
	2. 격조사	139
	3. 종조사	143
	■ 기초확인문제	147
	■ JPT · JLPT 실전확인문제	147
제7장 | **경어**	1. 경어의 종류	151
	■ 기초확인문제	153
	■ JPT · JLPT 실전확인문제	154

제2부 중·상급자가 반드시 알아야 할 문법

제1장 | 명사 (2)
1. 지시사 ······································· 158
2. 형식명사 ····································· 160
3. 명사의 구성 ································· 171
■ JPT · JLPT 실전확인문제 ············· 180

제2장 | い형용사 (2)
1. 복합 い형용사 ····························· 183
2. い형용사 어간의 용법 ················· 183
3. い형용사의 음편 ························· 185
■ JPT · JLPT 실전확인문제 ············· 190

제3장 | な형용사 (2)
1. 특수한 활용을 하는 な형용사 ······· 193
2. 복합 な형용사 ····························· 194
3. な형용사의 구성 ························· 194
■ JPT · JLPT 실전확인문제 ············· 200

제4장 | 동사 (2)
1. 동사「ます형」에 접속되는 표현 ····· 203
2. 동사「ない형」에 접속되는 표현 ····· 207
3. 동사「て형」에 접속되는 표현 ······· 210
4. 동사「た형」에 접속되는 표현 ······· 211
5. 동사 기본형에 접속되는 표현 ······· 212
6. 동사 의지형에 접속되는 표현 ······· 214
7. 여러 가지 명령 표현 ················· 215
8. 여러 가지 형태의 동사 ··············· 216
9. 자동사와 타동사 (2) ················· 221
10. 말하는 사람의 마음을 나타내는 표현 ············· 225
11. 추측 · 판단을 나타내는 표현 ······· 227
■ JPT · JLPT 실전확인문제 ············· 235

제5장 | 조건·가정의 표현

1. と …………………………………………………………………………… 238
2. ば …………………………………………………………………………… 239
3. たら ………………………………………………………………………… 241
4. なら ………………………………………………………………………… 242
■ JPT·JLPT 실전확인문제 ……………………………………………… 243

제6장 | 연체사

1. 연체사의 성질 ……………………………………………………………… 246
2. 연체사의 종류 ……………………………………………………………… 246
3. 연체사의 전개 ……………………………………………………………… 247

제7장 | 부사

1. 부사의 성질 ………………………………………………………………… 249
2. 부사의 종류 ………………………………………………………………… 249
3. 부사의 다양한 의미별 분류 …………………………………………… 259
4. 합성의 부사 ………………………………………………………………… 275
5. 의성어·의태어 …………………………………………………………… 277
■ JPT·JLPT 실전확인문제 ……………………………………………… 294

제8장 | 접속사

1. 접속사의 성질 ……………………………………………………………… 297
2. 접속사의 역할 ……………………………………………………………… 298
3. 접속사의 의미상의 분류 ………………………………………………… 298
4. 합성의 접속사 ……………………………………………………………… 303
5. 접속사와 혼동하기 쉬운 부사와 조사 ……………………………… 303
■ JPT·JLPT 실전확인문제 ……………………………………………… 308

제9장 | 감동사

1. 감동사의 성질 ……………………………………………………………… 311
2. 감동사의 종류 ……………………………………………………………… 312

Contents

제10장 | 조사 (2)

1. 조사의 분류 ································ 313
2. 접속조사 ································ 313
3. 부조사 ································ 320
■ JPT · JLPT 실전확인문제 ················ 328

제11장 | 경어 (2)

• 경어표 ································ 331
■ JPT · JLPT 실전확인문제 ················ 334

부 록

1. 가타카나 ································ 338
2. 고어 ································ 340
3. 축약 ································ 342
4. 편지의 서식 ································ 345
5. 신체 관련 관용구 ························ 346
6. JPT · JLPT 관용구 확인문제 ············ 360
7. 정답 및 해설 ································ 363
8. 핵심 문형 · 어휘 찾아보기 ··············· 377

일본어의 입문

1. 일본어의 문자

2. 일본어의 발음

3. 일본어 문법에서 반드시 알아야 하는 용어

일본어를 표기하는 글자에는 「ひらがな(平仮名)」와 「カタカナ(片仮名)」 그리고 「한자(漢字)」의 세 가지가 있다. 「ひらがな」는 한자의 초서체를 본떠서 만들었고, 「カタカナ」는 승려가 불교경전을 정확하게 읽는 방법을 나타내기 위하여 문장의 좌우행간 등에 써넣은 것으로 한자의 자획을 생략하거나 모방해서 만든 문자이다. 주로 외래어, 외국의 인명과 지명, 의성어와 의태어, 전보문, 동·식물명 등과 어떤 말을 강조하고자 할 때 쓰인다. 「한자」는 음을 따라 읽는 음독(音読み)과 일본 고유어에 한자의 뜻을 맞추어 읽는 훈독(訓読み)이 있다. 한자에 따라서는 「음(音)」 또는 「훈(訓)」만으로 읽는 방법, 2개 이상의 한자를 조립하여 새로운 숙어를 만들어 「音+音, 訓+訓, 音+訓, 訓+音」 등으로 읽는 방법이 다양하다.

▶ **오십음도**(五十音図)

ひらがな	あ단	い단	う단	え단	お단
あ행	あ a	い i	う u	え e	お o
か행	か ka	き ki	く ku	け ke	こ ko
さ행	さ sa	し shi	す su	せ se	そ so
た행	た ta	ち chi	つ tsu	て te	と to
な행	な na	に ni	ぬ nu	ね ne	の no
は행	は ha	ひ hi	ふ hu	へ he	ほ ho
ま행	ま ma	み mi	む mu	め me	も mo
や행	や ya		ゆ yu		よ yo
ら행	ら ra	り ri	る ru	れ re	ろ ro
わ행	わ wa				を o
	ん n				

カタカナ	ア단	イ단	ウ단	エ단	オ단
ア행	ア a	イ i	ウ u	エ e	オ o
カ행	カ ka	キ ki	ク ku	ケ ke	コ ko
サ행	サ sa	シ shi	ス su	セ se	ソ so
タ행	タ ta	チ chi	ツ tsu	テ te	ト to
ナ행	ナ na	ニ ni	ヌ nu	ネ ne	ノ no
ハ행	ハ ha	ヒ hi	フ hu	ヘ he	ホ ho
マ행	マ ma	ミ mi	ム mu	メ me	モ mo
ヤ행	ヤ ya		ユ yu		ヨ yo
ラ행	ラ ra	リ ri	ル ru	レ re	ロ ro
ワ행	ワ wa				ヲ o
	ン n				

2 일본어의 발음

일본어의 발음은 그 특징에 따라 청음(淸音) · 탁음(濁音) · 반탁음(半濁音) · 요음(拗音) · 촉음(促音) · 발음(撥音) · 장음(長音) 7가지로 나눌 수 있다.

1 청음(淸音 ; せいおん)

일본어의 음을 가나(かな)로 표기했을 때 「゛」나 「゜」이 붙지 않는 음으로, 「きゃ · きゅ · きょ」등에 「゛」이 붙지 않은 요음과 「ん」도 청음에 포함된다. 청음이란 성대의 울림 없이 맑은 소리를 내는 음을 말한다.

2 탁음(濁音 ; だくおん)

일본어의 음을 가나(かな)로 표기했을 때 「゛」가 붙는 음으로, 「か · さ · た · は행」 오른쪽 위에 탁점 「゛」을 찍어 표기한다. 탁음이란 성대의 울림이 섞여 탁한 소리가 나는 음을 말한다. 현재 표준어에서는 「じ」와 「ぢ」, 「ず」와 「づ」의 발음이 같다

→ が · ざ · だ · ば행

が [ga]	ぎ [gi]	ぐ [gu]	げ [ge]	ご [go]
ざ [za]	じ [ji]	ず [zu]	ぜ [ze]	ぞ [zo]
だ [da]	ぢ [ji]	づ [zu]	で [de]	ど [do]
ば [ba]	び [bi]	ぶ [bu]	べ [be]	ぼ [bo]

3 반탁음(半濁音 ; はんだくおん)

일본어의 음을 가나(かな)로 표기했을 때 글자의 오른쪽 위에 반탁점 「゜」이 붙는 음으로, 「は행」에만 있는 음이다.

ぱ [pa]	ぴ [pi]	ぷ [pu]	ぺ [pe]	ぽ [po]

4 요음(拗音 ; ようおん)

일본어의 음을 가나(かな)로 표기했을 때 「や、ゆ、よ」가 「い단」의 글자, 즉 「き、ぎ、し、じ、ち、に、ひ、び、ぴ、み、り」의 오른쪽 아래에 절반 크기로 붙어 두 글자가 하나의 짝을 이루어 내는 음을 말한다. 요음은 문자는 2개이지만, 하나의 글자로 취급하여 1박자의 길이를 갖는다.

きゃ [kya]	きゅ [kyu]	きょ [kyo]	ぎゃ [gya]	ぎゅ [gyu]	ぎょ [gyo]
しゃ [sya]	しゅ [syu]	しょ [syo]	じゃ [ja]	じゅ [ju]	じょ [jo]
ちゃ [cha]	ちゅ [chu]	ちょ [cho]			
にゃ [nya]	にゅ [nyu]	にょ [nyo]			
ひゃ [hya]	ひゅ [hyu]	ひょ [hyo]	びゃ [bya]	びゅ [byu]	びょ [byo]
			ぴゃ [pya]	ぴゅ [pyu]	ぴょ [pyo]
みゃ [mya]	みゅ [myu]	みょ [myo]			
りゃ [rya]	りゅ [ryu]	りょ [ryo]			

5 촉음(促音 ; そくおん, つまる音)

일본어의 음을 가나(かな)로 표기할 경우 작게 쓰인 「っ」의 발음을 말한다. 뒤에 오는 글자에 따라 발음이 달라지고, 우리말의 받침과 같은 역할을 하지만 1박자의 길이만큼 발음한다.

① 「か행」 앞에서 → [k(ㄱ)]

    がっこう [gakko:] 학교   にっき [nikki] 일기

② 「さ행」 앞에서 → [s(ㅅ)]

    けっせき [kesseki] 결석   ざっし [zasshi] 잡지

③ 「た행」 앞에서 → [t(ㄷ)]

    きって [kitte] 우표   よかった [yokatta] 좋았다, 다행이다

④ 「ぱ행」 앞에서 → [p(ㅂ)]

    いっぱい [ippai] 가득   きっぷ [kippu] 표

6 발음(撥音 ; はつおん, はねる音)

일본어의 음을 가나(かな)로 표기했을 때 「ん」으로 나타내는 음이다. 촉음처럼 뒤에 오는 음의 영향을 받아 우리말의 받침과 같은 역할을 하지만, 이 음 역시 1박자의 길이만큼 발음하며 단독으로는 사용되지 않는다.

① 「ま・ば・ぱ행」 앞에서 → [m(ㅁ)]

    てんぷら [tempura] 튀김요리   さんぽ [sampo] 산책   えんぴつ [empitsu] 연필

② 「さ・ざ・た・だ・な・ら행」 앞에서 → [n(ㄴ)]

    べんとう [bentou] 도시락   おんな [onna] 여자   うんどう [undou] 운동

③「か · が행」앞에서 → [ŋ(ㅇ)]

かんこく [kaŋkoku] 한국 　　　　おんがく [oŋgaku] 음악 　　　　りんご [riŋgo] 사과

④「あ · は · や · わ행」앞과 단어 끝에 올 때 → [N(ㄴ과 ㅇ의 중간음)]

ほんや [hoNya] 서점 　　　　でんわ [deNwa] 전화 　　　　ごはん [gohaN] 밥

7　장음(長音 ; ちょうおん)

일본어의 음을 가타카나로 표기할 때 「ー」로 표시되는 음으로, 말 그대로 길게 소리내는 음을 말한다. 바로 앞 음절의 입 모양 그대로 발음한다. 장음 하나는 1박자로 세며 단독으로는 사용되지 않는다. 장음의 유무에 따라 뜻이 달라지므로, 반드시 박자의 길이를 지켜서 발음해야 한다.

① あ단 + あ[a:]

おばあさん 할머니 — *cf.* おばさん 아주머니 　　　　おかあさん 어머니

② い단 + い[i:]

おじいさん 할아버지 — *cf.* おじさん 아저씨 　　　　おにいさん 형, 오빠

③ う단 + う[u:]

すうがく 수학 　　　　ふうふ 부부 　　　　くうき 공기

④ え단 + え 또는 え단 + い[e:]

おねえさん 언니, 누나 　　　　とけい 시계 　　　　せんせい 선생님

⑤ お단 + お 또는 お단 + う[o:]

おおい 많다 　　　　おとうさん 아버지 　　　　こうこう 고등학교

⑥ カタカナ의 장음은 「ー」로 나타낸다.

サービス 서비스 　　　　アイスクリーム 아이스크림 　　　　タクシー 택시

check 　**일본어의 모음 · 반모음 · 자음**

- 모음(母音 ; ぼいん) : 일본어에서는 보통 「あ、い、う、え、お」의 다섯 음을 모음이라고 한다.
- 반모음(半母音 ; はんぼいん) : 모음과 자음의 중간적인 성격을 가진 음으로써 「や、ゆ、よ、わ」 네 글자뿐이다.
- 자음(子音 ; しいん) : 오십음도에 나와 있는 음 중에서 모음과 반모음을 뺀 나머지 음이다.

어떤 단어를 한자와 섞어서 쓸 때 한자 다음에 붙여서 쓰여진 가나(かな)를 말한다.

行く 가다　　食べる 먹다　　難しい 어렵다　　静かだ 조용하다

① 。 － 구점(句点, まる) : 한 문장을 완전히 끝맺을 때 쓴다.
② 、 － 독점(読点, てん) : 말의 끊어짐과 계속됨을 확실히 할 때 쓴다.
③ ・ － 가운데점(なかてん) : 명사를 나열할 때 쓴다.
④ ( ) － 괄호(かっこ) : 어구나 문장 다음에 추가 사항을 덧붙일 때 쓴다.
⑤「 」－ 꺾쇠괄호(かぎかっこ) : 회화나 어구의 인용, 주의를 환기해야 하는 어구를 나타낼 때
　　　　　　　　　　쓴다.
⑥『 』－ 이중 꺾쇠괄호(ふたえかぎかっこ) :「 」안에 다시 어구를 인용할 때 쓴다.
⑦ 원칙적으로「?」「!」는 사용하지 않는다.

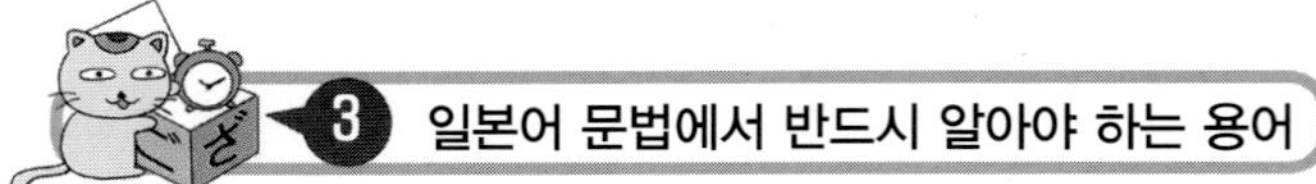

3 일본어 문법에서 반드시 알아야 하는 용어

1 단어(単語)

의미를 가지는 최소 단위.

夏 / は / ビール / が / おいしい。

여름 / 은 / 맥주 / 가 / 맛있다(5단어)

2 문절(文節)

문장을 크게 의미가 있는 단위로 자른 단위.

夏は / ビールが / おいしい。

여름은 / 맥주가 / 맛있다(3문절)

3 문(文)

의미·내용을 알 수 있고, 정해진 끝맺음 방식인「。」을 붙인 말의 덩어리.

夏は ビールが おいしい。

여름은 맥주가 맛있다.(1문)

4 문(文)의 종류

(1) 술어에 의한 분류

- 명사문　　　　わたしは 学生だ。나는 학생이다.
- い형용사문　　バナナは おいしいです。바나나는 맛있습니다.
- な형용사문　　さくらは きれいです。벚꽃은 예쁩니다.
- 동사문　　　　太郎は 手紙を 書きます。타로는 편지를 씁니다.

(2) 문의 형태에 의한 분류

- 평서문　　　これは 本です。이것은 책입니다.
- 의문문　　　それは 本ですか。그것은 책입니까?
- 명령문　　　本を 読みなさい。책을 읽으세요.
- 감동문　　　ああ、きれいだ。아, 아름답다.

(3) 문의 구조에 의한 분류

- 단문　　　하나의 주어와 술어로 이루어진 문(文)
　　　　　太郎は 学生だ。타로는 학생이다.
- 중문　　　두 개 이상의 주어와 술어르 이루어진 문(文)
　　　　　太郎は 学生で、花子は 先生だ。타로는 학생이고 하나코는 선생님이다.
- 복문　　　주절과 종속절로 이루어진 문(文)
　　　　　太郎は 花子が 来ることを 知っている。타로는 하나코가 오는 것을 알고 있다.

5 자립어와 부속어

- 자립어 :「つくえ(책상), 行く(가다), おいしい(맛있다)」등과 같이 단독으로 쓰여도 의미를 나타낼 수 있는 말로 명사, 동사, い형용사, な형용사, 부사, 접속사 등이 해당된다.
- 부속어 :「たい(~하고 싶다), ~ます(~ㅂ니다), ~です(~입니다), が(~가), は(~는)」와 같이 단독으로 사용되지 않고 항상 자립어에 붙어서 사용되는 문법관계를 나타내는 것으로 조동사, 조사 등이 해당된다.

- 체언 : 조사의 도움을 받아 문장에서 주체의 구실을 하는 단어.(명사, 대명사, 수사)
- 용언 : 문장의 주체를 서술하는 기능을 가진 단어.(동사, い형용사, な형용사)

7 활용

「飲む(마시다)」라고 하는 말은 「飲みます(마십니다), 飲まない(마시지 않는다), 飲めば(마시면), 飲んで(마시고)」와 같이 여러 형태로 바뀐다. 이와 같은 어미의 변화를 활용이라고 한다.(동사, い형용사, な형용사, 조동사)

8 일본어 품사 분류

단어를 문장 구성상의 성질에 따라 분류하는 것을 품사 분류라고 하고, 품사 분류가 가능한 같은 성질을 갖는 단어의 그룹을 품사라고 한다. 품사는 자립할 수 있느냐 없느냐, 활용을 하느냐 못 하느냐에 따라 10품사로 분류된다.

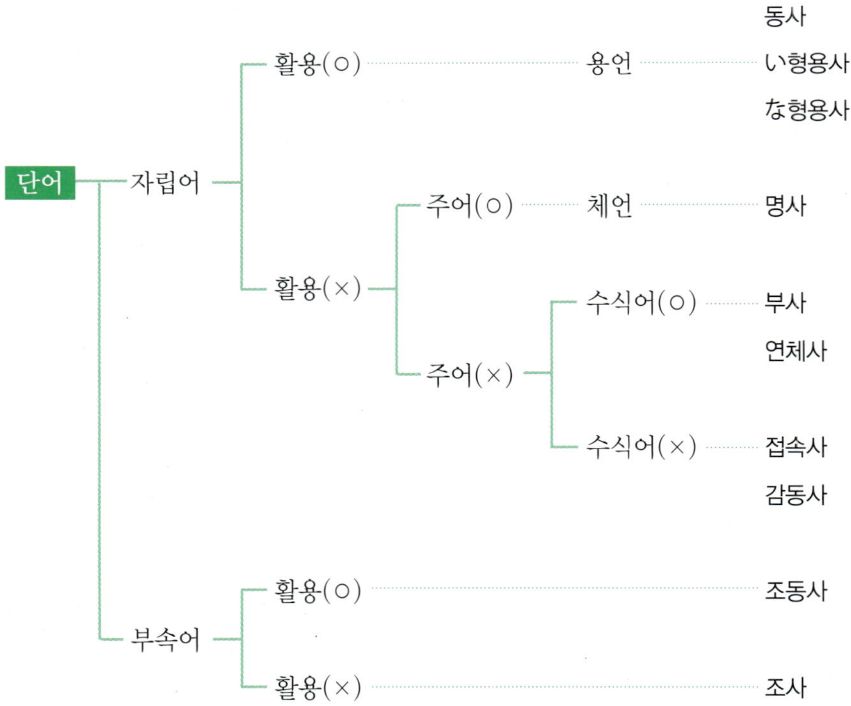

(1) 명사

전형적으로 물건의 이름을 나타내고, 문장의 주어와 목적어가 되는 단어이다. 명사에는 보통명사, 고유명사, 형식명사, 대명사 등이 있다.

(2) い형용사

「おいしい、暑い、大きい」 등은 종지형의 어미가 「-i」로 끝나기 때문에 い형용사라고 하며, 사물과 사람 등의 상태, 성질, 가치판단, 사람이 갖는 감정, 감각 등을 나타내는 말이다.

(3) な형용사

「きれいだ、元気だ、便利だ」 등은 뒤에 오는 명사를 수식할 때 「きれいな顔、元気な子供、便利な所」 등과 같이 「な」를 삽입하기 때문에 일본어 교육에서는 な형용사라고 한다. な형용사는 い형용사와 같이 사물과 사람 등의 상태나 성질을 나타내는 말이다.

(4) 동사

「行く、食べる、見る、する」 등과 같이 「う단」 음으로 끝나는 자립어로, 동작이나 상태, 사물의 변화, 상황 등을 나타내는 말이다.

(5) 부사

「とても、もっと、少し」 등 동사와 형용사, 다른 부사를 수식하는 말로, 활용하지 않는 자립어를 말한다.

(6) 연체사

체언 앞에 연결되어 체언을 수식하는 단어를 말한다.

(7) 접속사

「しかし、それから」와 같이 복수의 구, 문장, 단락을 연결하여 상호의 서술내용간의 관계를 나타내는 단어이다.

(8) 감동사

무엇인가에 감동했을 때의 느낌을 말의 형식으로 나타낸 것을 말한다.

여러 가지 말에 붙어서 말과 말의 관계를 나타내거나 문장의 최후에 붙어서 의미를 부가하는 부속어이다.

항상 다른 말에 부속해서 쓰이는 부속어이다. 주로 동사나 형용사의 뒤에 접속해서 쓰이고 갖가지 의미와 말하는 사람의 판단 등을 나타낸다.

품사의 비교

일본어	명사	동사	い형용사	な형용사	부사	연체사	접속사	감동사	조동사	조사	×	×
한국어	명사	동사	형용사	×	부사	관형사	×	감탄사	×	조사	대명사	수사

제1부

초급자가
반드시 알아야 할
문법

제1장　명사(名詞)

전형적으로 물건의 이름을 나타내고, 문장의 주어와 목적어가 되는 단어를 말한다.

1　명사의 성질

01-01-01

・私は 学生です。 나는 학생입니다.

・あれが 富士山ですか。 저것이 후지산입니까?

・きのう ここに だれが 来ましたか。 어제 여기에 누가 왔습니까?

① 자립어로서 주어가 될 수 있다.
② 활용이 없다.
③ 조사「が、は、を、の、に…」가 붙어 문절을 만든다.
④ 용언(동사·い형용사·な형용사)에 대응해서 체언이라고 한다.

② 명사의 분류

		특 징	예
보통명사		같은 종류의 모든 사물에 두루 쓰이는 명사	(구체) 海 바다 / 山 산 (추상) 責任 책임 / 契約 계약
고유명사		인명·지명 등 고유의 이름	東京 동경 / 坊っちゃん 도련님
대명사	인칭대명사	사람을 가리킴	私 나 / 僕 저 / 君 자네 / 彼 그 / 彼女 그녀
	지시대명사	사물·장소·방향을 가리킴	これ 이것 / そこ 저기 / あちら 저쪽
	의문대명사	의문을 나타냄	何が 무엇이 / 何も 아무것도 / 何の 무슨
형식명사		실질적인 의미가 희박해서 주어가 되지 않는다.	もの 것 / こと 것 / わけ 이유
시간명사		때를 나타낸다.	① 6時 6시 / 月曜日 월요일 ② きのう 어제 / 今朝 오늘 아침 ③ 朝 아침 / 昼 낮 / 夜 밤
수사·조수사		수·수량을 나타내거나 수에 의하여 순서를 나타낸다.	一 일 / 二 이 / 三 삼 / 一人 한 사람 ひとつ 한 개 / いちまい 한 장 / ごさつ 5권

1 보통명사(普通名詞)

보통 사물의 이름을 나타내며, 보통명사에는 형태적인 것, 추상적인 것, 위치·방향 등을 나타내는 것이 있다.

① 형태적인 것

家 집   学校 학교   木 나무   石 돌   本 책   人 사람   鉛筆 연필

② 추상적인 것

幸福 행복   精神 정신   希望 희망   心 마음   人生 인생

③ 위치·방향을 나타내는 것

前 앞   後ろ 뒤   上 위   下 아래   東 동쪽   西 서쪽   南 남쪽   北 북쪽

특정의 것을 나타내는 이름으로서 인명(사람 이름)·지명(땅 이름)·서명(책 이름) 등이다.

日本 일본　　富士山 후지산　　岡山大学 오카야마대학　　万葉集 만엽집　　太平洋 태평양

사물·장소·방향·사람 등의 이름을 말하지 않고 직접 가리키면서 말하는 단어를 대명사라 한다. 대명사에는 사람을 가리키는 인칭대명사와 사물·장소·방향을 가리키는 지시대명사, 의문을 나타내는 의문대명사가 있다.

(1) 인칭대명사

자칭(1인칭)	대칭(2인칭)	타칭(3인칭)			부정칭
		근칭	중칭	원칭	
わたくし(ども) 저(저희들)	あなた(がた) 당신(들)	この方 이 분	その方 그 분	あの方 저 분, 그 분	どなたさま / どの方 어느 분
わたし(たち) 저, 나(우리)	君(たち) 너(너희들), 자네(들)	この人 이 사람	その人 그 사람	あの人 저 사람	どの人 / だれ 어느 사람, 누구
僕(ら) 나(우리들)	お前/あんた 너	こいつ 이 녀석 이놈	そいつ 그 녀석 그놈	あいつ 저 녀석 저놈, 그놈	どいつ 어느 녀석 어느 놈
我(われ) 俺(たち) 나(우리들)	きさま 너, 네놈	彼 그, 그이, 그 사람 彼女 그녀			

① 1인칭

- わたし : 남녀공용으로 사용하며 가장 일반적인 말이다.
- わたくし : 격식을 차려야 할 때나 윗사람에게 말할 때 사용한다.
- ぼく·おれ : 남성어로, 격식을 차릴 필요가 없는 상황에서 사용한다.
- われわれ : 「우리(들)」라는 뜻으로 격식을 차린 표현이다.

② 2인칭

- あなた : 부부 사이, 허물없는 남녀 사이, 윗사람이 아랫사람을 부르는 경우에 사용한다.
- あんた : 「あなた」와 같으나 남성어이며 상대방에 대해 공격적인 느낌을 준다.
- 君·お前 : 동년배끼리 서로 허물없이 부를 때나 윗사람이 아랫사람을 친근하게 부를 경우에 사용한다.(남성어)

③ 3인칭

- 彼(かれ) : 제3자인 남성을 지칭하는 말. 남편, 또는 애인인 남성을 「彼氏(かれし)」라고 한다.
- 彼女(かのじょ) : 제3자인 여성을 지칭하는 말(젊은 여성). 아내, 애인

(2) 지시대명사(こ, そ, あ, ど로 시작됨)

- 근칭(近称) : 지시 대상이 말하는 사람에게 가까운 것
- 중칭(中称) : 지시 대상이 듣는 사람에게 가까운 것
- 원칭(遠称) : 지시 대상이 말하는 사람과 듣는 사람으로부터 멀리 떨어져 있는 것
- 부정칭(不定称) : 지시 대상이 분명하지 않은 것

		지시사			ど(부정칭)
		こ(근칭)	そ(중칭)	あ(원칭)	
명사수식어		この 이	その 그	あの 저	どの 어느
		こんな 이런	そんな 그런	あんな 저런	どんな 어떤
대명사	사물	これ 이것	それ 그것	あれ 저것	どれ 어느 것
	장소	ここ 여기	そこ 거기	あそこ 저기	どこ 어디
	방향	こちら / こっち 이쪽	そちら / そっち 그쪽	あちら / あっち 저쪽	どちら / どっち 어느 쪽
부사		こう 이렇게	そう 그렇게	ああ 저렇게	どう 어떻게

(3) 의문대명사

何(なに)	何(なん)
何(なに)が 무엇이	何(なん)の 무슨
何(なに)を 무엇을	何(なん)という 무엇이라고 하는
何(なに)も 아무것도	何(なん)ですか 무엇입니까?
何型(なにがた) 무슨 형(혈액형)	何回(なんかい) 몇 번/몇 회
何年(なにどし) 무슨 띠	何人(なんにん) 몇 명
何(なに)で 무엇으로(수단)	何(なん)で 무슨 일로/무엇으로(수단)
	何か(なんか / なにか) 무엇인가
	何曜日(なんようび / なにようび) 무슨 요일

- 何が 食べたいですか。 무엇을 먹고 싶습니까?
- 昨日 何を しましたか。 어제 무엇을 했습니까?
- つくえの上には 何も ありません。 책상 위에는 아무것도 없습니다.
- あなたは 何型ですか。 당신은 무슨 형(혈액형)입니까?
- あなたは 何年ですか。 당신은 무슨 띠입니까?
- 学校へは 何で いきますか。 학교는 무엇으로 갑니까?
- 今日は 何の日ですか。 오늘은 무슨 날입니까?
- これは 何という 花ですか。 이것은 무엇이라고 하는 꽃입니까?
- あれは 何ですか。 저것은 무엇입니까?
- 東京へは 何回 いきましたか。 동경에는 몇 번 갔습니까?
- 家族は 何人 いますか。 가족은 몇 명입니까?
- 何で 休みましたか。 무슨 일로 쉬었습니까?

4 형식명사

명사의 성질을 가지고 있기는 하지만, 실질적인 의미가 희박하여 수식 요소가 없이는 사용될 수 없는 명사를 말한다. 자세한 내용은 제2부 형식명사 편에서 설명하겠다.

もの 것　こと 것　わけ 이유　ところ 바, 점　ため 위해　つもり 작정, 예정

5 시간명사

때를 나타내는 명사를 말한다.

朝 아침　日曜日 일요일　夏 여름　明日 내일

6 수사(数詞)·조수사(助数詞)

수·수량을 나타내거나 수에 의하여 순서를 나타낸다.

① 수 ： 一 일　二 이　三 삼　三つ 셋　四つ 넷　いくつ 몇

② 수량 ： 一本 한 개　二匹 두 마리　一人 한 사람　六時 여섯 시　いくら 얼마

③ 순서 ： 第一 제일　第二回 제2회　三番 3번　何番目 몇 번째

④ 거리 ： 一メートル 1미터　一里 1리　一尺 1자

「です」「の」「と」 등의 앞에서나 수사(何時、何人、何月、何本、何個、何歳)의 경우는 「なん」으로 발음하며, 그 외는 대부분 「なに」로 발음한다.

(1) 숫자 세기

	1~10	11~20	10단위	100단위	1000단위	10000단위	수량(개수)
1	いち	じゅういち	じゅう	ひゃく ×いちひゃく	せん ×いちせん	いちまん ×まん	ひとつ
2	に	じゅうに	にじゅう	にひゃく	にせん	にまん	ふたつ
3	さん	じゅうさん	さんじゅう	さんびゃく ×さんひゃく	さんぜん ×さんせん	さんまん	みっつ
4	よん／し	じゅうよん じゅうし	よんじゅう	よんひゃく	よんせん ×しせん	よんまん	よっつ
5	ご	じゅうご	ごじゅう	ごひゃく	ごせん	ごまん	いつつ
6	ろく	じゅうろく	ろくじゅう	ろっぴゃく ×ろくひゃく	ろくせん	ろくまん	むっつ
7	なな／しち	じゅうなな じゅうしち	ななじゅう しちじゅう	ななひゃく ×しちひゃく	ななせん ×しちせん	ななまん	ななつ
8	はち	じゅうはち	はちじゅう	はっぴゃく ×はちひゃく	はっせん ×はちせん	はちまん	やっつ
9	きゅう／く	じゅうきゅう じゅうく	きゅうじゅう ×くじゅう	きゅうひゃく ×くひゃく	きゅうせん ×くせん	きゅうまん	ここのつ
10	じゅう	にじゅう	—	—	—	—	とお
몇	なん	—	なんじゅう	なんびゃく	なんぜん	なんまん	いくつ

100,000	じゅうまん 십만	10,000,000	いっせんまん 일천만
1,000,000	ひゃくまん 백만	100,000,000	いちおく 일억

- ⅓ : さんぶんのいち
- 1.5 : いってんご
- 6.25 : ろくてんにご
- 1割5分(0.15) : いちわりごぶ

(2) 조수사 1

	人 : 명 (にん) 사람	匹 : 마리 (ひき) 작은 동물	頭 : 마리 (とう) 큰 동물	軒 : 채 (けん) 집, 건물 셀 때	回 : 회 (かい) 회수	階 : 층 (かい) 층수	歳 : 살 (さい) 나이	度 : 번 (ど) 횟수, 온도
1	ひとり	いっぴき	いっとう	いっけん	いっかい	いっかい	いっさい	いちど
2	ふたり	にひき	にとう	にけん	にかい	にかい	にさい	にど
3	さんにん	さんびき	さんとう	さんげん	さんかい	さんがい さんかい	さんさい	さんど
4	よにん	よんひき	よんとう	よんけん	よんかい	よんかい	よんさい	よんど
5	ごにん	ごひき	ごとう	ごけん	ごかい	ごかい	ごさい	ごど
6	ろくにん	ろっぴき	ろくとう	ろっけん	ろっかい	ろっかい	ろくさい	ろくど
7	しちにん ななにん	ななひき	ななとう	ななけん	ななかい	ななかい	ななさい	ななど
8	はちにん	はっぴき	はっとう	はっけん はちけん	はっかい はちかい	はちかい はっかい	はっさい	はちど
9	きゅうにん	きゅうひき	きゅうとう	きゅうけん	きゅうかい	きゅうかい	きゅうさい	きゅうど
10	じゅうにん	じゅっぴき じっぴき	じゅっとう じっとう	じゅっけん じっけん	じゅっかい じっかい	じゅっかい じっかい	じゅっさい じっさい	じゅうど
몇	なんにん	なんびき	なんとう	なんげん	なんかい	なんがい	なんさい	なんど

(3) 조수사 2

	本 : 자루 (ほん) 연필, 우산 넥타이, 병	杯 : 잔 (はい) 술잔 컵	枚 : 장 (まい) 종이 손수건	台 : 대 (だい) 자동차 큰 물체	冊 : 권 (さつ) 책 노트	足 : 켤레 (そく) 신발 양말	個 : 개 (こ) 과일 달걀
1	いっぽん	いっぱい	いちまい	いちだい	いっさつ	いっそく	いっこ
2	にほん	にはい	にまい	にだい	にさつ	にそく	にこ
3	さんぼん	さんばい	さんまい	さんだい	さんさつ	さんぞく	さんこ
4	よんほん	よんはい	よんまい	よんだい	よんさつ	よんそく	よんこ
5	ごほん	ごはい	ごまい	ごだい	ごさつ	ごそく	ごこ
6	ろっぽん	ろっぱい	ろくまい	ろくだい	ろくさつ	ろくそく	ろっこ
7	ななほん	ななはい	ななまい	ななだい	ななさつ	ななそく	ななこ
8	はっぽん	はっぱい	はちまい	はちだい	はっさつ	はっそく	はっこ

9	きゅうほん	きゅうはい	きゅうまい	きゅうだい	きゅうさつ	きゅうそく	きゅうこ
10	じゅっぽん じっぽん	じゅっぱい じっぱい	じゅうまい	じゅうだい	じゅっさつ じっさつ	じゅっそく じっそく	じゅっこ
몇	なんぼん	なんばい	なんまい	なんだい	なんさつ	なんぞく	なんこ

① 「1, 6, 8, 10」 뒤에 「か(か・き・く・け・こ)행」이 오면 촉음화된다.

　　　いっかい 일 층　　ろっこ 6개　　はっかい 8층　　じゅっこ 10개

② 「1, 6, 8, 10」 뒤에 「は행」이 오면 촉음화되면서 「ぱ、ぴ、ぷ、ぺ、ぽ」로 변한다.

　　　いっぽん 한 자루　　ろっぴき 여섯 마리　　はっぱい 8잔　　じゅっぷん 10분

③ 「1, 8, 10」 뒤에 「さ행」이나 「た행」이 오면 촉음화된다.

　　　いっさい 한 살　　いっとう 한 마리　　はっしょう 8승　　じゅっつう 10통

④ 숫자 뒤에 탁음이 오면 앞의 숫자 음에 아무런 영향도 주지 않는다.

　　　一度 한 번　　一番 첫째/가장　　一時 한 시　　一便 한 편

시간 · 날짜 · 기간

	～秒(초)	～分(분)	～時(시)	～月(월)	～日間(일간)	～週間(주간)	～ヶ月(개월)	～年(년)
1	いちびょう	いっぷん	いちじ	いちがつ	いちにちかん	いっしゅうかん	いっかげつ	いちねん
2	にびょう	にふん	にじ	にがつ	ふつかかん	にしゅうかん	にかげつ	にねん
3	さんびょう	さんぷん	さんじ	さんがつ	みっかかん	さんしゅうかん	さんかげつ	さんねん
4	よんびょう	よんぷん	よじ	しがつ	よっかかん	よんしゅうかん	よんかげつ	よねん
5	ごびょう	ごふん	ごじ	ごがつ	いつかかん	ごしゅうかん	ごかげつ	ごねん
6	ろくびょう	ろっぷん	ろくじ	ろくがつ	むいかかん	ろくしゅうかん	ろっかげつ	ろくねん
7	ななびょう	ななふん	しちじ	しちがつ	なのかかん	ななしゅうかん	ななかげつ しちかげつ	ななねん しちねん
8	はちびょう	はっぷん	はちじ	はちがつ	ようかかん	はっしゅうかん	はちかげつ はっかげつ	はちねん
9	きゅうびょう	きゅうふん	くじ	くがつ	ここのかかん	きゅうしゅうかん	きゅうかげつ	くねん きゅうねん
10	じゅうびょう	じっぷん	じゅうじ	じゅうがつ	とおかかん	じゅっしゅうかん	じゅっかげつ	じゅうねん
11	じゅういちびょう	じゅういっぷん	じゅういちじ	じゅういちがつ	じゅういちにちかん	じゅういっしゅうかん	じゅういっかげつ	じゅういちねん
12	じゅうにびょう	じゅうにふん	じゅうにじ	じゅうにがつ	じゅうににちかん	じゅうにしゅうかん	じゅうにかげつ	じゅうにねん
몇	なんびょう	なんぷん	なんじ	なんがつ	なんにちかん	なんしゅうかん	なんかげつ	なんねん

日曜日 にちようび	月曜日 げつようび	火曜日 かようび	水曜日 すいようび	木曜日 もくようび	金曜日 きんようび	土曜日 どようび
		1日 ついたち	2日 ふつか	3日 みっか	4日 よっか	5日 いつか
6日 むいか	7日 なのか	8日 ようか	9日 ここのか	10日 とおか	11日 じゅういちにち	12日 じゅうににち
13日 じゅうさんにち	14日 じゅうよっか	15日 じゅうごにち	16日 じゅうろくにち	17日 じゅうしちにち	18日 じゅうはちにち	19日 じゅうくにち
20日 はつか	21日 にじゅういちにち	22日 にじゅうににち	23日 にじゅうさんにち	24日 にじゅうよっか	25日 にじゅうごにち	26日 にじゅうろくにち
27日 にじゅうしちにち	28日 にじゅうはちにち	29日 にじゅうくにち	30日 さんじゅうにち	31日 さんじゅういちにち		

*20일 : はつか / 20살 : はたち

毎日 まいにち 매일	一昨日 おととい 그저께	昨日 きのう 어제	今日 きょう 오늘	明日 あした 내일	明後日 あさって 모레
毎朝 まいあさ 매일 아침	おとといの朝 あさ 그저께 아침	きのうの朝 あさ 어제 아침	今朝 けさ 오늘 아침	あしたの朝 あさ 내일 아침	あさっての朝 あさ 모레 아침
毎晩 まいばん 매일 밤	おとといの夜 よる 그저께 밤	夕べ / 昨夜 ゆう さくや / 昨晩 さくばん 어제 저녁/어젯밤	今夜 / 今晩 こんや こんばん 오늘 밤	あしたの夜 よる 내일 밤	あさっての夜 よる 모레 밤
毎週 まいしゅう 매주	先々週 せんせんしゅう 지지난 주	先週 せんしゅう 지난 주	今週 こんしゅう 이번 주	来週 らいしゅう 다음 주	再来週 さらいしゅう 다음다음 주
毎月/毎月 まいげつ まいつき 매달	先先月 せんせんげつ 지지난 달	先月 せんげつ 지난 달	今月 こんげつ 이번 달	来月 らいげつ 다음 달	再来月 さらいげつ 다음다음 달
毎年/毎年 まいねん まいとし 매년	一昨年 おととし 재작년	去年 きょねん 작년	今年 ことし 올해	来年 らいねん 내년	再来年 さらいねん 다음다음 해

※ 내일을 明日라고도 한다.
あす

～泊(박)을 나타내는 말

1泊	2泊	3泊	4泊	5泊	6泊	7泊	8泊	9泊	10泊	몇
いっぱく	にはく	さんぱく	よんぱく	ごはく	ろっぱく	ななはく	はっぱく	きゅうはく	じっぱく じゅっぱく	なんぱく

- 2박 3일 : 二泊三日 (にはくみっか)
- 3박 4일 : 三泊四日 (さんぱくよっか)
- 4박 5일 : 四泊五日 (よんぱくいつか)
- 5박 6일 : 五泊六日 (ごはくむいか)
- 6박 7일 : 六泊七日 (ろっぱくなのか)
- 7박 8일 : 七泊八日 (ななはくようか)
- 8박 9일 : 八泊九日 (はっぱくここのか)
- 9박 10일 : 九泊十日 (きゅうはくとおか)

가족 명칭

	나의 가족	남의 가족		나의 가족	남의 가족
가족	家族 (かぞく)	ご家族 (かぞく)	양친	両親 (りょうしん)	ご両親 (りょうしん)
할아버지	祖父 (そふ)	おじいさん	아저씨	おじ	おじさん
할머니	祖母 (そぼ)	おばあさん	아주머니	おば	おばさん
아버지	父 (ちち)	お父さん (とう)	형제	兄弟 (きょうだい)	ご兄弟 (きょうだい)
어머니	母 (はは)	お母さん (かあ)	아들	息子 (むすこ)	息子さん (むすこ)
형, 오빠	兄 (あに)	お兄さん (にい)	딸	娘 (むすめ)	娘さん (むすめ)
누나, 언니	姉 (あね)	お姉さん (ねえ)	자녀	子供 (こども)	お子さん (こ)
남동생	弟 (おとうと)	弟さん (おとうと)	손자, 손녀	孫 (まご)	お孫さん (まご)
여동생	妹 (いもうと)	妹さん (いもうと)	여 조카	姪 (めい)	めいごさん
남편	主人/夫 (しゅじん/おっと)	ご主人 / だんな様 (しゅじん / さま)	남 조카	甥 (おい)	おいごさん
아내, 부인	家内/妻 (かない/つま)	奥さん、奥さま (おく、おく)	사촌	従兄弟 (いとこ)	いとこさん

01 ～は ～だ　　　　　　　～은[는] ～이다

- これは　本だ。이것은 책이다.
- 彼は　先生だ。 그는 선생님이다.
- あそこは　公園だ。저기는 공원이다.

❖ ～は ～である : ～은[는] ～이다(문어체적 표현)

- これは　本である。이것은 책이다.
- 彼は　先生である。그는 선생님이다.
- あそこは　公園である。저기는 공원이다.

02 ～は ～です　　　　　　　～은[는] ～입니다

- 私は　学生です。나는 학생입니다.
- これは　自動車です。이것은 자동차입니다.

03 ～は ～ですか　　　　　　～은[는] ～입니까?

- 彼は　会社員ですか。그는 회사원입니까?
- 彼女は　日本人ですか。그녀는 일본인입니까?

04 ～は ～では[じゃ]ない　　　～은[는] ～이 아니다

- 彼は　銀行員では[じゃ]ない。그는 은행원이 아니다.
- 彼女は　日本人では[じゃ]ない。그녀는 일본인이 아니다.

 ～は ～では[じゃ]ありません　　～은[는] ～이 아닙니다

- 私は　学生では[じゃ]ありません。나는 학생이 아닙니다.
- 彼は　先生では[じゃ]ありません。그는 선생님이 아닙니다.

❖ ～は ～では[じゃ]ないです : ～은[는] ～이 아닙니다.

- 私は　学生では[じゃ]ないです。나는 학생이 아닙니다.
- 彼は　先生では[じゃ]ないです。그는 선생님이 아닙니다.

06　**～は ～だった**　　　　　　　～은[는] ～이었다

- 昨日は　日曜日だった。어제는 일요일이었다.
- 彼女は　美人だった。그녀는 미인이었다.

07　**～は ～でした(＝だったです)**　～은[는] ～이었습니다

- 昨日は　雨でした。어제는 비가 내렸습니다.
 ＝ 昨日は　雨だったです。
- 私は　十年　前は　学生でした。나는 10년 전에는 학생이었습니다.
 ＝ 私は　十年　前は　学生だったです。

☞ だったです ← 이 표현은 그다지 사용하지 않는다.

08　**～は ～では[じゃ]なかった**　～은[는] ～이 아니었다

- 彼は　銀行員では[じゃ]なかった。그는 은행원이 아니었다.
- 彼は　会社員では[じゃ]なかった。그는 회사원이 아니었다.

09 ～は ～では[じゃ]ありませんでした　　～은[는] ～이 아니었습니다

- 彼は　銀行員では[じゃ]ありませんでした。그는 은행원이 아니었습니다.
- 彼は　会社員では[じゃ]ありませんでした。그는 회사원이 아니었습니다.

❖ ～は ～では[じゃ]なかったです　　　～은[는] ～이 아니었습니다.

- 昨日は　日曜日では[じゃ]なかったです。어제는 일요일이 아니었습니다.
- 彼女は　日本人では[じゃ]なかったです。그녀는 일본인이 아니었습니다.

10 ～は ～でしょう　　　～은[는] ～이겠지요, ～은[는] ～일 것입니다

- 明日は　雨でしょう。내일은 비가 내릴 것입니다.
- あの人は　山田さんの　奥さんでしょう。저 사람은 야마다 씨 부인이겠지요.

11 ～は ～で、～です　　　～은[는] ～이고, ～입니다

- 私は　学生で、兄は　会社員です。

  나는 학생이고 형은 회사원입니다.

  ＝私は　学生です。兄は　会社員です。

  나는 학생입니다. 형은 회사원입니다.

12 ～でも ～でも ありません　　　～도 ～도 아닙니다

- 会議は　月曜日でも　火曜日でも　ありません。水曜日です。

  회의는 월요일도 화요일도 아닙니다. 수요일입니다.

- あの人は　韓国人でも　日本人でも　ありません。中国人です。

  저 사람은 한국인도 일본인도 아닙니다. 중국인입니다.

긍정	보통체	명사 + だ(~이다)	本だ 책이다
	정중체	명사 + です(~입니다)	本です 책입니다
	문장체	명사 + である(~이다)	本である 책이다
	보통체 과거	명사 + だった(~이었다)	本だった 책이었다
	정중체 과거	명사 + でした(~이었습니다)	本でした 책이었습니다
	중지법	명사 + で、(~이고)	本で、 책이고
부정	보통체	명사 + では[じゃ]ない(~이 아니다)	本では[じゃ]ない 책이 아니다
	정중체	명사 + では[じゃ]ないです	本では[じゃ]ないです
		명사 + では[じゃ]ありません (~이/~가 아닙니다)	本では[じゃ]ありません 책이 아닙니다
	보통체 과거	명사 + ではなかった(~이 아니었다)	本ではなかった 책이 아니었다
	정중체 과거	명사 + では[じゃ]なかったです	本では[じゃ]なかったです
		명사 + では[じゃ]ありませんでした (~이/~가 아니었습니다)	本では[じゃ]ありませんでした 책이 아니었습니다
의문	보통체	명사 + か(~인가?)	本か 책인가?
	정중체	명사 + ですか(~입니까?)	本ですか 책입니까?
추측	보통체	명사 + だろう(~이겠지)	本だろう 책이겠지
	정중체	명사 + でしょう(~이겠지요)	本でしょう 책이겠지요
	정중의문체	명사 + でしょうか(~일까요?)	本でしょうか 책일까요?
이유		명사 + なので(~이기 때문에)	本なので 책이기 때문에
역접		명사 + なのに(~인데도)	本なのに 책인데도
가정		명사 + なら(~라면)	本なら 책이라면

기초확인문제

1. 주어진 단어를 이용하여 문장을 만드시오.

<table>
<tr><td>彼、</td><td>彼女、</td><td>は、</td><td>が、</td><td>学生、</td><td>医者、</td><td>勉強する、</td><td>勉強しない、</td><td>명사＋だから、</td><td>명사＋なのに</td></tr>
<tr><td>그</td><td>그녀</td><td>～는</td><td>～가</td><td>학생</td><td>의사</td><td>공부하다</td><td>공부하지 않는다</td><td>～이기 때문에</td><td>～인데도</td></tr>
</table>

(1) 그는 학생이다. ⇨

(2) 그는 학생입니다. ⇨

(3) 그는 학생이다.(문장체) ⇨

(4) 그는 학생이었다. ⇨

(5) 그는 학생이었습니다. ⇨

(6) 그는 학생이고, 그녀는 의사이다. ⇨

(7) 그는 학생이 아니다. ⇨

(8) 그는 학생이 아닙니다. ⇨

(9) 그는 학생이 아니었다. ⇨

(10) 그는 학생이 아니었습니다. ⇨

(11) 그는 학생인가? ⇨

(12) 그는 학생입니까? ⇨

(13) 그는 학생이겠지. ⇨

(14) 그는 학생이겠지요. ⇨

(15) 그는 학생일까요? ⇨

(16) 그는 학생이기 때문에 공부한다. ⇨

(17) 그는 학생인데도 공부하지 않는다. ⇨

(18) 그가 학생이라면? ⇨

2. 다음 빈 칸에 알맞은 말을 히라가나로 쓰시오.

(1) (　　　)—(　　　)—さんにん—(　　　)—ごにん—ろくにん—しちにん
　　—はちにん—きゅうにん—じゅうにん

(2) ひとつ—(　　　)—みっつ—よっつ—いつつ—(　　　)—ななつ—(　　　)
　　—ここのつ—とお

(3) いっぽん—にほん—(　　　)—よんほん—ごほん—(　　　)—ななほん
　　—(　　　)—きゅうほん—じゅっぽん

3. 빈칸에 들어갈 알맞은 말을 보기에서 골라 쓰세요.

〈보기〉 どのぐらい、だれ、いつ、どこ、どう

(1) A：りょこうは ＿＿＿＿＿＿からですか。
　　B：あさってです。

(2) A：あの つくえの 上(うえ)の かばんは ＿＿＿＿＿＿のですか。
　　B：わたしのです。

(3) A：としょかんは ＿＿＿＿＿＿に ありますか。
　　B：公園(こうえん)の よこに あります。

(4) A：こんどの 休(やす)みは ＿＿＿＿＿＿ ありますか。
　　B：みっかです。

(5) A：あたらしい アパートは ＿＿＿＿＿＿ですか。
　　B：ひろくて きれいで とても いいです。

4. 보기와 같이 알맞은 단어에 체크하세요.

〈보기〉　A：はこの なかに [何が、何を、何も] ありますか。
　　　　　B：何(なに)も ありません。

(1) A：あした [何が、何を、何も] しますか。

B：図書館で 本を 読みます。

(2) A：机の上に [何か、何を、何も] ありますか。

B：いいえ、何も ありません。

(3) A：のみものは [何か、何が、何も] いいですか。

B：お茶を ください。

(4) A：日曜日は [何が、何を、何も] しましたか。

B：かいものを しました。

JPT・JLPT 실전확인문제

1. 「いしいさん、＿＿＿＿は マイケルさんです。」「はじめまして。どうぞよろしく。」

   (A) これ   (B) だれ   (C) こちら   (D) どちら

2. りんごは ＿＿＿＿ ありますか。

   (A) なに   (B) いくつ   (C) どれ   (D) どの

3. コーヒーと こうちゃと ＿＿＿＿に しますか。

   (A) どちら   (B) どなた   (C) どこ   (D) だれ

4. えんぴつが ＿＿＿＿ あります。

   (A) いっぽん   (B) いちほん   (C) いっぼん   (D) いちぼん

5. もう ＿＿＿＿ やってみて ください。

   (A) いちど   (B) いくつ   (C) いちまい   (D) いっしょに

6. きょうは ＿＿＿＿です。いっしゅうかん 後は ここのかです。

   (A) ふつか   (B) はつか   (C) よっか   (D) ついたち

7. まいあさ ＿＿＿＿＿ ぐらい れんしゅう しますか。

   (A) どんな   (B) どう   (C) いつ   (D) どの

8. ＿＿＿＿＿ ばんぐみを みますか。

   (A) どこ   (B) どれ   (C) どちら   (D) どんな

9. ＿＿＿＿＿ たてものは あたらしいです。

   (A) あの   (B) あれ   (C) あちら   (D) あそこ

10. ＿＿＿＿＿ で うたを うたいますか。

   (A) どこ   (B) どんな   (C) どう   (D) どの

11. 「＿＿＿＿＿ はを みがきますか。」「あさごはんの あとに みがきます。」

   (A) どこで   (B) いつ   (C) 何で   (D) どの

12. ＿＿＿＿＿ を ひいて、のどが いたいです。

   (A) びょうき   (B) くち   (C) かぜ   (D) おなか

13. あの くには 一年（いちねん）＿＿＿＿＿ あついです。

   (A) など   (B) とき   (C) じゅう   (D) ごろ

14. コンビニの まえに くるまが ＿＿＿＿＿ とまって います。

   (A) いっぴき   (B) いっさつ   (C) いちまい   (D) いちだい

15. さむいので あたたかい ＿＿＿＿＿ が のみたいです。

   (A) こうちゃ   (B) ちゃわん   (C) こおり   (D) おべんとう

16. これは わたしの ＿＿＿＿＿、あれは いもうとの つくえです。

   (A) つくえや   (B) つくえと   (C) つくえで   (D) つくえが

17. きょうは 6日だから、______ 8日に いきます。

(A) きょう   (B) あした   (C) あさって   (D) おととい

18.「ゆうえんちの にゅうじょうりょうは いくらですか。」
「______は 800えんで、こどもは 500えんです。」

(A) おとこ   (B) おとな   (C) おんな   (D) おとうと

19. こちらは わたしの ______、ちちの おとうとです。

(A) おじ   (B) おば   (C) おじいさん   (D) おばあさん

20. まいにち、かんじの ______を する ことは とても たいせつな ことだ。

(A) せんたく   (B) りょうり   (C) れんしゅう   (D) さんぽ

[오문정정]

21. 私は くだものの中で、ジュースが いちばん 好きです。
            A   B   C   D

22. この あおくて きれいな ハンカチ 2台と あのくろい かばんが 買いたいんですが。
          A   B   C   D

23. いすの 下に ねこが 1ひき いて、テーブルの 上には 本が 2さつ、えんぴつが 5ほん あり
               A   B   C   D
ます。

24. 毎日 せんたくを していますから、私の へやは きれいです。
   A   B   C   D

25. 会社の 旅行の 写真ですね。木村さんの 隣の 人は どれですか。
       A   B   C   D

제2장 い 형용사(形容詞)

사물과 사람 등의 상태, 성질, 이들에 대한 인상, 가치판단, 사람이 갖는 감정, 감각 등을 나타내는 품사이다.

1 い형용사의 성질

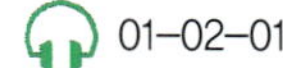 01-02-01

- この 本は 安い。 이 책은 싸다.

- 大きい かばんを 買った。 큰 가방을 샀다.

- おいしくない バナナ。 맛없는 바나나.

- 赤ちゃんの 手は ちいさくて、かわいい。 아기 손은 작고 귀엽다.

① 자립어이다.

② 용언의 하나로서 활용이 있다.

③ 기본형이 「い」로 끝난다.

④ 주어의 성질, 상태를 설명한다.

⑤ 단독으로 술어가 될 수 있다.

2 い형용사의 활용

1 어간과 어미

い형용사 기본형		의미
어간	어미	
寒^{さむ}	い	춥다
大^{おお}き	い	크다
おいし	い	맛있다
優^{やさ}し	い	상냥하다
近^{ちか}	い	가깝다

용언의 활용형

용언은 い형용사, な형용사, 동사, 조동사 등을 말한다.

① **미연형**(未然形) : 아직 발생하지 않은 상태. 미래, 의지, 추측.

② **연용형**(連用形) : 용언에 연결되는 형.

③ **종지형**(終止形) : 문장이 끝날 때의 형.

④ **연체형**(連体形) : 체언(명사 · 대명사 · 수사)에 이어질 때의 형.

⑤ **가정형**(仮定形) : 가정의 의미를 나타내는 형.

⑥ **명령형**(命令形) : 명령의 뜻을 나타내며, 말을 끝맺을 때의 형.

▶ **い형용사 활용표(학교문법)**

기본형	어간	미연형	연용형	종지형	연체형	가정형	명령형
よい 寒^{さむ}い	よ 寒^{さむ}	かろ	かっ / く	い	い	けれ	○
접속		う	た / ない / なる	말을 끝맺음	時^{とき}	ば	명령의 뜻으로 말을 끝맺음

구분	형태	예
기본형	～い	高い 높다
공손형	기본형 + です	高いです 높습니다
명사수식형	기본형 + 명사	高い 山 높은 산
부정형	어간 + く ない	高く ない 높지 않다
공손한 부정형	어간 + く ないです ＝く ありません	高く ないです 高く ありません 높지 않습니다
중지법	어간 + く(て)	高く(て) 높고, 높아서
과거형	어간 + かった	高かった 높았다
공손한 과거형	어간 + かったです	高かったです 높았습니다
과거부정형	어간 + く なかった	高く なかった 높지 않았다
공손한 과거부정형	어간 + く なかったです ＝く ありませんでした	高く なかったです 高く ありませんでした 높지 않았습니다
부사형 (동사수식형)	어간 + く + 동사-	高く なる 높아지다
추측형	어간 + かろう (문장체) 기본형 + だろう	高かろう 高いだろう 높을 것이다, 높겠지
가정형	어간 + ければ	高ければ 높으면

3 い형용사의 활용별 용례 연습　　🎧 01-02-03

01 **기본형(종지형)** : 「～い」로 끝나며 「～하다」로 해석

あつい 덥다	おいしい 맛있다	おおきい 크다

- この 時計は 高い。 이 시계는 비싸다.
- 日本語は おもしろい。 일본어는 재밌다.

・人生は 短い。 인생은 짧다.

02 공손형 : 「기본형 + です」의 형태로서 「~입니다」로 해석

あつい(덥다)	+ です	→ あついです 덥습니다
おいしい(맛있다)	+ です	→ おいしいです 맛있습니다
おおきい(크다)	+ です	→ おおきいです 큽니다

・この 部屋は 明るいです。 이 방은 밝습니다.

・韓国の 春は 暖かいです。 한국의 봄은 따뜻합니다.

・秋の 景色が とても 美しいです。 가을의 경치가 매우 아름답습니다.

03 명사수식형(연체형) : 「기본형 + 명사」의 형태로서 「~한 + 명사」로 해석

あつい(덥다)	+ へや(방)	→ あつい へや 더운 방
おいしい(맛있다)	+ パン(빵)	→ おいしい パン 맛있는 빵
おおきい(크다)	+ ねこ(고양이)	→ おおきい ねこ 큰 고양이

・あの 大きい 犬は だれのですか。 저 큰 개는 누구의 것입니까?

・やさしい 人が 好きです。 상냥한 사람을 좋아합니다.

・それは 赤い りんごです。 그것은 빨간 사과입니다.

04 부정형(연용형) : 「어간 + く ない」의 형태로서 「~지 않다」로 해석

おいしい

↓

く + ない → おいしくない 맛있지 않다

あつい(덥다)	→ あつく	+ ない	→ あつくない 덥지 않다
やすい(싸다)	→ やすく	+ ない	→ やすくない 싸지 않다
おおきい(크다)	→ おおきく	+ ない	→ おおきくない 크지 않다

・家から 学校までは 遠くないです。 집에서 학교까지는 멀지 않습니다.

・この デジカメは あまり よくない。 이 디지털카메라는 그다지 좋지 않다.
・近い 所で 遊ぶのは 悪くない。 가까운 곳에서 노는 것은 나쁘지 않다.

おいし い

↓

く＋て → おいしく(て) 맛있고, 맛있어서

あつい(덥다)	→	あつく	＋て	→	あつくて 덥고, 더워서
やすい(싸다)	→	やすく	＋て	→	やすくて 싸고, 싸서
おおきい(크다)	→	おおきく	＋て	→	おおきくて 크고, 커서

・これは 安くて いい カメラです。 이것은 싸고 좋은 카메라입니다.
・くだものは 高くて やさいは 安いです。 과일은 비싸고, 야채는 쌉니다.
・今日は あたたかくて いいです。 오늘은 따뜻해서 좋습니다.

おいし い

↓

かっ＋た → おいしかった 맛있었다

あつい(덥다)	→	あつかっ	＋た	→	あつかった 더웠다
やすい(싸다)	→	やすかっ	＋た	→	やすかった 쌌다
おおきい(크다)	→	おおきかっ	＋た	→	おおきかった 컸다

・きのうは 寒かった。 어제는 추웠다.
　☞ 寒いです의 과거 → 寒いでした (×) 寒かったです (○)

・きのうは 天気が よくて、暑かったです。 어제는 날씨가 좋고 더웠습니다.

・きのうの パーティーは とても 楽しかった。 어제의 파티는 매우 즐거웠다.

おいし（い）

↓

く + なかった　→　おいし**く**なかった 맛있지 않았다

あつい(덥다)	→ あつ**く**	+ なかった	→ あつ**く**なかった 덥지 않았다
やすい(싸다)	→ やす**く**	+ なかった	→ やす**く**なかった 싸지 않았다
おおきい(크다)	→ おおき**く**	+ なかった	→ おおき**く**なかった 크지 않았다

- きのうは あまり 暑**く**なかった。 어제는 그다지 덥지 않았다.

- えいがは あまり おもしろ**く**なかった。 영화는 그다지 재미없었다.

- きょうの テストは むずかし**く**なかったです。 오늘 시험은 어렵지 않았습니다.

おいし（い）

↓

く + 동사　→　おいし**く** (맛있게) + 동사

あつい(덥다)	→ あつ**く**	+ なる(되다)	→ あつ**く**なる 더워지다
やすい(싸다)	→ やす**く**	+ なる(되다)	→ やす**く**なる 싸지다
おおきい(크다)	→ おおき**く**	+ なる(되다)	→ おおき**く**なる 커지다

- 冬に なると 寒**く**なります。 겨울이 되면 추워집니다.
- 天気は だんだん 暑**く**なります。 날씨는 점점 더워집니다.
- 外が だんだん 暗**く**なります。 밖이 점점 어두워집니다.

おいし（い）

↓

かろ + う　→　おいし**かろう** 맛있을 것이다, 맛있겠지

おもしろい

↓

おもしろい ＋ だろ ＋ う　→　おもしろいだろう 재밌을 것이다, 재밌겠지

あつい(덥다)	→	あつかろ	＋ う	→	あつかろう	
		あつい	＋ だろう	→	あついだろう	더울 것이다, 덥겠지
やすい(싸다)	→	やすかろ	＋ う	→	やすかろう	
		やすい	＋ だろう	→	やすいだろう	쌀 것이다, 싸겠지
おおきい(크다)	→	おおきかろ	＋ う	→	おおきかろう	
		おおきい	＋ だろう	→	おおきいだろう	클 것이다, 크겠지

- 今年の 夏は ずいぶん 暑かろう。 올해의 여름은 꽤 더울 것이다[덥겠지].
- あしたは たぶん 寒かろう。 내일은 아마 추울 것이다[춥겠지].
- あの カメラは 高いだろう。 저 카메라는 비쌀 것이다[비싸-겠지].

☞ 「だろう」의 공손한 표현은 『でしょう』이다.

10 **가정형** : 「어간 ＋ ければ」의 형태로서 「〜하면」으로 해석

おいしい

↓

けれ ＋ ば　→　おいしければ 맛있으면

あつい(덥다)	→	あつけれ	＋ ば	→	あつければ 더우면
やすい(싸다)	→	やすけれ	＋ ば	→	やすければ 싸면
おおきい(크다)	→	おおきけれ	＋ ば	→	おおきければ 크면

- あなたが よければ 私も よい。 당신이 좋으면 나도 좋다.
- あなたが 苦しければ 私も 苦しいです。 당신이 괴로우면 저도 괴롭습니다.
- 体が よわければ 心も よわいです。 몸이 약하면 마음도 약합니다.

「いい」와 「よい」

い형용사 「いい」와 「よい」는 '좋다' 란 뜻으로 같지만, 활용을 할 경우에는 「よい」만 활용한다.

<table>
<tr><td rowspan="6">いい</td><td>명사수식</td><td>いい 天気（○）</td><td rowspan="6">よい</td><td>명사수식</td><td>よい 天気（○） 좋은 날씨</td></tr>
<tr><td>부정</td><td>いくない（×）</td><td>부정</td><td>よくない（○） 좋지 않다</td></tr>
<tr><td>과거</td><td>いかった（×）</td><td>과거</td><td>よかった（○） 좋았다</td></tr>
<tr><td>부사형</td><td>いくなる（×）</td><td>부사형</td><td>よくなる（○） 좋아지다</td></tr>
<tr><td>추측</td><td>いかろう（×）</td><td>추측</td><td>よかろう（○） 좋겠지</td></tr>
<tr><td>가정</td><td>いければ（×）</td><td>가정</td><td>よければ（○） 좋으면</td></tr>
</table>

い형용사 단어

い형용사 반의어			
大きい 크다	⇔ 小さい 작다	暑い 덥다	⇔ 寒い 춥다
広い 넓다	⇔ 狭い 좁다	強い 강하다	⇔ 弱い 약하다
多い 많다	⇔ 少ない 적다	難しい 어렵다	⇔ 易しい 쉽다
新しい 새롭다	⇔ 古い 낡다, 오래되다	嬉しい 기쁘다	⇔ 悲しい 슬프다
近い 가깝다	⇔ 遠い 멀다	明るい 밝다	⇔ 暗い 어둡다
よい(いい) 좋다	⇔ 悪い 나쁘다	白い 하얗다	⇔ 黒い 검다
涼しい 시원하다	⇔ 暖かい 따뜻하다	細い 가늘다	⇔ 太い 굵다
高い 비싸다	⇔ 安い 싸다	薄い 얇다	⇔ 厚い 두껍다
高い 높다	⇔ 低い 낮다	熱い 뜨겁다	⇔ 冷たい 차갑다
軽い 가볍다	⇔ 重い 무겁다	青い 파랗다	⇔ 赤い 붉다
遅い 늦다	⇔ 早い 이르다	おいしい 맛있다	⇔ まずい 맛없다
長い 길다	⇔ 短い 짧다	おもしろい 재밌다	⇔ つまらない 시시하다
甘い 달다	⇔ 苦い 쓰다	深い 깊다	⇔ 浅い 얕다

1. 주어진 단어를 이용하여 문장을 만드시오.

> りんご、　は、　を、　が、　おいしい、　やすい、　たべる、　かう
> 사과　　　～는　～을　～가　맛있다　　싸다　　먹다　　사다

(1) 사과는 맛있다.　　　⇨

(2) 사과는 맛있습니다.　　⇨

(3) 맛있는 사과　　　⇨

(4) 사과는 맛있지 않다.　　⇨

(5) 사과는 맛있지 않습니다.　　⇨

(6) 사과는 싸고 맛있습니다.　　⇨

(7) 사과는 맛있었다.　　⇨

(8) 사과는 맛있었습니다.　　⇨

(9) 사과는 맛있지 않았다.　　⇨

(10) 사과는 맛있지 않았습니다.　　⇨

(11) 사과를 맛있게 먹다.　　⇨

(12) 사과는 맛있을 것이다.　　⇨

(13) 사과는 맛있을 것이다.(문장체)　⇨

(14) 사과가 맛있으면 산다.　　⇨

2. 보기와 같이 반의어를 쓰시오.

> 〈보기〉 暑い 덥다 ↔ 寒い 춥다

(1) 高い 비싸다　⇦⇨　　(2) 高い 높다　⇦⇨

(3) 多い 많다　⇦⇨　　(4) 大きい 크다　⇦⇨

(5) 長い 길다　　⇔　　　　　　(6) 広い 넓다　　⇔
(7) 近い 가깝다　　⇔　　　　　　(8) 易しい 쉽다　　⇔
(9) 重い 무겁다　　⇔　　　　　　(10) 早い 빠르다　　⇔
(11) 深い 깊다　　⇔　　　　　　(12) 新しい 새롭다　　⇔
(13) 明るい 밝다　　⇔　　　　　　(14) 良い/いい 좋다　　⇔

3. 보기와 같이 주어진 단어로 문장을 완성하시오.

> 〈보기〉 일본어는 별로 어렵지 않습니다.(日本語、あまり、むずかしい)
>
> ⇒ 日本語は あまり むずかしくないです。(＝むずかしくありません)

(1) 저 요리는 싸고 맛있습니다.(あの、りょうり、やすい、おいしい)

　⇒
----

(2) 영화는 그다지 재미없었습니다.(映画、あまり、おもしろい)

　⇒
----

(3) 당신이 즐거우면 나도 즐겁다.(あなた、楽しい、私)

　⇒
----

(4) 날씨가 좋아졌습니다.(天気、よい、なる)

　⇒
----

(5) 일본의 회는 맛있을 것이다.(日本、刺身、おいしい)

　⇒
----

4. 괄호 안의 단어를 빈칸에 적당한 형태로 넣으시오.

> 〈보기〉 やさしい 日本語が 好きです。(やさしい)

(1) テストが ___________ なりました。（難しい）

(2) 明日の 天気も ___________ でしょう。（いい）

(3) この りんごは あまり ___________ ありません。（おいしい）

(4) 夏は ___________、冬は 寒いです。（暑い）

(5) 昨日の パーティーは あまり ___________ なかったです。（楽しい）

JPT・JLPT 실전확인문제

1. この きかいは ______ ありませんが、べんりです。

　(A) あたらしく　　　(B) あたらしい　　　(C) あたらしいでは　　　(D) あたらしくては

2. せんしゅうは ぜんぜん ______ です。

　(A) あつかった　　　(B) あついかった　　　(C) あつくなかった　　　(D) あついじゃなかった

3. そとから ______ かぜが はいりますよ。

　(A) すずしい　　　(B) すずしいの　　　(C) すずしいな　　　(D) すずしくて

4. この ガイドブックは ______ かるいです。

　(A) うすくて　　　(B) おもくて　　　(C) ふるくて　　　(D) ほそくて

5. おちゃが ______ なりました。

　(A) つめたいに　　　(B) つめたく　　　(C) つめたい　　　(D) つめたくて

6. ______ ください。もう しゅっぱつの じかんですよ。

　(A) はやくして　　　(B) はやくなって　　　(C) はやいにして　　　(D) はやいになって

7. 天気が ______ なりました。

　(A) いいに　　　(B) よくに　　　(C) よく　　　(D) いい

8. きょうは ______ ねます。

    (A) はやいに   (B) はやい   (C) はやくない   (D) はやく

9. おととい、______ テレビを みました。

    (A) おいしい   (B) すずしい   (C) いそがしい   (D) おもしろい

10. キムチは ______です。

    (A) からい   (B) くらい   (C) さむい   (D) みじかい

11. きのうは きぶんが ______。

    (A) いいでした   (B) よかったです   (C) いかったです   (D) よかったでした

12. 「あ、______。すぐ 電車が きますよ。」

    (A) とおい   (B) うまい   (C) あぶない   (D) うるさい

13. この いすは おおきくて ______です。

    (A) おもい   (B) からい   (C) すくない   (D) すずしい

14. あしたは あまり ______ ありません。

    (A) いそがしく   (B) いそがしいでは   (C) いそがしいく   (D) いそがしいは

15. きょうの ごごは かぜが ______でしょう。

    (A) つよかった   (B) つよくて   (C) つよい   (D) つよく

16. トマトが ______ なりました。

    (A) あかくて   (B) あかいく   (C) あかいに   (D) あかく

17. ______から まどを あけましょう。

    (A) うすい   (B) くらい   (C) しろい   (D) あかるい

18. さっきの もんだいは ______ なかったです。

    (A) むずかし   (B) むずかしい   (C) むずかしくて   (D) むずかしく

19. こんどの ノートパソコンは ______ かるい。

    (A) 小さいくて   (B) 小さいで   (C) 小さいと   (D) 小さくて

20. さっきまで あたたかかったですが、いまは ______。

    (A) あたたかかったです   (B) あたたかいでした

    (C) あたたかくないです   (D) あたたかくでは ありません

[오문정정]

21. きょうも とても 楽しく 一日でした。
        A   B   C   D

22. きのうの えんそくは あまり おもしろくないでした。
        A   B   C   D

23. 小さいとき、よく あそんだ 公園の 近く で ちかてつの 駅が ありました。
     A   B   C   D

24. この ジュースは れいぞうこに 入っていました。でも 涼しく ありません。
               A   B   C   D

25. あしたから かぜが 強くて ふいたり、雨が ふったりして 天気が わるく なるでしょう。
          A   B   C   D

제3장　な 형용사(形容詞)

1 な형용사의 성질

01–03–01

- あの 学生は 真面目だ。　저 학생은 성실하다.
- この 絵は きれいだ。　이 그림은 예쁘다.
- 思った より きれいではない。　생각했던 것보다 예쁘지 않다.
- とても きれいで 静かな 公園ですね。　너무나 예쁘고 조용한 공원이군요.

① 자립어이다.

② 용언의 하나로서 활용이 있다.

③ 말을 끝맺을 때는 「だ」로 끝난다.

④ 주어의 성질, 상태를 설명하고 수식한다.

⑤ 자체적으로 술어가 될 수 있다.

1 어간과 어미

な형용사 기본형		의미
어간	어미	
きれい	だ	깨끗하다, 예쁘다
静_{しず}か	だ	조용하다
親_{しんせつ}切	だ	친절하다
便_{べんり}利	だ	편리하다
立_{りっぱ}派	だ	훌륭하다

check　な형용사 활용표(학교문법)

기본형	어간	미연형	연용형	종지형	연체형	가정형	명령형
上手_{じょうず}だ きれいだ	上手_{じょうず} きれい	だろ	だっ / で / に	だ	な	なら	없음
접속		う	た / ない / なる	말을 끝맺음	時_{とき}	ば	명령의 뜻으로 말을 끝맺음

2 な형용사의 활용표(외국어교육문법)

구분	형태	예
기본형	～だ	きれいだ 깨끗하다
공손형	～だ → ～です	きれいです 깨끗합니다
명사수식형	어간 + な + 명사	きれいな へや 깨끗한 방

구분	형태	예
부정형	어간 + では ない	きれいでは ない 깨끗하지 않다
공손한 부정형	어간 + では ないです	きれいでは ないです
	= では ありません	きれいでは ありません 깨끗하지 않습니다
중지법	어간 + で	きれいで 깨끗하고, 깨끗해서
과거형	어간 + だった	きれいだった 깨끗했다
공손한 과거형	어간 + でした	きれいでした 깨끗했습니다
과거부정형	어간 + では なかった	きれいでは なかった 깨끗하지 않았다
공손한 과거부정형	어간 + では なかったです	きれいでは なかったです
	= では ありませんでした	きれいでは ありませんでした 깨끗하지 않았습니다
부사형(동사수식형)	어간 + に + 동사	きれいになる 깨끗해지다
추측형	어간 + だろう	きれいだろう 깨끗할 것이다, 깨끗하겠지
가정형	어간 + ならば	きれいならば 깨끗하면

☞ 명사 수식할 때의 예외 **な형용사** : 同じだ(같다)

> 同じな + 체언 → 同じ + 체언

· 同じな 本(×) → 同じ 本(○) 같은 책

3 な형용사 활용별 용례 연습

🎧 01-03-03

01 기본형(종지형) : 「〜だ」로 끝나며 「〜하다」로 해석

> 好きだ 좋아하다   静かだ 조용하다   元気だ 건강하다

· 日本語が とても 上手だ。 일본어를 매우 잘한다.

· この 部屋は きれいだ。 이 방은 깨끗하다.

· ぼくたちは いつも 幸せだ。 우리들은 항상 행복하다.

きれい(だ)
↓

です　→　きれいです 예쁩니다, 깨끗합니다

好きだ(좋아하다)　+　です　→　好きです 좋아합니다
静かだ(조용하다)　+　です　→　静かです 조용합니다
元気だ(건강하다)　+　です　→　元気です 건강합니다

- 地下鉄は とても 便利です。 지하철은 매우 편리합니다.
- あの お寺は 有名です。 저 절은 유명합니다.
- 私は あなたのことが 好きです。 나는 당신을 좋아합니다.

03 **명사수식형(연체형)** : 「어간 + な + 명사」의 형태로서 「～한 + 명사, ～할 + 명사」로 해석

きれい(だ)
↓

な + 명사 → きれいな(예쁜, 깨끗한) + 명사

好きだ(좋아하다) → 好きな + 人　→　好きな 人 좋아하는 사람
静かだ(조용하다) → 静かな + 部屋　→　静かな 部屋 조용한 방
元気だ(건강하다) → 元気な + 子供　→　元気な 子供 건강한 아이

- きれいな 部屋ですね。 깨끗한 방이로군요.
- あなたの 好きな 音楽は どんな 音楽ですか。
  당신이 좋아하는 음악은 어떤 음악입니까?
- あの 立派な 建物は なんですか。
  저 훌륭한 건물은 무엇입니까?

きれい(だ)
↓

では + ない → きれいではない 예쁘지 않다

好きだ(좋아하다)	→	好きでは + ない	→	好きではない 좋아하지 않다
静かだ(조용하다)	→	静かでは + ない	→	静かではない 조용하지 않다
元気だ(건강하다)	→	元気では + ない	→	元気ではない 건강하지 않다

・金さんは 日本語が あまり 上手ではない。 김씨는 일본어를 그다지 잘 하지 못한다.

・私は パンは あまり 好きじゃありません。 나는 빵은 그다지 좋아하지 않습니다.

・この 問題は 簡単じゃないです。 이 문제는 간단하지 않습니다.

☞ ではないです ＝ じゃないです ＝ ではありません ＝ じゃありません

きれい(だ)
↓

で → きれいで 예쁘고, 예뻐서

好きだ(좋아하다)	→	好き + で	→	好きで 좋아하고, 좋아해서
静かだ(조용하다)	→	静か + で	→	静かで 조용하고, 조용해서
元気だ(건강하다)	→	元気 + で	→	元気で 건강하고, 건강해서

・この アパートは 便利で 安いです。 이 아파트는 편리하고 쌉니다.

・歌は 上手で、踊りは 下手です。 노래는 잘하고 춤은 잘 못 춥니다.

・この 店は 店員が 親切で お客が 多い。 이 가게는 점원이 친절해서 손님이 많다.

きれい だ
↓

だっ + た → きれいだった 예뻤다

好きだ(좋아하다) → 好きだっ + た → 好きだった 좋아했다
静かだ(조용하다) → 静かだっ + た → 静かだった 조용했다
元気だ(건강하다) → 元気だっ + た → 元気だった 건강했다

- 彼女は きれいだった。 그녀는 예뻤다.
- 赤ちゃんは とても 元気だった。 아기는 매우 건강했다.
- その 銀行員は 英語が 上手だった。 그 은행원은 영어를 잘했다.

☞ すきだったです ＝ すきでした

きれい だ
↓

では + なかった → きれいではなかった 예쁘지 않았다

好きだ(좋아하다) → 好きでは + なかった → 好きではなかった 좋아하지 않았다
静かだ(조용하다) → 静かでは + なかった → 静かではなかった 조용하지 않았다
元気だ(건강하다) → 元気では + なかった → 元気ではなかった 건강하지 않았다

- 田中さんは あまり まじめではなかった。 다나카 씨는 그다지 성실하지 않았다.
- 店の 人は 親切じゃなかった。 가게 사람은 친절하지 않았다.
- 交通が 便利ではなかった。 교통이 편리하지 않았다.

☞ ではなかった ＝ じゃなかった

きれい だ

↓

に + 동사 →　きれいに(예쁘게) + 동사

好きだ(좋아하다)	→	好きに	＋	なる	→	好きになる 좋아지다
静かだ(조용하다)	→	静かに	＋	なる	→	静かになる 조용해지다
元気だ(건강하다)	→	元気に	＋	なる	→	元気になる 건강해지다

- 彼女が　好きになりました。 그녀를 좋아하게 되었습니다.
- 教室が　静かになりました。 교실이 조용해졌습니다.
- 彼女は　元気になりました。 그녀는 건강해졌습니다.

きれい だ

↓

だろ + う →　きれいだろう 예쁘겠지

好きだ(좋아하다)	→	好きだろ	＋	う	→	好きだろう 좋아할 것이다, 좋아하겠지
静かだ(조용하다)	→	静かだろ	＋	う	→	静かだろう 조용할 것이다, 조용하겠지
元気だ(건강하다)	→	元気だろ	＋	う	→	元気だろう 건강할 것이다, 건강하겠지

- あの　部屋は　静かだろう。 저 방은 조용할 것이다[조용하겠지].
- 答えは　みんな　同じだろう。 대답은 모두 같을 것이다[같겠지].
- 地下鉄の方が　便利でしょう。 지하철 쪽이 편리할 것입니다[편리하겠지요].

☞「〜でしょう(〜할 것입니다, 〜하겠지요)는 「〜だろう(〜할 것이다, 〜하겠지)의 정중형이다.

きれい 

↓

なら(ば) → きれいなら(ば) 예쁘면

好きだ(좋아하다) → 好き + なら → 好きなら 좋아하면
静かだ(조용하다) → 静か + なら → 静かなら 조용하면
元気だ(건강하다) → 元気 + なら → 元気なら 건강하면

· 暇なら(ば)、あそびに 来て ください。 한가하면 놀러 으세요.

· これが だめなら あれは どうですか。 이것이 안 되면 저것은 어떻습니까?

· あそこが 静かなら(ば) いいけど。 저기가 조용하다면 좋겠지만.

1. わたしは りんごより すいかが すきです。
나는 사과보다 수박을 좋아합니다.

2. ソウルと 大阪と、どちらが 大きいですか。
서울하고 오사카하고 어느·쪽이 큽니까?

ソウルより 大阪のほうが 大きいです。
서울보다 오사카 쪽이 큽니다.

3. 韓国で だれが いちばん 金持ちですか。
한국에서 누가 가장 부자입니까?

うちの 課長が いちばん 金持ちです。
우리 과장님이 가장 부자입니다.

4. 今年の 夏は 去年ほど 暑くなかった。
올해 여름은 작년만큼 덥지는 않았다.

해 설

1. Aより Bが～ : A보다 B가 ～(비교급)

2. Aと Bと どちらが ～ですか : A하고 B하고, 어느 쪽이 ～입니까?
   ▶ 두 사물을 비교해서 물을 때 쓰는 표현
   ▶ 대답은 「Aより Bの方が ～」 'A보다 B쪽이 ～'라고 한다.(「Aより」는 생략 가능)

3. (～のなか)で だれ(どこ・いつ・どれ)が いちばん ～ですか : (～중)에서 누가 (어디·언제·어느 것) 가장 ～합니까(최상급)
   ▶ 3가지 이상의 사물을 비교해서 물을 때 쓰는 표현
   ▶ 대답은 「○が いちばん ～」 '○가 가장 ～'라고 한다.

4. Aは Bほど ～ではない : ～A는 B만큼 ～않다(비교부정)

な형용사 단어

な형용사 반의어			
好きだ 좋아하다	⇔ 嫌いだ 싫어하다	上手だ 잘하다	⇔ 下手だ 서툴다
得意だ 잘하다	⇔ 苦手だ 못하다	便利だ 편리하다	⇔ 不便だ 불편하다
簡単だ 간단하다	⇔ 複雑だ 복잡하다	静かだ 조용하다	⇔ 賑やかだ 떠들썩하다
派手だ 화려하다	⇔ 地味だ 수수하다	上品だ 고상하다	⇔ 下品だ 상스럽다
大柄だ 몸집이 크다	⇔ 小柄だ 몸집이 작다	安全だ 안전하다	⇔ 危険だ 위험하다

1. 주어진 단어를 이용하여 문장을 만드시오.

> この、　部屋（へや）、　は、　が、　静（しず）かだ、　いい、　安（やす）い、　となり、　になる
> 이　　　방　　　～는　～이　조용하다　좋다　싸다　옆　　　～이 되다

(1) 이 방은 조용하다.　　　⇨

(2) 이 방은 조용합니다.　　　⇨

(3) 조용한 방이 좋다.　　　⇨

(4) 이 방은 조용하지 않다.　　　⇨

(5) 이 방은 조용하지 않습니다.　　　⇨

(6) 이 방은 싸고 조용합니다.　　　⇨

(7) 이 방은 조용했다.　　　⇨

(8) 이 방은 조용했습니다.　　　⇨

(9) 이 방은 조용하지 않았다.　　　⇨

(10) 이 방은 조용하지 않았습니다.　　　⇨

(11) 옆 방이 조용해지다.　　　⇨

(12) 이 방은 조용할 것이다.　　　⇨

(13) 옆 방이 조용하면 좋겠다.　　　⇨

2. 보기와 같이 반의어를 쓰시오.

> 〈보기〉 上手（じょうず）だ 잘하다 ↔ 下手（へた）だ 서투르다

(1) 好（す）きだ 좋아하다　⇔　　　　(2) 静（しず）かだ 조용하다　⇔

(3) 得意（とくい）だ 잘하다　⇔　　　　(4) 便利（べんり）だ 편리하다　⇔

(5) 安全（あんぜん）だ 안전하다　⇔　　　　(6) 簡単（かんたん）だ 간단하다　⇔

3. 보기와 같이 주어진 단어로 문장을 완성하시오.

> 〈보기〉 여동생은 피아노를 잘하지 못했습니다.(妹、ピアノ、上手だ)
>
> ⇒ 妹は ピアノが 上手ではありませんでした。

(1) 과일은 그다지 좋아하지 않습니다.(果物、あまり、好きだ)

⇒ --

(2) 어떤 색을 좋아합니까?(どんな、色、好きだ)

⇒ --

(3) 이 아파트는 깨끗하고 조용합니다.(この、アパート、きれいだ、しずかだ)

⇒ --

(4) 이 마을은 번화하고 편리한 곳입니다.(この、まち、にぎやかだ、べんりだ、ところ)

⇒ --

(5) 이제 몸은 튼튼해졌습니다.(もう、体、丈夫だ、なりました)

⇒ --

4. 괄호 안의 단어를 빈칸에 적당한 형태로 넣으시오.

> 〈보기〉 子供のとき、やさいが 好きではありませんでした。(好きだ)

(1) この へやは 駅に 近いので __________です。(にぎやかだ)

(2) たくさん ありますから __________ ものを とって 食べて ください。(好きだ)

(3) スポーツは あまり __________ ありません。(好きだ)

(4) 勉強中だから、__________ して ください。(静かだ)

(5) 遊園地の 花は とても __________ でした。(きれいだ)

JPT・JLPT 実戦確認問題

1. ちちは つりが すき______。

  (A) はなかったです   (B) ではないでした

  (C) くなかったです   (D) ではありませんでした

2. わたしの いもうとは ______ げんきな ひとです。

  (A) にぎやか   (B) にぎやかだ   (C) にぎやかで   (D) にぎやかの

3. えいがかんだから、______ して ください。

  (A) しずかに   (B) しずかで   (C) しずかだ   (D) しずかな

4. きんじょの こうえんは ______ きれいです。

  (A) ひろい   (B) ひろくて   (C) ひろいと   (D) ひろいくて

5. あの てらは ゆうめい ______。

  (A) のです   (B) くあります   (C) くありません   (D) ではありません

6. まいにち うんどうして からだが ______ なりました。

  (A) じょうぶな   (B) じょうぶに   (C) じょうぶく   (D) じょうぶで

7. この がっこうでは ______ くにの ひとが にほんごを べんきょうして います。

  (A) いろいろな   (B) すくない   (C) もっと   (D) たいへんな

8. すみませんが、すこし しずか ______ ください。

  (A) でする   (B) にする   (C) でして   (D) にして

9. かれは ギターが へたです。でも、ピアノは ______。

  (A) すきです   (B) じょうずです   (C) じょうぶです   (D) りっぱです

10. はは げんき＿＿＿＿＿ おもしろい 人です。

(A) に　　　　　　　　(B) で　　　　　　　　(C) だ　　　　　　　　(D) や

11. ひるから ＿＿＿＿＿から、えいがを みに いきませんか。

(A) ひま　　　　　　　(B) ひまな　　　　　　(C) ひまの　　　　　　(D) ひまだ

12. おさけは ＿＿＿＿＿ありません。

(A) すきく　　　　　　(B) すきに　　　　　　(C) すきには　　　　　(D) すきでは

13. こどもの とき うんどうが すき＿＿＿＿＿。

(A) ではありませんでした　　　　　　　(B) くなかったです
(C) はなかったです　　　　　　　　　　(D) はないでした

14. こばやしさんは にほんりょうりを ＿＿＿＿＿ つくります。

(A) じょうずで　　　　(B) じょうず　　　　　(C) じょうずな　　　　(D) じょうずに

15. この ビニールぶくろは うすいですが、とても ＿＿＿＿＿。

(A) げんきです　　　　(B) しずかです　　　　(C) じょうぶです　　　(D) にぎやかです

16. あしたの まつりは きっと ＿＿＿＿＿でしょう。

(A) にぎやかに　　　　(B) にぎやかだ　　　　(C) にぎやかな　　　　(D) にぎやか

17. あたらしい びじゅつかんは とても ＿＿＿＿＿。

(A) きれいだった　　　(B) きれかった　　　　(C) きれくなかった　　(D) きれくないだった

18. もう すこし ＿＿＿＿＿して いただけませんか。

(A) しずかに　　　　　(B) しずかだ　　　　　(C) しずか　　　　　　(D) しずかで

19. せんしゅうは まいにち あめが ふって ＿＿＿＿＿。

(A) たいへんしました　　　　　　　　　(B) たいへんです
(C) たいへんでした　　　　　　　　　　(D) たいへんだったでした

20. わたしの かばんは きむらさんのと いろが ＿＿＿＿ です。

    (A) しずか　　　　　　(B) じょうぶ　　　　　(C) おなじ　　　　　　(D) にぎやか

[오문정정]

21. かのじょは かお<u>も</u> <u>きれいし</u>、あたま<u>も</u> <u>いい</u>です。
                  A　　　B　　　　　　C　D

22. <u>としょかんですから</u> <u>しずかで</u> <u>して</u> <u>ください</u>。
        A　　　　　　B　　　C　　　D

23. <u>同じな</u> <u>本</u>を <u>2冊</u> <u>買って</u> しまった。
      A　　　　　B　　C　　　D

24. 田中さん<u>という</u> 人は <u>日本人だけど</u> 中国語が <u>じょうずの</u> <u>英語の</u> 先生です。
          A　　　　　　　　B　　　　C　　　D

25. わたしは こどもの<u>時</u>、ぎゅうにゅうが <u>きらいでしたが</u>、<u>だんだん</u> <u>すきにしました</u>。
        A　　　　　　　　　　　　B　　　C　　　　　　D

제4장 동사(動詞)

동작, 상태, 사물의 변화, 상황 등을 나타내는 품사이다.

1 동사의 성질

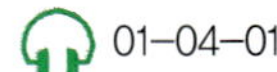
01-04-01

- 明日は 雨が 降るでしょう。 내일은 비가 내리겠죠.
- 風呂に 入ると、体が 暖まる。 목욕을 하면 몸이 훈훈해진다.
- 彼は 部屋で 音楽を 聞いている。 그는 방에서 음악을 듣고 있다.
- 田中さんが 小林さんに 手紙を 送った。 다나카 씨가 고바야시 씨에게 편지를 보냈다.
- 私たちは 富士山を 歩いて 登った。 우리들은 후지산을 걸어서 올랐다.

① 자립어로서 단독으로 문절을 만들 수 있다.

② 활용이 있다.

③ 기본형의 어미가 오십음도의 「う단」으로 끝난다.

④ 단독으로 술어가 될 수 있다.

⑤ 용언의 하나이다.

2　동사의 종류

1　1그룹동사(5단동사)

① 기본형이 「う、く、ぐ、す、つ、ぬ、ぶ、む」로 끝나는 동사

洗う 씻다　　行く 가다　　泳ぐ 수영하다

話す 말하다　　立つ 서다　　死ぬ 죽다

飛ぶ 날다　　飲む 마시다

② 기본형이 「る」로 끝나고 「る」 앞이 「あ단」 「う단」 「お단」 음일 경우

始まる 시작되다　　降る 내리다　　乗る 타다

2　2그룹동사(上一단 동사, 下一단 동사)

① 기본형이 「る」로 끝나고 「る」 앞이 「い단」 음일 경우

起きる 일어나다　　見る 보다　　着る 입다

② 기본형이 「る」로 끝나고 「る」 앞이 「え단」 음일 경우

食べる 먹다　　寝る 자다　　教える 가르치다

3　3그룹동사(カ행변격동사, サ행변격동사)

くる 오다　　　する 하다

（勉強する 공부하다　　運転する 운전하다）

☞ 「한자어+する」도 3그룹동사에 속한다.

어간과 어미

	단어	어간	어미	의미
1그룹동사(5단동사)	書く	書	く	쓰다
	歌う	歌	う	노래하다
	飲む	飲	む	마시다
2그룹동사(1단동사) (い단 + る)	見る		みる	보다
	起きる	起	きる	일어나다
	落ちる	落	ちる	떨어지다
2그룹동사(1단동사) (え단 + る)	食べる	食	べる	먹다
	寝る		ねる	자다
	覚える	覚	える	기억하다
3그룹동사(변격동사)	する 来る	변격동사는 어간과 어미로 구분하지 않는다.		

☞ 어간·어미가 구별 안 되는 동사 : 見る, 寝る

다양한 동사의 명칭

	정통학교 문법명칭	외국어 교육문법에서 사용되는 명칭				
규칙동사	5단동사	5단동사	1그룹동사	1류동사	[u]동사	자음동사
	상1단동사	1단동사	2그룹동사	2류동사	[ru]동사	모음동사
	하1단동사					
불규칙동사	カ행변격동사	변격동사	불규칙동사	3그룹동사	3류동사	변격동사	불규칙동사
	サ행변격동사						

③ 동사의 활용형 및 용법

동사는 용법에 따라서 다음과 같이 6가지 활용형으로 나눈다.

1 활용형의 종류

(1) 미연형(未然形) ―「ない형」

동작이나 작용이 아직 이루어지지 않고 있거나 또는 이제부터 하려고 한다는 뜻을 나타내는 형태
이다. 조동사「ない、う・よう、せる・させる、れる・られる」등에 이어진다.

- 本を　読まない。　책을 읽지 않다.
- 妹に　本を　読ませる。　여동생에게 책을 읽게 하다.
- 私たちは　本を　読もう。　우리들은 책을 읽자.

(2) 연용형(連用形) ―「ます형」「て형」「た형」

조동사「ます、て、た、たい」등과 조사「ながら」등에 이어진다.

- 私は　本を　読みます。　나는 책을 읽습니다.
- 私も　本が　読みたい。　나도 책을 읽고 싶다.
- きのう　本を　読んだ。　어제 책을 읽었다.

(3) 종지형(終止形)

① 문장을 끝내는 형태이다. 동시에 동사의 기본형의 형태를 취한다.
②「と、けれども、が…」등의 조사가 붙어 뒤의 말에 이어진다.

- 本を　読む。　책을 읽다.
- 本を　読んだけれども、理解できなかった。　책을 읽었지만 이해할 수 없었다.
  (활용어의 종지형)

(4) 연체형(連体形)

① 체언에 이어지는 형태로「とき」「人」등의 명사에 이어진다.
② 조동사「ようだ」, 조사「の」등에 이어진다.

- 本を　読む　時は　静かに　しなさい。　책을 읽을 때는 조용히 하세요.
- 中国語の本を　読むのは　むずかしい。　중국어 책을 읽는 것은 어렵다.

(5) 가정형(仮定形)

조사 「ば」에 이어지는 형태로 가정의 뜻을 나타낸다.

- 本を 読めば わかる。 책을 읽으면 안다.

(6) 명령형(命令形)

명령의 뜻으로 문장을 끝마친다.

- 早く 本を 読め。 빨리 책을 읽어라.

2 동사활용별 연습

[동사] ます형

동사에 접속되어 정중한 뜻을 나타낸다(~ㅂ니다).

[1그룹동사]	
기본형의 끝을 「い단」 음으로 바꾸고 「ます」를 붙인다.	買う 사다 → 買います 삽니다
	行く 가다 → 行きます 갑니다
会 う 만나다	話す 말하다 → 話します 말합니다
↓	遊ぶ 놀다 → 遊びます 놉니다
い + ます → 会います 만납니다	帰る 돌아가다 → 帰ります 돌아갑니다

[2그룹동사]	
기본형 끝의 「る」를 없애고 「ます」를 붙인다.	起きる 일어나다 → 起きます 일어납니다
	食べる 먹다 → 食べます 먹습니다
見 る 보다	寝る 자다 → 寝ます 잡니다
↓	着る 입다 → 着ます 입습니다
る + ます → 見ます 봅니다	

[3그룹동사]	
불규칙하게 변하므로 그대로 외운다.	来る 오다 → 来ます 옵니다
	する 하다 → します 합니다

- 学校へ 行きます。 학교에 갑니다.
- ごはんを 食べます。 밥을 먹습니다.
- 宿題を します。 숙제를 합니다.

- 八時に 起きます。 8시에 일어납니다.
- また 来ます。 또 오겠습니다.

※ 다음 동사를 ます를 사용해 정중 표현으로 만들어 보자.

〈보기〉 買う 사다
↓
い + ます → 買います 삽니다

(1) 会う 만나다 → 만납니다

(2) 読む 읽다 → 읽습니다

(3) 立つ 서다 → 섭니다

(4) 飛ぶ 날다 → 납니다

(5) 死ぬ 죽다 → 죽습니다

(6) 泳ぐ 수영하다 → 수영합니다

(7) 書く 쓰다 → 씁니다

(8) 帰る 돌아오다 → 돌아옵니다

(9) 走る 달리다 → 달립니다

(10) 落ちる 떨어지다 → 떨어집니다

(11) 着る 입다 → 입습니다

(12) 寝る 자다 → 잡니다

(13) 覚える 기억하다 → 기억합니다

(14) 来る 오다 → 옵니다

(15) する 하다 → 합니다

(1) 현재/미래 : (동사 ます형) ～ます(か)　～(ㅂ)니다 / (ㅂ)니까?

- 手紙を　書く。 편지를 쓰다.

  → 手紙を　書きます。 편지를 씁니다.

  연습 ご飯を　食べる。 밥을 먹다.

  → ご飯を　____________ 。 밥을 먹습니까?

(2) 과거 : (동사 ます형) ～ました(か)　～였습니다 / 였습니까?

- 手紙を　書きます。 편지를 씁니다.

  → 手紙を　書きました。 편지를 썼습니다.

  연습 ご飯を　食べる。 밥을 먹다.

  → ご飯を　____________ 。 밥을 먹었습니까?

(3) 부정 : (동사 ます형) ～ません　～(하)지 않습니다

- 手紙を　書きます。 편지를 씁니다.

  → 手紙を　書きません。 편지를 쓰지 않습니다.

  연습 ご飯を　食べる。 밥을 먹다.

  → ご飯を　____________ 。 밥을 먹지 않습니다.

(4) 과거부정 : (동사 ます형) ～ませんでした(か)　～(하)지 않았습니다 / 않았습니까?

- 手紙を　書きます。 편지를 씁니다.

  → 手紙を　書きませんでした。 편지를 쓰지 않았습니다.

  연습 ご飯を　食べる。 밥을 먹다.

  → ご飯を　____________ 。 밥을 먹지 않았습니까?

(5) 권유 : (동사 ます형) ～ませんか   ～(하)지 않겠습니까?

- 手紙を 書きます。편지를 씁니다.

  → 手紙を 書きませんか。편지를 쓰지 않겠습니까?

  연습 ご飯を 食べる。밥을 먹다.

  → ご飯を ＿＿＿＿＿＿。밥을 먹지 않겠습니까?

(6) 권유 : (동사 ます형) ～ましょう(か)   ～합시다 / 할까요?

- 手紙を 書きます。편지를 씁니다.

  → 手紙を 書きましょう。편지를 씁시다.

  연습 ご飯を 食べる。밥을 먹다.

  → ご飯を ＿＿＿＿＿＿。밥을 먹을까요?

특별한 1그룹동사 활용

경의(敬意)를 나타내는 동사인 「いらっしゃる、おっしゃる、くださる、なさる、ござる」는 특별한 활용을 한다. 즉, 이 동사들이 「ます」에 연결될 때는 어미 「る」는 「り」가 아니고 「い」의 형태로 바뀐다.

いらっしゃる 계시다, 가시다, 오시다

↓

い ＋ ます → いらっしゃいます 계십니다, 가십니다, 오십니다

기본형		ます형		명령형
・くださる 주시다	→	くださいます 주십니다	→	ください 주세요
・なさる 하시다	→	なさいます 하십니다	→	なさい 하세요
・おっしゃる 말씀하시다	→	おっしゃいます 말씀하십니다	→	おっしゃい 말씀하세요
・ござる 계시다	→	ございます 계십니다		

아래의 동사는 모양은 2그룹동사에 해당하나 예외로 1그룹동사인 경우이다.

단어	ます형	단어	ます형
帰る 돌아가(오)다	帰ります 돌아갑(옵)니다	走る 달리다	走ります 달립니다
入る 들어가(오)다	入ります 들어갑(옵)니다	切る 자르다	切ります 자릅니다
滑る 미끄러지다	滑ります 미끄러집니다	蹴る (발로) 차다	蹴ります (발로) 찹니다
握る 쥐다	握ります 쥡니다	要る 필요하다	要ります 필요합니다
限る 한하다	限ります 한합니다	散る 흩어지다	散ります 흩어집니다
照る 비치다	照ります 비칩니다	減る 줄다	減ります 줍니다

「ませんか」와 「ましょうか」의 차이

1. 아무런 예고도 없이 단지 영화를 보러 가고 싶거나 상대방을 권유할 때.

 • 映画を 観に 行きませんか。(○)

  영화를 보러 가지 않겠습니까?

 • 映画を 観に 行きましょうか。(×)

  영화를 보러 갈까요?

2. 권유하기 전(수일 전이든 수 시간 전이든)에 상대방과 영화 이야기를 한 후 상대방을 권유할 때.

 • (この前 観たいと 言っていた) 映画を 観に 行きませんか。(○)

  (일전에 보고 싶다고 했던) 영화를 보러 가지 않겠습니까?

 • (この前 観たいと 言っていた) 映画を 観に 行きましょうか。(○)

  (일전에 보고 싶다고 했던) 영화를 보러 갈까요?

동사의 어미에 「ない」를 접속시켜 부정의 뜻을 나타낸다(~지 않다).

[1그룹동사]

기본형의 끝을 「あ단」 음으로 바꾸고 「ない」를 붙인다. 단, 어미가 「う」로 끝나는 동사는 「あ」가 아니라 「わ」로 바뀐다.

会う 만나다
↓
わ + ない → 会わない 만나지 않다

買う 사다	→ 買わない 사지 않다
行く 가다	→ 行かない 가지 않다
話す 말하다	→ 話さない 말하지 않다
遊ぶ 놀다	→ 遊ばない 놀지 않다
帰る 돌아가다	→ 帰らない 돌아가지 않다

[2그룹동사]

기본형 끝의 「る」를 없애고 「ない」를 붙인다.

見る 보다
↓
る + ない → 見ない 보지 않다

起きる 일어나다	→ 起きない 일어나지 않다
食べる 먹다	→ 食べない 먹지 않다
寝る 자다	→ 寝ない 자지 않다
着る 입다	→ 着ない 입지 않다

[3그룹동사]

불규칙하게 변하므로 그대로 외운다.

来る 오다	→ 来ない 오지 않다
する 하다	→ しない 하지 않다

- 私は 行かない。 나는 가지 않는다.
- 何も 起きない。 아무 일도 일어나지 않다.
- 朝ごはんを 食べない。 아침을 먹지 않다.
- 彼は 来ない。 그는 오지 않다.
- 勉強を しない。 공부를 하지 않다.

※ 다음 동사를 ない를 사용해 부정 표현으로 만들어 보자.

〈보기〉 買う 사다
↓
わ + ない → 買わない 사지 않다

(1) 会う 만나다 → 만나지 않다

(2) 読む 읽다 → 읽지 않다

(3) 立つ 서다 → 서지 않다

(4) 飛ぶ 날다 → 날지 않다

(5) 死ぬ 죽다 → 죽지 않다

(6) 泳ぐ 수영하다 → 수영하지 않다

(7) 書く 쓰다 → 쓰지 않다

(8) 帰る 돌아오다 → 돌아오지 않다

(9) 走る 달리다 → 달리지 않다

(10) 落ちる 떨어지다 → 떨어지지 않다

(11) 着る 입다 → 입지 않다

(12) 寝る 자다 → 자지 않다

(13) 覚える 기억하다 → 기억하지 않다

(14) 来る 오다 → 오지 않다

(15) する 하다 → 하지 않다

명령하여 말을 끝맺는 형태를 말한다(~하라).

[1그룹동사]

기본형의 끝을 「え단」 음으로 바꾼다.

$$会\ う\ 만나다$$
$$↓$$
$$え\ →\ 会え\ 만나라$$

買う 사다	→	買え 사, 사라
行く 가다	→	行け 가, 가라
話す 말하다	→	話せ 말해라
遊ぶ 놀다	→	遊べ 놀아라
帰る 돌아가다	→	帰れ 돌아가

[2그룹동사]

기본형 끝의 「る」 대신 「ろ、よ」를 붙인다.

$$見\ る\ 보다$$
$$↓$$
$$ろ, よ\ →\ 見ろ / 見よ\ 봐$$

起きる 일어나다	→	起きろ、起きよ 일어나
食べる 먹다	→	食べろ、食べよ 먹어라
寝る 자다	→	寝ろ、寝よ 자, 자라
着る 입다	→	着ろ、着よ 입어

[3그룹동사]

불규칙하게 변하므로 그대로 외운다.

来る 오다	→	こい 와
する 하다	→	しろ、せよ 해라

- あっちに 行け。저쪽으로 가.
- 早く 起きろ。빨리 일어나.
- もっと 食べろ。좀 더 먹어.
- こっちに 来い。여기로 와.
- 宿題を しろ。숙제 해.

<보기> 買（か）う 사다
↓
え → 買え 사, 사라

(1) 言（い）う 말하다 → 말해라

(2) 書（か）く 쓰다 → 써라

(3) 押（お）す 누르다 → 눌러라

(4) 立（た）つ 서다 → 서라

(5) 話（はな）す 말하다 → 말해라

(6) 読（よ）む 읽다 → 읽어라

(7) 走（はし）る 달리다 → 달려라

(8) 飛（と）ぶ 날다 → 날아라

(9) 起（お）きる 일어나다 → 일어나라

(10) 落（お）ちる 떨어지다 → 떨어져라

(11) 着（き）る 입다 → 입어라

(12) 覚（おぼ）える 기억하다 → 외워라

(13) 寝（ね）る 자다 → 자라

(14) 来（く）る 오다 → 와라

(15) する 하다 → 해라

말하는 사람의 의지나 상대방에게 무엇을 하도록 권유하는 의미를 나타낸다(~해야지, ~하자).

[1그룹동사]

기본형의 끝을 「お단」 음으로 바꾸고 「う」
를 붙인다.

会(あ)う 만나다
↓
お + う　→　会(あ)おう 만나야지, 만나자

買(か)う 사다　→　買(か)おう 사야지, 사자
行(い)く 가다　→　行(い)こう 가야지, 가자
話(はな)す 말하다　→　話(はな)そう 말해야지, 말하자
遊(あそ)ぶ 놀다　→　遊(あそ)ぼう 놀아야지, 놀자
帰(かえ)る 돌아가다　→　帰(かえ)ろう 돌아가야지, 돌아가자

[2그룹동사]

기본형 끝의 「る」를 없애고 「よう」를 붙인다.

見(み)る 보다
↓
る + よう　→　見(み)よう 봐야지, 보자

起(お)きる 일어나다 → 起(お)きよう 일어나야지, 일어나자
食(た)べる 먹다　→　食(た)べよう 먹어야지, 먹자
寝(ね)る 자다　→　寝(ね)よう 자야지, 자자
着(き)る 입다　→　着(き)よう 입어야지, 입자

[3그룹동사]

불규칙하게 변하므로 그대로 외운다.

来(く)る 오다　→　来(こ)よう 와야지, 오자
する 하다　→　しよう 해야지, 하자

- 動物園(どうぶつえん)へ 行(い)こう。 동물원에 가야지[가자].
- 六時(ろくじ)に 起(お)きよう。 6시에 일어나야지[일어나자].
- 韓国料理(かんこくりょうり)を 食(た)べよう。 한국 요리를 먹어야지[먹자].
- また 来(こ)よう。 또 와야지[오자].
- ゲームを しよう。 게임을 해야지[하자].

> 〈보기〉 買(か)う 사다
>
> ↓
>
> お + う → 買(か)おう 사야지, 사자

(1) 言(い)う 말하다 → 말해야지, 말하자

(2) 書(か)く 쓰다 → 써야지, 쓰자

(3) 押(お)す 누르다 → 눌러야지, 누르자

(4) 立(た)つ 서다 → 서야지, 서자

(5) 乗(の)る 타다 → 타야지, 타자

(6) 読(よ)む 읽다 → 읽어야지, 읽자

(7) 走(はし)る 달리다 → 달려야지, 달리자

(8) 飛(と)ぶ 날다 → 날아야지, 날자

(9) 降(お)りる 내리다 → 내려야지, 내리자

(10) 見(み)る 보다 → 봐야지, 보자

(11) 寝(ね)る 자다 → 자야지, 자자

(12) かける 걸다 → 걸어야지, 걸자

(13) 覚(おぼ)える 외우다 → 외워야지, 외우자

(14) 来(く)る 오다 → 와야지, 오자

(15) する 하다 → 해야지, 하자

「ば」가 연결되는 형태로, 가정의 의미를 나타낸다(~하면).

[1그룹동사]

기본형의 끝을 「え단」 음으로 바꾸고 「ば」를 붙인다.

会 う 만나다
↓
え + ば → 会えば 만나면

買う 사다	→ 買えば 사면
行く 가다	→ 行けば 가면
話す 말하다	→ 話せば 말하면
遊ぶ 놀다	→ 遊べば 놀면
帰る 돌아가다	→ 帰れば 돌아가면

[2그룹동사]

기본형 끝의 「る」를 없애고 「れば」를 붙인다.

見 る 보다
↓
る + れば → 見れば 보면

起きる 일어나다	→ 起きれば 일어나면
食べる 먹다	→ 食べれば 먹으면
寝る 자다	→ 寝れば 자면
着る 입다	→ 着れば 입으면

[3그룹동사]

불규칙하게 변하므로 그대로 외운다.

来る 오다	→ 来れば 오면
する 하다	→ すれば 하면

- 公園に 行けば 花が いっぱい ある。 공원에 가면 꽃이 가득 있다.
- 早く 起きれば 遅刻しない。 빨리 일어나면 지각하지 않는다.
- 何を 食べれば いいだろう。 무엇을 먹으면 좋을까.
- ここに 来れば 彼に 会える。 여기에 오면 그를 만날 수 있다.
- 運動すれば 健康になる。 운동을 하면 건강해진다.

※ 다음 동사를 ば를 사용해 조건 · 가정 표현으로 만들어 보자.

〈보기〉 買う 사다
↓
え + ば → 買えば 사면

(1) 言う 말하다 → 말하면

(2) 書く 쓰다 → 쓰면

(3) 押す 누르다 → 누르면

(4) 立つ 서다 → 서면

(5) 死ぬ 죽다 → 죽으면

(6) 読む 읽다 → 읽으면

(7) 走る 달리다 → 달리면

(8) 飛ぶ 날다 → 날면

(9) 起きる 일어나다 → 일어나면

(10) 落ちる 떨어지다 → 떨어지면

(11) 着る 입다 → 입으면

(12) いる 있다 → 있으면

(13) 寝る 자다 → 자면

(14) 来る 오다 → 오면

(15) する 하다 → 하면

4 동사의 음편(音便)

「さ행」을 제외한 1그룹동사의 ます형에 「て、た、たり、たら」가 접속할 경우에 발음을 편하게 하기 위해서 음의 변화가 일어나는 현상을 말한다.

연결어	의미	용법
～て	～하고,～해서	중지법(접속조사)
～た	～했다	과거(조동사)
～たり	～하기도 하고	동작의 나열(조사)
～たら	～한다면	조건 표현

1 음편의 종류

(1) い음편(イ音便)

1그룹동사의 어미가 「く、ぐ」인 경우, ます형에 「て、た、たり、たら」가 이어질 때 「き、ぎ」가 「い」로 변하는 것을 말한다. 단, 「ぐ」로 끝나는 동사는 「で、だ、だり、だら」로 탁음화된다.

동사 기본형	연결 형태 및 음편		해석
書く 쓰다	書きます		씁니다
	書き＋て	→ 書いて	쓰고, 써서
	書き＋た	→ 書いた	썼다
	書き＋たり	→ 書いたり	쓰거나, 쓰기도 하고
	書き＋たら	→ 書いたら	쓴다면
泳ぐ 수영하다	泳ぎます		헤엄칩니다
	泳ぎ＋て	→ 泳いで	헤엄치고, 헤엄쳐서
	泳ぎ＋た	→ 泳いだ	헤엄쳤다
	泳ぎ＋たり	→ 泳いだり	히엄치거나, 헤엄치기도 하고
	泳ぎ＋たら	→ 泳いだら	히엄친다면

예외〉行く 가다 – 예외로 促音便(촉음편)에 속한다.
→ 行って 가고, 가서   行った 갔다   行ったり 가거나, 가기도 하고   行ったら 간다면

(2) 촉음편(促音便, つまる음편)

1그룹동사의 어미가 「う、つ、る」인 경우, ます형에 「て、た、たり、たら」가 이어질 때 「い、ち、り」가 「っ」로 변하는 것을 말한다.

동사 기본형	연결 형태 및 음편		해석
思う 생각하다	思います		생각합니다
	思い + て	→ 思って	생각하고, 생각해서
	思い + た	→ 思った	생각했다
	思い + たり	→ 思ったり	생각하거나, 생각하기도 하고
	思い + たら	→ 思ったら	생각한다면
立つ 서다	立ちます		섭니다
	立ち + て	→ 立って	서고, 서서
	立ち + た	→ 立った	섰다
	立ち + たり	→ 立ったり	서거나, 서기도 하고
	立ち + たら	→ 立ったら	서면
知る 알다	知ります		압니다
	知り + て	→ 知って	알고, 알아서
	知り + た	→ 知った	알았다
	知り + たり	→ 知ったり	알거나, 알기도 하고
	知り + たら	→ 知ったら	안다면

(3) 발음편(撥音便, ん음편, はねる음편)

1그룹동사의 어미가 「ぬ、ぶ、む」인 경우, ます형에 「て、た、たり、たら」가 이어질 때 「に、び、み」가 「ん」로 변하는 것을 말한다. 발음편이 될 때에는 「て、た、たり、たら」가 「で、だ、だり、だら」로 탁음화된다.

동사 기본형	연결 형태 및 음편		해석
死ぬ 죽다	死にます		죽습니다
	死に + て	→ 死んで	죽고, 죽어서
	死に + た	→ 死んだ	죽었다
	死に + たり	→ 死んだり	즉거나, 죽기도 하고
	死に + たら	→ 死んだら	죽는다면
遊ぶ 놀다	遊びます		놉니다
	遊び + て	→ 遊んで	놀고, 놀아서
	遊び + た	→ 遊んだ	놀았다
	遊び + たり	→ 遊んだり	놀거나, 놀기도 하고
	遊び + たら	→ 遊んだら	논다면
読む 읽다	読みます		읽습니다
	読み + て	→ 読んで	읽고, 읽어서
	読み + た	→ 読んだ	읽었다
	読み + たり	→ 読んだり	읽거나, 읽기도 하고
	読み + たら	→ 読んだら	읽는다면

(4) 음편이 일어나지 않는 동사

① 2그룹동사(1단동사)

음편이 없고, 동사 ます형에 「て、た、たり、たら」를 붙인다.

동사 기본형	연결 형태		해석
見る 보다	見 +ます	→ 見ます	봅니다
	見 +て	→ 見て	보고, 봐서
	見 +た	→ 見た	봤다
	見 +たり	→ 見たり	보거나, 보기도 하고
	見 +たら	→ 見たら	본다면
食べる 먹다	食べ+ます	→ 食べます	먹습니다
	食べ+て	→ 食べて	먹고, 먹어서
	食べ+た	→ 食べた	먹었다
	食べ+たり	→ 食べたり	먹거나, 먹기도 하고
	食べ+たら	→ 食べたら	먹는다면

② 3그룹동사(변격동사)

음편이 없고, 동사 ます형에 「て、た、たり、たら」를 붙이면 된다.

동사 기본형	연결 형태		해석
来る 오다	き +ます	→ きます	옵니다
	き +て	→ きて	오고, 와서
	き +た	→ きた	왔다
	き +たり	→ きたり	오거나, 오기도 하고
	き +たら	→ きたら	온다면
する 하다	し +ます	→ します	합니다
	し +て	→ して	하고, 해서
	し +た	→ した	했다
	し +たり	→ したり	하거나, 하기도 하고
	し +たら	→ したら	한다면

③ さ행 1그룹동사

1그룹동사 중「す」로 끝나는「さ행」1그룹동사는 음편이 일어나지 않는다.

동사 기본형	연결 형태		해석
話(はな)す 말하다	話(はな)し + ます	→ 話(はな)します	말합니다
	話(はな)し + て	→ 話(はな)して	말하고, 말해서
	話(はな)し + た	→ 話(はな)した	말했다
	話(はな)し + たり	→ 話(はな)したり	말하거나, 말하기도 하고
	話(はな)し + たら	→ 話(はな)したら	말한다면

check 음편 정리

「さ행」을 제외한 1그룹동사의 ます형에「て、た、たり、たら」가 접속할 경우에 발음을 편하게 하기 위해서 음의 변화가 일어나는 현상을 말한다.

い음편	「く」로 끝나는 동사	→ いて
	「ぐ」로 끝나는 경우	→ いで
	かく 쓰다	→ かいて 쓰고, 써서
	およぐ 헤엄치다	→ およいで 헤엄치고, 헤엄쳐서
촉음편	「う、つ、る」로 끝나는 동사	→ ～って
	かう 사다	→ かって 사고, 사서
	まつ 기다리다	→ まって 기다리고, 기다려서
	のる 타다	→ のって 타고, 타서
발음편	「ぬ、ぶ、む」로 끝나는 동사	→ ～んで
	しぬ 죽다	→ しんで 죽고, 죽어서
	あそぶ 놀다	→ あそんで 놀고, 놀아서
	よむ 읽다	→ よんで 읽고, 읽어서

〈예외〉行(い)く → 行(い)いて(×) → 行(い)って(○) 가고, 가서(촉음편)

5 존재 표현「あります・います」

존재 표현이란 사람과 동물, 물건의 존재를 나타내는 표현이다.

1 あります 있습니다

「あります」는 물건이나 식물 등 존재하는 주체가 스스로 이동하지 않는 경우에 사용한다.

01 [명사]が あります   [명사]가 있습니다

- コンピュータが あります。 컴퓨터가 있습니다.
- 車が あります。 자동차가 있습니다.
- 公園が あります。 공원이 있습니다.

02 [장소]に [명사]が あります   [장소]에 [명사]가 있습니다

- 机の上に 本が あります。 책상 위에 책이 있습니다.
- 机の下に 何が ありますか。 책상 아래에 무엇이 있습니까?
- 机の下に いすが あります。 책상 아래에 의자가 있습니다.

03 [명사]は [장소]に あります   [명사]는 [장소]에 있습니다

- 本は 机の上に あります。 책은 책상 위에 있습니다.
- 本は どこに ありますか。 책은 어디에 있습니까?
- 本は 机の上に あります。 책은 책상 위에 있습니다.

2 います 있습니다

「います」는 사람이나 동물처럼 존재하는 주체가 스스로 이동하는 경우에 사용한다.

01 [명사]が います   [명사]가 있습니다

- 男の人が います。 남자가 있습니다.
- 犬が います。 개가 있습니다.

02 [장소]に [사람·동물]が います   [장소]에 [사람·동물]이 있습니다

- 木の下に ねこが います。 나무 밑에 고양이가 있습니다.
- 木の上に 何が いますか。 나무 위에 무엇이 있습니까?
- 庭に 鳥が います。 마당에 새가 있습니다.

03 [사람·동물]は [장소]に います   [사람 동물]은 [장소]에 있습니다

- ねこは 木の下に います。 고양이는 나무 밑에 있습니다.
- 木村さんは どこに いますか。 기무라 씨는 어디에 있습니까?
- 先生は 教室に います。 선생님은 교실에 있습니다.

check　あります／います

	시제	의미	사물·식물	사람·동물
정중체	현　재	있습니다	あります	います
	과　거	있었습니다	ありました	いました
	부　정	없습니다	ありません	いません
	과거부정	없었습니다	ありませんでした	いませんでした
보통체	현　재	있다	ある	いる
	과　거	있었다	あった	いた
	부　정	없다	ない	いない
	과거부정	없었다	なかった	いなかった

A：机の上に　何が　ありますか。책상 위에 무엇이 있습니까?
B：本が　あります。책이 있습니다.

A：机の上に　何か　ありますか。책상 위에 무엇인가 있습니까?
B：はい、本が　あります。예, 책이 있습니다.

A：テーブルの上に　何か　ありますか。테이블 위에 무엇인가 있습니까?
B：いいえ、何も　ありません。아니요, 아무것도 없습니다.

「何か」와 「何が」의 결정적인 차이는 「はい」나 「いいえ」로 대답할 수 있는지 없는지이다. 위의 예문에도 알 수 있듯이 「何か」라고 물으면 반드시 「はい」나 「いいえ」로 대답해야 하며, 「何が」로 묻는 경우에는 「はい」나 「いいえ」로 대답해서는 안 된다.

부정을 할 경우는 「も」를 사용하여 「何も　ありません。(아무것도 없습니다)」이라고 하면 된다.

위치 관계

- 前 앞　↔　後ろ 뒤
- 中 안　↔　外 밖
- 裏 뒤, 뒷면　↔　表 앞면
- 右 오른쪽　↔　左 왼쪽
- 上 위　↔　下 아래
- 近く 근처　↔　遠く 먼 곳
- 向い 맞은편
- 向こう 건너편
- 斜め 경사짐
- 隅 모퉁이
- 角 모서리
- 先 끝, 전망

- 隣 옆
- 横 옆
- そば 옆
- 手前 바로 앞
- 手近 가까운 곳

1 자동사

동사 자체만으로 사람과 물건의 자발적인 동작과 작용을 나타낼 수 있고, 목적어를 갖지 않는다.
조사 「は」나 「が」를 취한다.

- りんごが 落ちる。 사과가 떨어지다.

2 타동사

다른 물건이나 사람에게 관여하는 동작, 행등을 나타내는 동사로 목적어를 갖는다. 조사 「を」나
「に」를 취한다.

- 田中さんが りんごを 落とす。 타나카 씨가 사과를 떨어뜨리다.

3 주요 자·타동사

자동사(-aru型)	타동사(-eru型)
上がる 올라가다, 긴장하다	上げる 올리다
暖まる 따뜻해지다	暖める 따뜻하게 하다
集まる 모이다	集める 모으다
終わる 끝나다	終える 끝내다
変わる 바뀌다	変える 바꾸다
決まる 결정되다	決める 결정하다
閉まる 닫히다	閉める 닫다
助かる 살아나다	助ける 살리다
止まる 멎다	止める 멈추다, 세우다
始まる 시작되다	始める 시작하다
曲がる 구부러지다	曲げる 구부리다
まとまる 정리되다	まとめる 정리하다
見つかる 발견되다	見つける 발견하다

자동사(-reru型)	타동사(-su型)
・隠れる 숨다	・隠す 숨기다
・崩れる 무너지다	・崩す 무너뜨리다
・壊れる 부서지다	・壊す 부수다

자동사(-reru型)	타동사(-ru型)
・売れる 팔리다	・売る 팔다
・切れる 베이다	・切る 베다
・撮れる (사진이) 찍히다	・撮る (사진을) 찍다
・割れる 깨지다	・割る 깨다

자동사(-areru型)	타동사(-u型)
・生まれる 태어나다	・生む 낳다

자동사(-ru型)	타동사(-su型)
・写る (사진에) 찍히다	・写す (사진을) 찍다
・帰る 돌아가[오]다	・帰す 돌아가게[오게] 하다
・出る 나가(오)다	・出す 꺼내다, (편지 등을) 보내다, 부치다
・残る 남다	・残す 남기다
・回る 돌다	・回す 돌리다

자동사(-u型)	타동사(-eru型)
・開く 열리다	・開ける 열다
・片づく 정리되다	・片づける 정리하다
・進む 나아가다	・進める 진행시키다
・育つ 자라다	・育てる 기르다
・立つ 서다	・立てる 세우다
・続く 계속되다	・続ける 계속하다
・向く 향하다	・向ける 향하게 하다

자동사(-eru型)	타동사(-u型)
・聞こえる 들리다	・聞く 듣다, 묻다
・焼ける (불에) 타다	・焼く (불에) 태우다
・見える 보이다, 오시다	・見る 보다

자동사(-eru型)	타동사(-asu型)
・逃げる 도망치다	・逃す 놓아주다(=逃がす)
・増える 늘다	・増やす 늘리다

자동사(-u型)	타동사(-asu型)
・動く 움직이다	・動かす 옮기다
・乾く 마르다	・乾かす 말리다
・飛ぶ 날다	・飛ばす 날리다, (차를) 빨리 몰다
・泣く 울다	・泣かす 울리다
・減る 줄다	・減らす 줄이다

자동사(-iru型)	타동사(-osu型)
・起きる 일어나다	・起こす 깨우다
・落ちる 떨어지다	・落とす 떨어뜨리다, 잃어버리다
・下りる 내리다	・下ろす 내려놓다, 인출하다

7　～ている와 ～てある

01-04-07

1　～ている

① 타동사 + ている : ～하고 있다[동작의 진행]

・ドアを 開けている。 문을 열고 있다.

・ご飯を 食べている。 밥을 먹고 있다.

・お湯を 沸かしている。 물을 끓이고 있다.

② 자동사 + ている

▶ 계속동사 + ている : ～하고 있다[동작의 진행]

・学生が 走っている。 학생이 달리고 있다.
・川が 流れている。 강이 흐르고 있다.
・鳥が 飛んでいる。 새가 날고 있다.

▶ 순간동사 + ている : ～해져 있다[동작의 결과 상태]
・ドアが 開いている。 문이 열려 있다.
・人が 死んでいる。 사람이 죽어 있다.
・糸が 切れている。 실이 끊어져 있다.

☞ 계속동사 : 동작이 한창 행해지고 있는 것.

　書く 쓰다　　歩く 걷다　　走る 달리다　　話す 말하다　　笑う 웃다　　食べる 먹다

순간동사 : 동작이 완료하고, 그 결과가 뭔가의 형태로 남아 있는 것.
　結婚する 결혼하다　　死ぬ 죽다　　立つ 서다　　座る 앉다　　終わる 끝나다
　起きる 일어나다　　寝る 자다　　開く 열리다　　閉まる 닫히다

2 ～てある

～が 타동사 + てある

▶ 동작의 결과 상태 : ～해져 있다(조사는 항상 「が」를 쓴다.)

・ドアが 開けてある。 문이 열려 있다.

・かぎが かけてある。 자물쇠가 잠겨 있다.

・本が 置いてある。 책이 놓여 있다.

☞ 「자동사 + ている」와 「～が 타동사 +てある」 비교
　　ドアが 開いている。 (바람 등에 의해 자연적으로 문이 열려 있음)
　　ドアが 開けてある。 (누군가에 의해 의도적으로 문이 열려 있음)

항상 ～ている를 쓰는 경우

1. 結婚する　결혼하다

　　A：結婚していますか。결혼했습니까?

　　B：はい、結婚しています。예, 결혼했습니다.

　　　いいえ、結婚していません。아니요, 결혼 안 했습니다.

　　☞ '시점'을 물을 경우는 과거형으로

　　A：いつ 結婚しましたか。언제 결혼했습니까?

　　B：3年前の今日、結婚しました。3년 전의 오늘, 결혼했습니다.

2. 住む　살다

　　A：今、どこに 住んでいますか。지금, 어디에 살고 있습니까?

　　B：今は 北海道に 住んでいます。지금은 홋카이도에 살고 있습니다.

3. 知る　알다

　　A：遠足が 中止に なったのを 知っていますか。소풍이 중지된 것을 알고 있습니까?

　　B：はい、知っています。예, 알고 있습니다.

　　　いいえ、知りません。아니요, 모릅니다.

4. 似る　닮다

　　A：恵子さんは だれに 似ていますか。게이코 씨는 누구를 닮았습니까?

　　B：母に 似ています。엄마를 닮았습니다.

5. 太る　살찌다

　　• うちの犬は 太っています。우리 집 가는 뚱뚱합니다.

6. やせる　마르다

　　• 犯人は 背が 高く、やせています。범인은 키가 크고 말랐습니다.

7. 通う 다니다
* 息子は 東京大学に 通っています。아들은 동경대학에 다닙니다.

8. そびえる 치솟다
* 山が 高く そびえています。산이 우뚝 솟아 있습니다.

9. 優れる 뛰어나다
* このタオルは 吸水性に 優れています。이 타월은 흡수성이 뛰어납니다.

10. とがる 뾰족해지다
* あのタワーの先は とがっています。저 탑의 끝은 뾰족합니다.

8 수수표현(授受表現)　　　01-04-08

무엇을 주고받는 행위를 수수(授受)라고 한다.

	구문				시점
あげる	Xが/は	Yに		Zを　あげる	주는 사람
くれる	Xが/は	Yに		Zを　くれる	받는 사람
もらう	Yが/は	Xに/から		Zを　もらう	받는 사람

☞ X = 주는 사람 Y = 받는 사람 Z = 물건

1 사물의 주고받음

① 내가 남에게 줄 때 [あげる]

어떤 사람이 누군가에게 물건을 주는 경우에는 「[주는 사람]이/는 [받는 사람]에 [물건]을 あげる」
라고 하며, 물건을 받는 사람이 손윗사람일 경우 또는 동등해도 그다지 친하지 않는 경우에는 받
는 사람에 대해서 경의를 나타내는 의미로 「～さしあげる」를 쓰며, 손윗사람이 손아랫사람에게
또는 동·식물에게 먹이나 물을 줄 때는 「～やる」를 쓴다.

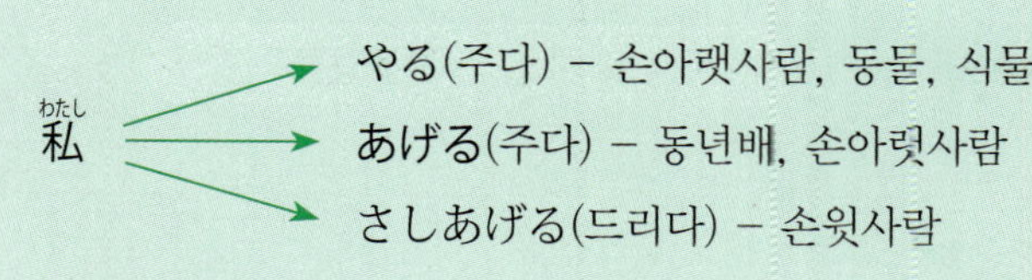

- 妹が 花に 水を やりました。 여동생이 꽃에 물을 주었습니다.
- 私は 木村さんに 本を あげました。 나는 기무라 씨에게 책을 주었습니다.
- 先生に おみやげを さしあげる つもりです。 선생님에게 선물을 드릴 예정입니다.

② 남이 나에게 줄 때 [くれる]

다른 사람이 나 또는 나와 가까운 사람(가족)에게 물건을 주는 경우에는 「[주는 사람]가/는 [받는 사람]에 [물건]을 くれる」라고 하며, 물건을 주는 사람이 손윗사람일 경우 또는 동등해도 그다지 친하지 않는 경우 등에는 경의를 나타내는 의기로 「〜くださる」를 쓴다.

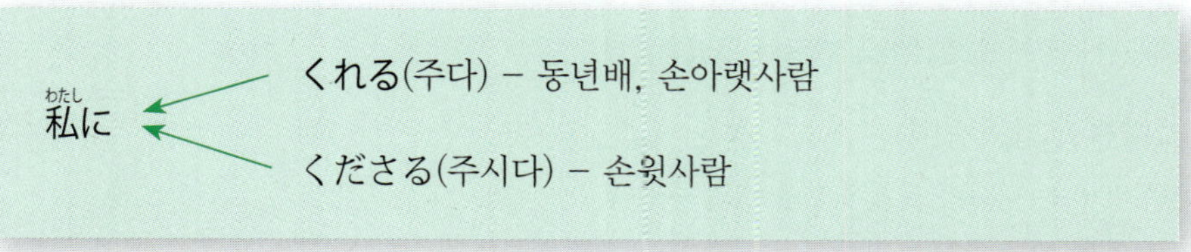

- 姉は 私に 映画のチケットを くれました。 누나는 나에게 영화 티켓을 주었습니다.
- 先生は 私に カメラを くださいました。 선생님은 나에게 카메라를 주셨습니다.

③ 받을 때 [もらう]

어떤 사람이 누군가로부터 물건을 받는 경우에는 「[받는 사람]가/는 [주는 사람]에(서) [물건]을 もらう」라고 하며, 물건을 주는 사람이 손윗사람 혹은 동등해도 그다지 친하지 않는 경우에는 주는 사람에게 경의를 나타내는 의미로 「〜いただく、〜ちょうだいする」를 쓴다.

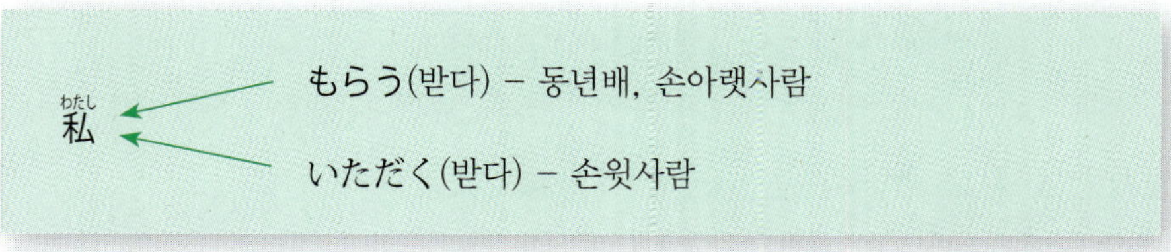

- 私は 彼女に ケーキを もらった。 나는 그녀에게 케이크를 받았다.

・私は 先生に 本を いただきました。 나는 선생님에게 책을 받았습니다.

☞ 「もらう、くれる」는 제3자끼리의 주고받음에는 사용되지 않는다.

① 내가 남에게 해 줄 때 [〜て あげる]

나 또는 나와 가까운 사람(가족)이 다른 사람에게 이익이 되는 동작을 하는 경우에는「〜て あげる」, 동작을 받는 쪽에 대해서 정중하게 말하고 싶을 경우에는「〜て さしあげる」, 손아랫사람을 위해 자신이 어떤 행동을 해 준다는 의미로는「〜て やる」를 쓴다.

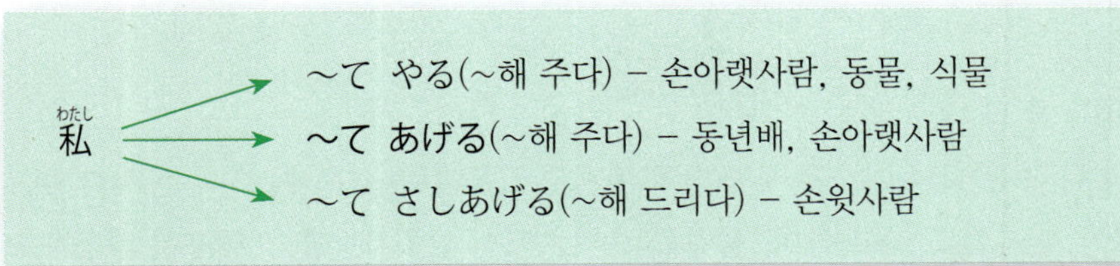

・私は 弟に 日本語を 教えて やりました。

　나는 남동생에게 일본어를 가르쳐 주었습니다.

・木村さんは、田中さんに 本を 貸して あげた。

　기무라 씨는 다나카 씨에게 책을 빌려 주었다.

・私は 先生に 本を 送って さしあげました。 나는 선생님에게 책을 보내 드렸습니다.

② 남이 나에게 해 줄 때 [〜て くれる]

손아랫사람이나 대등한 관계에 있는 사람이 나 또는 나와 가까운 사람(가족)에게 은혜가 되는 동작을 해 주는 경우에는「〜て くれる」, 동작을 하는 쪽이 손윗사람 또는 동등해도 그다지 친하지 않는 경우 등 동작을 하는 쪽에게 경의를 나타내는 의미로는「〜て くださる」를 쓴다.

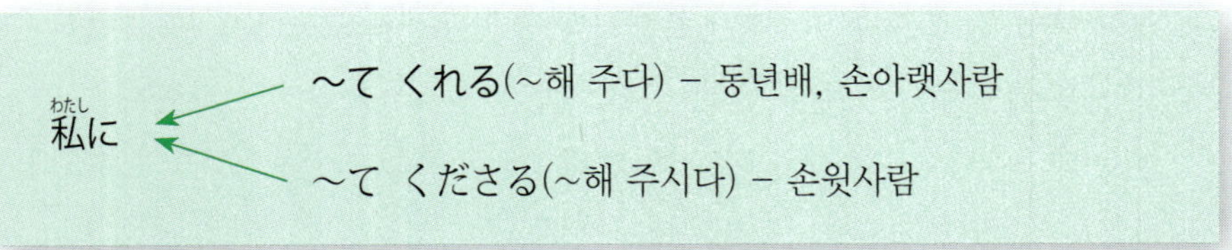

・友だちは 私に ケーキを 作って くれました。

　친구는 나에게 케이크를 만들어 주었습니다.

・先生が 本を 送って くださいました。 선생님이 책을 보내 주셨습니다.

③ 받을 때 [〜て もらう]

나 또는 나와 가까운 사람(가족)이 다른 사람에게 은혜나 이익이 되는 동작을 받는 경우에는 「〜て もらう」, 동작을 하는 쪽이 손윗사람 또는 동등해도 그다지 친하지 않는 경우 등에는 동작을 하는 쪽에게 경의를 나타내는 의미로 「〜て いただく」를 사용한다. 우리말에 없는 표현이므로 해석에 주의해야 한다. 즉, 「〜て もらう(~해 받다)」는 「〜て くれる(~해 주다)」로 해석하는 것이 자연스럽다.

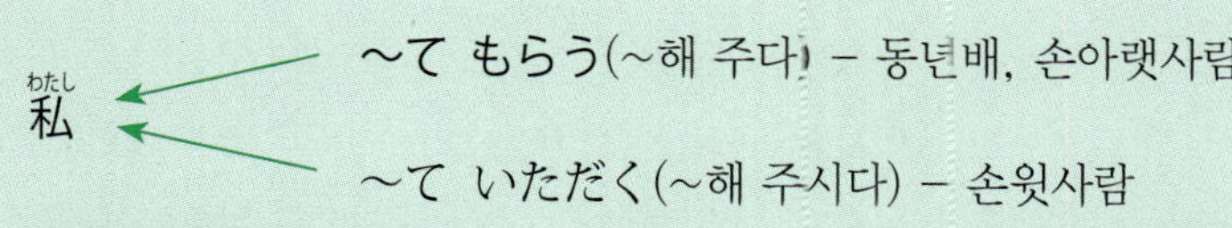

· 私は 友だちに スキーを 教えて もらいました。
  나는 친구에게 스키를 가르쳐 받았습니다. [배웠습니다]

· 友だちに 雑誌を 送って もらった。 친구가 잡지를 보내 주었다.

· 田中さんに 車で 送って いただきました。 다나카 씨가 차로 배웅해 주셨습니다.

☞ 주어와 조사를 바꿔줌으로써 같은 의미를 만들 수 있다.
  田中さんに 写真を とって もらいました。 다나카 씨에게 사진을 찍어 받았습니다.
  → 田中さんが 写真を とって くれました。 다나카 씨가 사진을 찍어 주었습니다

1. 가족 간에는 보통 존경어나 겸양어는 사용하지 않는다.

· 母の 誕生日に プレゼントを [さしあげました(×) → あげました(○)]。

  어머니 생신에 선물을 드렸습니다.

· 母が 本を [くださいました(×) → くれました(○)]。 어머니가 책을 주셨습니다.

· 母から 手紙を [いただきました(×) → もらいました(○)]。 어머니에게 편지를 받았습니다.

2. 손윗사람에게 직접 말할 때에는 「〜て さしあげる」는 사용하지 않고, 겸양 「お+동사 ます형 +する」의 형태를 쓴다. (상대방에게 은혜를 베푸는 듯한 인상을 주기 때문)

· 先生、私が 持ってさしあげます。(×)

· 先生、私が お持ちします。(○) 선생님, 제가 들어드리겠습니다.

기초확인문제

1. 다음 보기와 같이 동사를 활용하시오.

<보기> 立つ　　　　　　　起きる　　　　　　　寝る

	立つ (た)	起きる (お)	寝る (ね)
ます형 →	立ちます	起きます	寝ます
부정형 →	立たない	起きない	寝ない
접속형 →	立って	起きて	寝て
의지형 →	立とう	起きよう	寝よう
가정형 →	立てば	起きれば	寝れば
명령형 →	立て	起きろ	寝ろ

(1) 泳ぐ (およ) 수영하다

ます형 →

부정형 →

접속형 →

의지형 →

가정형 →

명령형 →

(2) 見る (み) 보다

ます형 →

부정형 →

접속형 →

의지형 →

가정형 →

명령형 →

(3) 食べる (た) 먹다

ます형 →

부정형 →

접속형 →

의지형 →

가정형 →

명령형 →

(4) 会う (あ) 만나다

ます형 →

부정형 →

접속형 →

의지형 →

가정형 →

명령형 →

(5) 落ちる (お) 떨어지다

ます형 →

부정형 →

접속형 →

의지형 →

가정형 →

명령형 →

(6) 教える (おし) 가르치다

ます형 →

부정형 →

접속형 →

의지형 →

가정형 →

명령형 →

(7) 読^よむ 읽다

ます형 → ◻

부정형 → ◻

접속형 → ◻

의지형 → ◻

가정형 → ◻

명령형 → ◻

(8) 着^きる 입다

ます형 → ◻

부정형 → ◻

접속형 → ◻

의지형 → ◻

가정형 → ◻

명령형 → ◻

(9) 忘^{わす}れる 잊다

ます형 → ◻

부정형 → ◻

접속형 → ◻

의지형 → ◻

가정형 → ◻

명령형 → ◻

2. 다음 동사를 보기와 같이 て를 사용해 연결 표현으로 만드시오.

| 〈보기〉 書^かく 쓰다 | → | 書^かいて 쓰고, 써서 |

(1) 歌^{うた}う 노래하다 → 노래하고, 노래해서

(2) 聞^きく 듣다 → 듣고, 들어서

(3) 暮^くらす 살다 → 살고, 살아서

(4) 死^しぬ 죽다 → 죽고, 죽어서

(5) 走^{はし}る 달리다 → 달리고, 달려서

(6) 飛^とぶ 날다 → 날고, 날아서

(7) 着^きる 입다 → 입고, 입어서

(8) 覚^{おぼ}える 외우다 → 외우고, 외워서

(9) くる 오다 → 오고, 와서

(10) する 하다 → 하고, 해서

3. 괄호 안의 동사를 이용하여 문장을 완성하시오.

(1) 多くの人たちが ___________。(並ぶ)

(2) 本が ずらっと ___________。(並べる)

(3) ポケットに ハンカチが ___________。(入る)

(4) コーヒーに さとうが ___________。(入れる)

(5) ドアが ___________。(開く)

(6) ふたが ___________。(開ける)

(7) かぎが ___________。(かかる)

(8) かべに カレンダーが ___________。(かける)

(9) トラックが たくさん ___________。(止まる)

(10) 家の前に 車が ___________。(止める)

4. 빈칸에 들어갈 알맞은 말을 보기에서 골라 쓰세요.

〈보기〉 あげました、やりました、くれました、もらいました、いただきました

(1) 私は 先生に 日本語を 教えて _______________。

(2) 私は 友だちに ハンカチを 買って _______________。

(3) 友だちが わたしに 数学を 教えて _______________。

(4) 私は 犬に えさを _______________。

(5) 私は 彼に 駅まで 送って _______________。

5. 빈칸에 들어갈 알맞은 말을 보기에서 골라 쓰세요.

〈보기〉 あります、ありません、います、いません

(1) 窓の外に 木が _______________。

(2) おもしろい本が たくさん _______________。

(3) アメリカ人のマイケルさんが _______________。

(4) ここには 私しか _______________。

(5) 手の中には 何も _______________。

JPT・JLPT 실전확인문제

1. ちょうが たくさん そらを ______ います。

   (A) とんで   (B) はしって   (C) のぼって   (D) さんぽして

2. バスていでは ひとが バスに のったり ______ して います。

   (A) おきたり   (B) おりたり   (C) ついたり   (D) とまったり

3. そうじを します。へやを ______ ください。

   (A) すわって   (B) でて   (C) かえって   (D) べんきょうして

4. ほんを ______ りょうりを つくります。

   (A) みる   (B) みて   (C) みた   (D) みに

5. まいにち いそがしくて しんぶんは ______。

   (A) よみた   (B) よんだ   (C) よみない   (D) よまない

6. わたしは プレゼントの はこ ______。

   (A) が あいた   (B) が あけた   (C) を あいた   (D) を あけた

7. むこうの テーブルに かびんが ______。

   (A) おきます   (B) おきて あります   (C) おいて います   (D) おいて あります

8. てを ______ あとで、うがいを します。

   (A) あらう   (B) あらうの   (C) あらった   (D) あらわない

9. わたしは こうちゃに ミルクを ______ のみます。

   (A) いれて   (B) いって   (C) はいて   (D) はいって

10. わたしの おやつを ______ ください。

(A) たべなくて   (B) たべないで   (C) たべません   (D) たべない

11. くつを ______ いえを でます。

(A) はく   (B) はいて   (C) はかない   (D) はきます

12. きょねん ______ かばんは どこに ありますか。

(A) かって   (B) かう   (C) かった   (D) かわない

13. わたしは たいてい ______ まえに テレビを みます。

(A) ねて   (B) ねた   (C) ねる   (D) ねます

14. あには いっしょうけんめい わたしたちの せわを して ______。

(A) あげた   (B) くれた   (C) やった   (D) もらった

15. たばこは からだに わるいから ______ とおもって います。

(A) やめない   (B) やめる   (C) やめよう   (D) やめます

16. へやの まどが ______。

(A) しめます   (B) しめて います   (C) しまって います   (D) しまって あります

17. あしたは テストだから はやく がっこうに ______。

(A) きよう   (B) こよう   (C) くるよう   (D) きるよ

18. これは おじいさんが おくって ______ プレゼントです。

(A) いただいた   (B) くださった   (C) さしあげた   (D) もらった

19. ポスターが ろうかのかべに はって ______。

(A) なります   (B) います   (C) します   (D) あります

20. うちの でんきが ______ います。

(A) ついて　　　　　　(B) つけて　　　　　　(C) つけずに　　　　　　(D) つけないで

[오문정정]

21. 毎日、かいしゃの 近くの カフェで コーヒーを 買ったから きゅうけい室で その コーヒーを
　　　　　　　　　　　　　　 A　　　　　　　　　　 B　　　　　　　　　　 C
飲みます。
　D

22. これは 母が かってくれた かばんで 形も いいし、今 人気で よく うっている かばんです。
　　　　　　 A　　　　 B　　　 C　　　　　　　　　　　　　　 D

23. わたしは きょねん 田舎に 帰って、今 母と いっしょに アパートに 住みます。
　　　　　　　　　　　　　 A　　　　 B　 C　　　　　　　　　 D

24. この パン屋は 今日も たくさんの 人が 並べて いますね。
　　　　 A　　 B　　　　　　　　　 C　　 D

25. 日本には「ふじさん」という 日本一 たかい 山が ありますが、田中さんは その 山を
　　　　　　　　　　　　　　　　　 A　　　　 B　　　　　　　　　　　　　　　 C
知りますか。
　D

제5장 조동사(助動詞)

주로 용언에 붙어, 여러 가지 의미를 더하거나 서술을 돕는 품사이다.

1 조동사의 성질

- 先生_{せんせい}に しかられる。 선생님에게 꾸중듣다.
- 日本_{にほん}へ 来_きてから、一年_{いちねん} たちました。 일본에 온 지 1년이 지났습니다.
- 字_じを 読_よめなければ、本_{ほん}が 読_よめない。 글자를 읽을 수 없으면 책을 읽을 수 없다.
- もっと たくさん 食_たべたかった。 더 많이 먹고 싶었다.

① 부속어이다.

② 활용이 있다.

③ 주로 용언에 붙는다.

④ 술어에 여러 가지 의미를 첨가하며 표현을 정확하게 한다.

2 조동사의 분류

1 의미에 의한 분류

사역(使役)	せる、させる	~하게 하다
수동(受動)	れる、られる	~해지다
존경(尊敬)	れる、られる	~하시다
자발(自発)	れる、られる	~하게 되다
가능(可能)	れる、られる	~할 수 있다
부정(否定)	ない、ぬ、ん	~하지 않는다
추량(推量)	う、よう	~하자, ~겠지
부정(否定)·추량(推量) 부정 의지	まい	~하지 않겠다, ~하지 않을 것이다
추정(推定)	らしい	~인 것 같다
전문(伝聞)	そうだ	~라고 한다
양태(様態)	そうだ	~인 것 같다
비유(比喩)	ようだ、みたいだ	~와 같다
희망(希望)	たい	~하고 싶다
단정(断定)	だ、です	~이다, ~입니다
정중(丁重)	ます	~합니다
과거(過去)	た、だ	~었다
완료(完了)	た、だ	~었다

2 접속에 의한 분류

미연형	연용형	종지형	연체형	체언	조사
させる	た	だ	ようだ	だ	だ
られる	ます	です	みたいだ	です	です
ない	そうだ(양태)	そうだ(전문)		らしい	ようだ
ぬ(ん)	たい	らしい			らしい
(よ)う	たがる	まい			
まい					

동사 활용형	い형용사 활용형	な형용사 활용형	특수 활용형	무변화 활용형
～(さ)せる	～ない	～だ	～ぬ(ん)	～(よ)う
～(ら)れる	～たい	～そうだ(양태)	～だ	～まい
～たがる	～らしい	～そうだ(전문)	～です	
		～ようだ / みたいだ	～ます	

3 동사 활용형의 조동사

🎧 01-05-03/1

동사형으로 활용하는 조동사에는 2그룹동사 활용형 「せる、させる、れる、られる」와 1그룹동사 활용형 「たがる」가 있다.

1 사역의 조동사 – [동사](さ)せる

「～하게 하다, ～시키다」의 뜻으로, 어떤 행동이나 역할을 명령 또는 요구해서 강제적으로 시키려고 하는 표현이다.

[1Group동사]

기본형의 끝을 「あ단」음으로 바꾸고 「せる」를 붙인다. 단, 어미가 「う」로 끝나는 동사는 「あ」가 아니라 「わ」로 바뀐다.

会う 만나다
↓
わ + せる → 会わせる 만나게 하다

行く 가다 → 行かせる 가게 하다
立つ 서다 → 立たせる 세우다
飲む 마시다 → 飲ませる 마시게 하다
読む 읽다 → 読ませる 읽게 하다
書く 쓰다 → 書かせる 쓰게 하다

[2Group동사]

기본형 끝의 「る」를 없애고 「させる」를 붙인다.

見る 만나다
↓
る + させる → 見させる 보게 하다

かける 걸다 → かけさせる 걸게 하다
食べる 먹다 → 食べさせる 먹게 하다
寝る 자다 → 寝させる 재우다
ほめる 칭찬하다 → ほめさせる 칭찬하게 하다

[3Group동사]

불규칙하게 변하므로 그대로 외운다.

来る 오다 → 来させる 오게 하다
する 하다 → させる 시키다

・娘を　大学へ　行かせる。 딸을 대학에 보내다.

・やる気を　起こさせる。 의욕을 생기게 하다.

・ごはんを　食べさせる。 밥을 먹게 하다.

・駅まで　来させる。 역까지 오게 하다.

・練習させる。 연습시키다.

사역을 이용한 표현

(1) ～(さ)せて　いただく　　～하다(「する」의 겸양 표현)

・免許証を　コピーさせて　いただきます。 면허증을 복사하겠습니다.

(2) ～(さ)せて　もらえますか
　　～(さ)せて　いただけますか ┐ ～해도 되겠습니까?(허가를 겸손하게 요구하는 표현)
　　～(さ)せて　いただきたい ┘

・内容を　見せて　もらえますか。 내용을 보여 주시겠습니까?

・写真を　とらせて　いただけますか。 사진을 찍어도 되겠습니까?

・休ませて　いただきたいのですが。 쉬고 싶습니다만.

(3) ～(さ)せて　くれませんか ～하게 해 주시겠습니까? ┐ (허가를 겸손하게 요구하는 표현)
　　～(さ)せて　ください　　～하게 해 주십시오 ┘

・見学させて　くれませんか。 견학하게 해 주시겠습니까?

・確認させて　ください。 확인하게 해 주십시오.

「~함을 당하다, ~받다」는 뜻으로, 사람이나 물건이 다른 동작이나 작용에 의해 영향을 받는다는 표현이다.

[1Group동사]

기본형의 끝을 「あ단」 음으로 바꾸고 「れる」를 붙인다. 단, 어미가 「う」로 끝나는 동사는 「あ」가 아니라 「わ」로 바뀐다.

言(う) 말하다
↓
わ + れる　→ 言われる 일컬어지다

書く 쓰다	→ 書かれる 쓰여지다
思う 생각하다	→ 思われる 생각되다
立つ 서다	→ 立たれる 세워지다
読む 읽다	→ 読まれる 읽히다
呼ぶ 부르다	→ 呼ばれる 불리다
頼む 부탁하다	→ 頼まれる 부탁받다

[2Group동사]

기본형 끝의 「る」를 없애고 「られる」를 붙인다.

見(る) 만나다
↓
る + られる　→ 見られる 보이다

起きる 일어나다	→ 起きられる 일어나게 되다
ほめる 칭찬하다	→ ほめられる 칭찬받다
寝る 자다	→ 寝られる 자게 되다
かける 걸다	→ かけられる 걸리다

[3Group동사]

불규칙하게 변하므로 그대로 외운다.

来る 오다	→ 来られる 오게 되다
する 하다	→ される 되다

- 部長に 呼ばれる。부장님에게 호출당하다.
- 先生に 頼まれた。선생님에게 부탁받았다.
- 母に ほめられる。어머니에게 칭찬받다.
- 声を かけられる。(타인이 나에게) 말을 걸다.
- 彼に 告白される。그에게 고백받다.

피해의 수동

피해의 수동(迷惑の受け身)은 상대방이라든지 제삼자에게서 의도적이 아닌 어떤 결과로서 곤란을 받는 경우를 말한다.

- 彼は 子供の 時に 父に 死なれた。 그는 어릴 때 아버지가 돌아가셨다.
- 雨に 降られて、風邪を 引いてしまった。 비를 맞아, 감기에 걸리고 말았다.
- となりの 赤ちゃんに 泣かれて、ゆうべは 寝られなかった。

  이웃집 아이가 울어서 어젯밤에는 자지 못했다.
- 仕事中に 客に 来られた。 일하는 중에 손님이 왔다.
- 親友に 去られて とても さびしかった。 친구가 떠나서 매우 쓸쓸했다.

「される」가 아닌 「する」를 써야 할 경우

우리말에서 「되다」의 표현이 「される」가 아닌 「する」를 써야 할 경우가 있는데, 이는 외부로부터의 어떤 영향 없이 스스로 변해 가는 자동사이기 때문이다.

- ～が 発展する ～이 발전되다　→　～が 発展される(×)
- ～が 発達する ～이 발달되다　→　～が 発達される(×)
- ～が 悪化する ～이 악화되다　→　～が 悪化される(×)
- ～が 鈍化する ～이 둔화되다　→　～が 鈍化される(×)
- ～が 成長する ～이 성장되다　→　～が 成長される(×)
- ～が 向上する ～이 향상되다　→　～が 向上される(×)
- ～が 対立する ～이 대립되다　→　～が 対立される(×)
- ～が 変動する ～이 변동되다　→　～が 変動される(×)
- ～が 上昇する ～이 상승되다　→　～が 上昇される(×)

타인의 동작이나 행동에 대하여 그 사람을 존경하는 의미를 나타낸다.

[1Group동사]

기본형의 끝을 「あ단」 음으로 바꾸고 「れる」를 붙인다. 단, 어미가 「う」로 끝나는 동사는 「あ」가 아니라 「わ」로 바뀐다.

書 く 쓰다

↓

か + れる　→ 書かれる 쓰시다

行く 가다	→	行かれる 가시다
休む 쉬다	→	休まれる 쉬시다
会う 만나다	→	会われる 만나시다
読む 읽다	→	読まれる 읽으시다

[2Group동사]

기본형 끝의 「る」를 없애고 「られる」를 붙인다.

見 る 보다

↓

る + られる　→ 見られる 보시다

起きる 일어나다	→	起きられる 일어나시다
食べる 먹다	→	食べられる 드시다
降りる 내리다	→	降りられる 내리시다
出かける 외출하다	→	出かけられる 외출하시다

[3Group동사]

불규칙하게 변하므로 그대로 외운다.

来る 오다	→	来られる 오시다
する 하다	→	される 하시다

- 先生が 休まれる。 선생님이 쉬신다.
- おじいさんが バスを 降りられる。 할아버지께서 버스에서 내리시다.
- 理事長が 来られる。 이사장님이 오시다.
- 校長先生が お話を される。 교장 선생님께서 말씀을 하시다.

자연히(저절로) 그렇게 된다는 의미를 나타낸다.

[1Group동사]

기본형의 끝을 「あ단」 음으로 바꾸고 「れる」를
붙인다. 단, 어미가 「う」로 끝나는 동사는 「あ」
가 아니라 「わ」로 바뀐다.

思う 생각하다
↓
わ + れる　→ 思われる 생각된다

待つ 기다리다　　　→ 待たれる 기다려진다
泣く 울다　　　　　→ 泣かれる 울게 된다
しのぶ 그리워하다　→ しのばれる
　　　　　　　　　　　그리워진다
思い出す 생각해내다 → 思い出される
　　　　　　　　　　　저절로 생각난다

[2Group동사]

기본형 끝의 「る」를 없애고 「られる」를 붙인다.

見る 보다
↓
る + られる　→ 見られる 보인다

忘れる 잊다　　　→ 忘れられる 잊혀지다
考える 생각하다　→ 考えられる 생각된다
案じる 걱정하다　→ 案じられる 걱정된다
感じる 느끼다　　→ 感じられる 느껴진다

[3Group동사]

불규칙하게 변하므로 그대로 외운다.

来る 오다　→ 来られる 오게 되다
する 하다　→ される 되다

- この 写真を 見る たびに あの ころの ことが 思い出される。

  이 사진을 볼 때마다 그 때의 일이 생각난다.

- 将来の ことが 心配される。 장래의 일이 걱정된다.

- この 子の 将来が 案じられる。 이 아이의 장래가 걱정된다.

가능의 의미를 나타낸다.

[1Group동사]

기본형의 끝을 「え단」 음으로 바꾸고 「る」를 붙인다.

会う 만나다

↓

え + る → 会える 만날 수 있다

書く 쓰다	→	書ける 쓸 수 있다
行く 가다	→	行ける 갈 수 있다
話す 말하다	→	話せる 말할 수 있다
乗る 타다	→	乗れる 탈 수 있다
読む 읽다	→	読める 읽을 수 있다

[2Group동사]

기본형 끝의 「る」를 없애고 「られる」를 붙인다.

見る 보다

↓

る + られる → 見られる 볼 수 있다

起きる 일어나다	→	起きられる 일어날 수 있다
着る 입다	→	着られる 입을 수 있다
寝る 자다	→	寝られる 잘 수 있다
食べる 먹다	→	食べられる 먹을 수 있다

[3Group동사]

불규칙하게 변하므로 그대로 외운다.

来る 오다	→	来られる 올 수 있다
する 하다	→	できる 할 수 있다

- 明日は 行ける。 내일은 갈 수 있다.
- 早く 起きられる。 빨리 일어날 수 있다.
- 何でも 食べられる。 무엇이든 먹을 수 있다.
- いつでも 来られる。 언제든지 올 수 있다.　・運転が できる。 운전을 할 수 있다.

check **그 외의 가능 표현**

1. 동사의 기본형 + ことができる : ～할 수 있다

- 私は 日本語を 読む ことができる。 나는 일본어를 읽을 수 있다.

2. 명사 + が できる(외국어, 악기, 스포츠) : ~할 수 있다

- 私は 英語が できる。 나는 영어를 할 수 있다.

3. 동사의 ます형 + うる/える : ~할 수 있다

- 彼の 犯行だとも 考え得る。 그의 범행이라고도 생각할 수 있다.
- あり得る 있을 수 있다   · あり得ない 있을 수 없다

☞ 「うる」는 「~ことができる」의 문어적(文語的) 표현으로 다소 문장체적인 표현이다.
「うる」는 회화체적인 「える」로 바꾸어서 「동사의 ます형+える」의 형으로 사용하기도 한다.

ら抜き言葉(라가 빠진 말)

2그룹동사와 「来る」가 가능을 나타내는 조동사 「られる」를 동반할 때 「ら」가 생략되는 현상을 말한다. 주로 젊은 층을 중심으로 사용되고 있다.

- 食べる 먹다   → 食べられる = 食べれる 먹을 수 있다
- 見る 보다   → 見られる = 見れる 볼 수 있다
- 着る 입다   → 着られる = 着れる 입을 수 있다
- 来る 오다   → 来られる = 来れる 올 수 있다

가능형으로 만들 수 없는 동사

1. 무의지동사

降る (비가) 오다   咲く (꽃이) 피다   晴れる 맑다   乾く 마르다   生まれる 태어나다

2. 가능의 뜻을 가지고 있는 동사

わかる 알다, 알 수 있다   できる 할 수 있다

3. 타동사에 대응하는 자동사

売れる 팔리다   切れる 베이다, 끊어지다   解ける 풀리다   釣れる 낚이다

「見える、聞こえる」는 가능동사?

「見える」와 「聞こえる」는 동사의 가능형이 아니라 자발(자연히 그렇게 됨)의 의미를 나타낸다.

- あ、東京タワーが [見える(○) / 見られる(×)]。 앗, 도쿄타워가 보인다.
- 遠くの方から 電車の音が [聞こえる(○) / 聞ける(×)]。 먼 곳에서 전철 소리가 들린다.

「〜타인에 의해 어쩔 수 없이 …하다」라는 뜻으로, 어떤 행동을 스스로 한 것이 아니라 강요받았다는 것을 의미한다.

[1Group동사]

기본형 끝을 「あ단」 음으로 바꾸고 「せられる」 또는 「される」를 붙인다. 단, 어미가 「う」로 끝나는 동사는 「あ」가 아니라 「わ」로 바뀐다.

会う 만나다
↓
わ + せられる → 会わせられる
される → 会わされる
(어쩔 수 없이) 만나다

書く 쓰다	→ 書かせられる 쓰다 (=書かされる)
飲む 마시다	→ 飲ませられる 마시다 (=飲まされる)
待つ 기다리다	→ 待たせられる 기다리다 (=待たされる)

[2Group동사]

기본형 끝의 「る」를 없애고 「させられる」를 붙인다.

見る 보다
↓
る + させられる → 見させられる
(어쩔 수 없이) 보다

かける 걸다	→ かけさせられる 걸다
食べる 먹다	→ 食べさせられる 먹다
辞める 그만두다	→ 辞めさせられる 그만두다

[3Group동사]

불규칙하게 변하므로 그대로 외운다.

来る 오다	→ 来させられる 오다
する 하다	→ させられる 하다

- お酒を 飲まされた。 술을 (어쩔 수 없이) 마셨다.
- 嫌いな ピーマンを 食べさせられた。 싫어하는 피망을 (어쩔 수 없이) 먹었다.
- 会社を 辞めさせられた。 회사를 (어쩔 수 없이) 그만뒀다.
- 無理やり 来させられた。 억지로 왔다.
- ずっと 運転させられる。 계속 (어쩔 수 없이) 운전한다.

[동사] ます형 + たがる : (남이) ~하고 싶어하다

제3자의 희망이나 소망을 나타내는 말로, 1그룹동사와 같이 활용하는 조동사이다.

- 子供というのは 何でも 知りたがる。〈일반적 희망〉

  아이는 무엇이든 알고 싶어한다.

- 田中さんは 韓国料理を 食べたがっています。〈개인적 희망〉

  다나카 씨는 한국 요리를 먹고 싶어합니다.

  ☞ 희망의 대상은 조사「を」를 취한다.

4 い형용사 활용형의 조동사　　　01-05-04

い형용사형으로 활용하는 조동사에는「ない、たい、らしい」가 있다.

1 부정의 조동사 – ない

「~하지 않다[않는다]」는 부정을 나타낸다.

- 日本語の本を 読む。 일본어 책을 읽다. – 긍정

  → 日本語の本を 読まない。 일본어 책을 읽지 않다. – 부정

- 一緒に テニスを する。 함께 테니스를 하다. – 긍정

  → 一緒に テニスを しない。 함께 테니스를 하지 않다. – 부정

check 「ない」의 구별

- 부정의 조동사 : 行かない。 가지 않는다.　　分からない。 모른다.
- い형용사 : 時間が ない。 시간이 없다.　　お金が ない。 돈이 없다.
- 보조형용사 : 痛くない。 아프지 않다.　　学生ではない。 학생이 아니다.

보조형용사는 이외에도「~やすい(~하기 쉽다), ~がたい・~にくい(~하기 어렵다)」가 있다.

[동사] ます형 + たい : ~하고 싶다

말하는 사람의 희망이나 욕구를 나타낸다.

- ああ、暑(あつ)い。なにか 冷(つめ)たい ものが 飲(の)みたい。 아, 덥다. 뭔가 시원한 것을 마시고 싶다.

    ☞ 희망의 대상은 조사 「が / を」를 취한다.

check 「コーラが 飲みたい」와「コーラを 飲みたい」

1. コーラが 飲みたい : 콜라를 마시고 싶다

    위 문장은「コーラ」라는 목적어에 초점을 두어「내가 마시고 싶은 것은 다른 것이 아니라 바로 콜라다」라는 의미.

2. コーラを 飲みたい : 콜라를 마시고 싶다

    위 문장은 동작 전체에 초점을 두어「말하는 사람이 '무엇을 어떻게 하고 싶은가'라고 하면, 나는 지금 콜라를 흔들거나 따르고 싶은 것이 아니라, 콜라를 마시고 싶다」라는 의미. 즉,「コーラ」의 목적어와「飲みたい」의 서술어가 결합하여 화자는 '다른 것이 아닌 콜라를, 그 어떤 행위보다 마시고 싶다'라는 의미.

ほしい / ほしがる

1. [명사]が + ほしい : ~를 갖고 싶다 / ~를 원한다 ⇒ 화자의 욕구
    - 私(わたし)は もっと 広(ひろ)い 家(いえ)が ほしい。 나는 좀더 넓은 집을 갖고 싶다.

2. ~さんは …を ほしがっている : ~씨는 …를 갖고 싶어한다 ⇒ 제3자가 갖고 싶은 것
    - 子供(こども)たちは おもちゃを ほしがる。 아이들은 장난감을 갖고 싶어한다. 〈일반적 희망〉
    - 吉田(よしだ)さんは 新(あたら)しい 車(くるま)を 欲(ほ)しがっている。〈개인적 희망〉

        요시다 씨는 새로운 차를 갖고 싶어한다.

        ☞ 「ほしい」앞에는 조사 「が」를 쓰고, 「ほしがる」앞에는 조사 「を」를 쓴다.

3. ~に …てほしい : ~에게 …해 주었으면 한다 ⇒ 의뢰 · 요구 · 바람의 의미
    - あまりに 仕事(しごと)が 多(おお)いので、だれかに 手伝(てつだ)ってほしいと 思(おも)っている。

        너무나 일이 많기 때문에 누군가 도와줬으면 한다고 생각하고 있다.

な형용사의 활용형 「そうだ、ようだ」와 같이 설명하기로 한다.

⑤ な형용사 활용형의 조동사 🎧 01−05−05

い형용사 활용형의 조동사 「らしい」를 편의상 같이 비교해서 설명하기로 한다.

① そうだ(양태) / ようだ / らしい

「∼인(한) 것 같다, ∼인(한) 듯하다」의 뜻이다.

そうだ	용 법 :	어떤 상황이 당장이라도 일어날 것 같은 경우에 사용한다.
	예 :	(갑자기 어두워진 하늘을 얼핏 보고) 今にも 雨が 降りそうだ。(징후 · 징조) 당장이라도 비가 내릴 것 같다. 忙しそうだ。 便利そうだ。(겉 모양) 바쁜 것 같다. 편리한 것 같다.
	확신도 :	낮음
ようだ	용 법 :	말하는 사람의 주관적 판단과 의견을 추측하여 서술할 경우에 사용한다.(불확실한 단정일 경우) 상황을 자세히 보고 관찰, 감각적 경험을 근거
	예 :	電気が ついています。パクさんは まだ 勉強しているようです。 전기가 켜져 있습니다. 박씨는 아직 공부하고 있는 것 같습니다.
	확신도 :	중간
らしい	용 법 :	객관적 사실을 근거로 어떤 상황과 사실을 추측할 경우에 사용한다.
	예 :	パクさんは せきを している。風邪を 引いているらしい。 박씨는 기침을 하고 있다. 감기에 걸린 것 같다.
	확신도 :	높음

(1) 양태의 「そうだ」: ~인[한] 것 같다, ~인[한] 듯하다

품사	접속 형태	예
동사	ます형 + そうだ	降^ふりそうだ。 내릴 것 같다
い형용사	어간 + そうだ	おいしそうだ。 맛있을 것 같다
		なさそうだ。 없을 것 같다
		よさそうだ。 좋을 것 같다
な형용사	어간 + そうだ	便利^{べんり}そうだ。 편리할 것 같다

☞ 「ない」와 「よい」는 특수한 형태로 「なそうだ」 「よそうだ」가 아닌 「なさそうだ」 「よさそうだ」가 된다.

양태 「そうだ」의 부정형

1. い형용사에 붙는 경우

양태 「そうだ」의 부정형 : ~そうではない、~なさそうだ

> おもしろ（い）재밌다
> ↓
> そうではない　　→ おもしろそうではない 재미없을 것 같다
> く + なさそうだ　→ おもしろくなさそうだ 재미없을 것 같다

・ この 映画^{えいが}は あまり おもしろ<u>そうではない</u>。

= この 映画^{えいが}は あまり おもしろく<u>なさそうだ</u>。 이 영화는 그다지 재미없을 것 같다.

2. な형용사에 붙는 경우

> 静^{しず}か（だ）조용하다
> ↓
> そうではない　　→ 静^{しず}かそうではない 조용하지 않을 것 같다
> では + なさそうだ　→ 静^{しず}かではなさそうだ 조용하지 않을 것 같다

・ この へやは あまり 静^{しず}か<u>そうではない</u>。

= この へやは あまり 静^{しず}かでは<u>なさそうだ</u>。 이 방은 그다지 조용하지 않을 것 같다.

3. 동사에 붙는 경우

양태 「そうだ」의 부정형 : ～そうにない、～そうもない、～そうにもない

降る 내리다
↓

り(동사 ます형) + そうにない	→降りそうにない
そうもない	→降りそうもない
そうにもない	→降りそうにもない 내릴 것 같지 않다

・明日までに 宿題が できそうにもない。내일까지 숙제를 할 수 없을 것 같다.

(2) 전문의 「そうだ」: (…에 의하면) ～라고 한다, ～라더라

품사	접속 형태	예
명사	だ + そうだ	学生だそうだ。학생이라고 한다
동사	기본형 + そうだ	降るそうだ。내린다고 한다
い형용사	기본형 + そうだ	おいしいそうだ。맛있다고 한다
な형용사	기본형 + そうだ	便利だそうだ。편리하다고 한다
기타	た + そうだ	行ったそうだ。갔다고 한다

(3) 불확실한 단정의 ようだ · みたいだ(회화체) : ～인[한] 것 같다, ～인[한] 듯하다

품사	접속 형태	예
명사	の + ようだ	春のようだ。
	+ みたいだ	春みたいだ。봄인 것 같다
동사	기본형 + ようだ	行くようだ。
	기본형 + みたいだ	行くみたいだ。가는 것 같다
い형용사	기본형 + ようだ	おいしいようだ。
	기본형 + みたいだ	おいしいみたいだ。맛있는 것 같다
な형용사	명사 수식형(な)+ようだ	静かなようだ。
	어간 + みたいだ	静かみたいだ。조용한 것 같다
기타	た + ようだ	来たようだ。
	た + みたいだ	来たみたいだ。온 것 같다

「ようだ」의 다른 용법

- 彼女は まるで 人形のようだ。〈비유〉

  그녀는 마치 인형과 같다.

- コーラのような 冷たい 飲み物が ほしい。〈예시〉

  콜라와 같은 시원한 음료수를 원하다.

- 忘れ物を しないように して ください。〈바람, 의뢰, 권고〉

  물건은 잊고 가지 않도록 해 주세요.

(4) 추량의 らしい : ~인[한] 것 같다, ~인[한] 듯하다, ~답다

품사	접속 형태	예
명사	+ らしい	犯人らしい。 범인인 것 같다
동사	기본형 + らしい	行くらしい。 가는 것 같다
い형용사	기본형 + らしい	安いらしい。 싼 것 같다
な형용사	어간 + らしい	便利らしい。 편리한 것 같다
기타	た + らしい	やめたらしい。 그만둔 것 같다

접미사로 쓰이는 「らしい」

1. 명사 + らしい : ~답다, ~다운

- 男らしい 남자답다

- 子供らしい 어린이답다

- 女らしい 여자답다

- ばからしい 시시하다, 바보스럽다

2. い형용사 어간 / 부사 + らしい : ~로서의 성질 / 색채가 짙다

- かわいらしい 귀엽다

　　・わざとらしい 꾸민 듯하다, 부자연스럽다

　　・昨日、近所で 強盗事件が あった<u>らしい</u>。
　　어제 근처에서 강도사건이 있었다고 한다.

3　단정(断定)의 조동사 「だ」

지정(指定)의 조동사라고도 하는데, 「です」와 비교하면 「だ」는 보통 쓰는 말의 단정이고, 「です」는 존경의 뜻으로 쓰이는 말의 단정이다.

(1) 종지형의 용법

명사 및 조사 「の、から、など、まで、やら、だけ、ほど、ばかり、ぐらい」에 붙는다.

　　・それは 本だ。그것은 책이다.
　　・それは 私のだ。그것은 내 것이다.

(2) 연체형의 용법

연체형 「な」는 체언에는 이어지지 않고, 조사 「の、ので、のに」의 세 단어에만 이어진다.

　　・彼は 今 病気なのだ。그는 지금 병에 걸려 있다.
　　・日曜日なので 人出が 多い。일요일이므로 인파가 많다.
　　・冬なのに ずいぶん 暖かだ。겨울인데 상당히 따뜻하다.

(3) 가정형의 용법

가정형 「なら」는 조사 「ば」를 동반하지 않아도, 그대로의 형으로 가정의 조건을 나타낸다.

　　・君も いっしょに 行くなら 安心だ。너도 함께 간다면 안심이다.

6 특수 활용형의 조동사　01-05-06

용언처럼 활용하지 않고 특수하게 활용하는 조동사로,「ます、です、た・だ、ぬ・ん」등이 있다.

01 ます

- 의미 : 정중(丁寧) – 말하는 사람이 듣는 사람에 대하여 공손한 기분을 나타낸다.

  1. 本を 読みます。 책을 읽습니다.
  2. 社長が いらっしゃいます。 사장님이 오십니다.
  3. どうぞ よろしく おねがいします。 아무쪼록 잘 부탁드립니다.

02 です

- 의미 : 정중한 단정 –「だ」의 단정의 의미를 정중하게 나타낸 것.

  1. えいがは 7時からだ。

     영화는 7시부터다.

  2. えいがは 7時からです。

     영화는 7시부터입니다.

03 과거・완료・존재의 조동사 ― た / だ

1. 私は まだ 富士山を 見た ことが ありません。

   나는 아직 후지산을 본 적이 없습니다.

2. あっ、電車が 来た。

   아! 전철이 왔다.

3. かべに かけた ぼうしを とって ください。

   벽에 걸린 모자를 집어 주십시오.

해설

1. 과거

2. 완료 – 동작 또는 사건이 완전히 행해지고, 사실이 된 것을 진술하는 의미이다.

3. 존재 – (무엇인가에 의해) 어떤 동작이 이루어지고 지금 현재도 그 현상이 유지되고 있는 것을 나타낸다. (「〜ている」「〜てある」의 의미)

- 의미 : 「〜아니다」라는 부정의 뜻을 나타낸다.

1. 君が 知らぬ はずは あるまい。

   네가 알지 못할 리는 없겠지.

2. 今日は どこへも 行きません。

   오늘은 어디에도 가지 않습니다.

3. 彼は あいさつも せずに 帰ってしまった。

   그는 인사도 하지 않고 돌아가 버렸다.

해설

※ 중·고급 문법에 해당됨.

1. 종지형

2. 「ん」은 「ます」를 부정할 때 쓰며 다른 말에는 그다지 이용되지 않는다.

3. 「ないで」에 해당된다.
   せずに＝しないで

check 「ぬ、ん、ず」의 차이

- ぬ : 주로 문장에서 쓰이며 특히 속담이나 관용구 등에 많이 쓰인다.
- ん : 「ぬ」가 변환된 형태로 서(西)일본의 방언으로 많이 쓰이며 공통어로는 「〜ません」의 형태로 쓴다.
- ず : 「ぬ」와 같이 문장에서 쓰이며, 「ずに」의 형태로 자주 쓰인다.

7 무변화 활용형의 조동사　🎧 01-05-07

어형(語形) 변화가 없는 조동사로, 「う、よう、まい」가 있다.

01 う / よう

1. わたしも 行ってみよう。

   나도 가 봐야지.

2. あしたも 暑いだろう。

   내일도 덥겠지.

3. 一緒に 学校へ 行こう。

   함께 학교에 가자.

해설

1. 말하는 사람의 의지

2. 말하는 사람의 추측

3. 권유

1. あした、雨は 降るまい。

   내일 비는 내리지 않을 것이다.

2. 酒は もう 二度と 飲むまい。

   술은 두 번 다시 마시지 않겠다.

3. 力を 貸しては くれまいか。

   힘을 빌려주지 않을래?

4. パーティーは 参加しようがしまいが、皆さんの 自由です。

   파티에 참가하든 하지 않든, 여러분의 자유입니다.

5. 子供でもあるまいし、自分の ことは 自分で しなさい。

   아이도 아닐 텐데, 자신의 일은 스스로 하세요.

해설

※ 중·고급 문법에 해당됨.

1. 부정의 추량 = ～ないだろう(～하지 않을 것이다)

2. 부정의 의지 = ～ないつもりだ / 決して～しない(～하지 않겠다)

3. 권유·의뢰 – ～하지 않을래?

4. ～うが(と)～まいが(と) : ～하든 ～하지 않든(=～해도 안 해도)

5. ～でもあるまいし : ～도 아닐 텐데(=명사+ではないのだから)

▶ 「まい」의 접속 형태

- 1그룹동사 : 行く 가다 → 行くまい 가지 않을 것이다, 가지 않겠다

- 2그룹동사 : 見る 보다 → 見るまい / 見まい 보지 않을 것이다, 보지 않겠다

- 3그룹동사 : する 하다 → するまい / しまい 하지 않을 것이다, 하지 않겠다

  くる 오다 → くるまい / こまい 오지 않을 것이다, 오지 않겠다

- 사역형 : 行く 가다 → 行かせる 가게 하다 → 行かせまい 가게 하지 않을 것이다

  가게 하지 않겠다

- 수동형 : 叱る 야단치다 → 叱られる 야단맞다 → 叱られまい 야단맞지 않을 것이다

  야단맞지 않겠다

1그룹동사 활용 정리

기본형			書く	
			현재	과거
1	긍정	보통체	書く 쓰다	書いた 썼다
		정중체	書きます 씁니다	書きました 썼습니다
2	부정	보통체	書かない 쓰지 않다	書かなかった 쓰지 않았다
		정중체	書かないです = 書きません 쓰지 않습니다	書かなかったです = 書きませんでした 쓰지 않았습니다
3	명사 수식		書く時 쓸 때	
4	전문		書くそうだ 쓴다라고 한다	
5	불확실한 단정		書くようだ 쓰는 것 같다	
6	확신적 추량		書くらしい 쓰는 것 같다	
7	구체적 예시		書くみたいだ 쓰는 것 같다	
8	동사 て형		書いて 쓰고	書き、 쓰고 – 중지법
9	나열		書いたり 쓰거나	
10	동시동작		書きながら 쓰면서	
11	희망		書きたい 쓰고 싶다	書きたがる 쓰고 싶어하다 – 제3자
12	양태		書きそうだ 쓸 것 같다	
13	사역		書かせる 쓰게 하다	書かせられる (어쩔 수 없이) 쓰다 – 사역수동
14	수동		書かれる 쓰게 되다	
15	존경		書かれる 쓰신다	お書きになる 쓰신다
16	가능		書ける 쓸 수 있다	書くことができる 쓸 수 있다
17	명령		書け 써라	書きなさい 쓰세요
18	가정		書けば 쓰면	書いたら 쓰면
19	추측		書くだろう 쓰겠지	書くでしょう 쓰겠지요
20	의지 · 권유		書こう 쓰려고, 쓰자	書きましょう 씁시다

기본형			食べる	
			현재	과거
1	긍정	보통체	食べる 먹다	食べた 먹었다
		정중체	食べます 먹습니다	食べました 먹었습니다
2	부정	보통체	食べない 먹지 않다	食べなかった 먹지 않았다
		정중체	食べないです = 食べません 먹지 않습니다	食べなかったです =食べませんでした 먹지 않았습니다
3	명사 수식		食べる時 먹을 때	
4	전문		食べるそうだ 먹는다고 한다	
5	불확실한 단정		食べるようだ 먹는 것 같다	
6	확신적 추량		食べるらしい 먹는 것 같다	
7	구체적인 예시		食べるみたいだ 먹는 것 같다	
8	동사 て형		食べて 먹고	食べ、 먹고 – 중지법
9	나열		食べたり 먹거나	
10	동시동작		食べながら 먹으면서	
11	희망		食べたい 먹고 싶다	食べたがる 먹고 싶어하다 – 제3자
12	양태		食べそうだ 먹을 것 같다	
13	사역		食べさせる 먹게 하다	食べさせられる (어쩔 수 없이) 먹다 – 사역수동
14	수동		食べられる 먹히다	
15	존경		食べられる 잡수시다	召し上がる 잡수시다, 드시다
16	가능		食べ(ら)れる 먹을 수 있다	食べることができる 먹을 수 있다
17	명령		食べろ · 食べよ 먹어라	食べなさい 먹으세요
18	가정		食べれば 먹으면	食べたら 먹으면
19	추측		食べるだろう 먹겠지	食べるでしょう 먹겠지요
20	의지 · 권유		食べよう 먹으려고, 먹자	食べましょう 먹읍시다

3그룹동사 「する」 활용 정리

기본형			する	
			현재	과거
1	긍정	보통체	する 하다	した 했다
		정중체	します 합니다	しました 했습니다
2	부정	보통체	しない 하지 않다	しなかった 하지 않았다
		정중체	しないです = しません 하지 않습니다	しなかったです = しませんでした 하지 않았습니다
3	명사 수식		する時 할 때	
4	전문		するそうだ 한다고 한다	
5	불확실한 단정		するようだ 할 것 같다	
6	확신적 추량		するらしい 할 것 같다	
7	구체적인 예시		するみたいだ 할 것 같다	
8	동사 て형		して 하고, 해서	し、 하고 – 중지법
9	나열		したり 하거나	
10	동시동작		しながら 하면서	
11	희망		したい 하고 싶다	したがる 하고 싶어하다 – 제3자
12	양태		しそうだ 할 것 같다	
13	사역		させる 시키다	させられる (어쩔 수 없이) 하다
14	수동		される 당하다	– 사역수동
15	존경		される 하시다	
16	가능		できる 할 수 있다	することができる 할 수 있다
17	명령		しろ · せよ 해라	しなさい 하세요
18	가정		긍정 : すれば 하면 부정 : しなければ 하지 않으면	
19	추측		긍정 : するだろう 하겠지 しただろう 했겠지 부정 : しないだろう 하지 않겠지 しなかっただろう 하지 않았겠지	するでしょう 하겠지요 したでしょう 했겠지요 しないでしょう 하지 않겠지요 しなかったでしょう 하지 않았겠지요
20	의지 · 권유		しよう 하려고, 하자	しましょう 합시다

3그룹동사 「くる」 활용 정리

	기본형		くる	
			현재	과거
1	긍정	보통체	くる 오다	きた 왔다
		정중체	きます 옵니다	きました 왔습니다
2	부정	보통체	こない 오지 않다	こなかった 오지 않았다
		정중체	こないです = きません 오지 않습니다	こなかったです = きませんでした 오지 않았습니다
3	명사 수식		くる時 올 때	
4	전문		くるそうだ 온다고 한다	
5	불확실한 단정		くるようだ 올 것 같다	
6	확신적 추량		くるらしい 올 것 같다	
7	구체적인 예시		くるみたいだ 올 것 같다	
8	동사 て형		きて 오고, 와서	
9	나열		きたり 오거나	
10	동시동작		きながら 오면서	
11	희망		きたい 오고 싶다	きたがる 오고 싶어하다 – 제3자
12	양태		きそうだ 올 것 같다	
13	사역		こさせる 오게 하다	こさせられる (어쩔 수 없이) 오다
14	수동		こられる 오게 되다	– 사역수동
15	존경		こられる 오신다	
16	가능		こられる 올 수 있다	くることができる 올 수 있다
17	명령		こい 와라	きなさい 오세요
18	가정		긍정 : くれば 오면 부정 : こなければ 오지 않으면	
19	추측		긍정 : くるだろう 오겠지 　　　きただろう 왔겠지 부정 : こないだろう 오지 않겠지 　　　こなかっただろう 오지 않았겠지	くるでしょう 오겠지요 きたでしょう 왔겠지요 こないでしょう 오지 않겠지요 こなかったでしょう 오지 않았겠지요
20	의지 · 권유		こよう 오려고, 오자	きましょう 옵시다

기초확인문제

1. 다음 동사를 수동형 형태로 바꾸시오.

> 〈보기〉 読む 읽다　→　読まれる 읽히다, 읽혀지다

(1) 叱る 야단치다　　　　　→　　　　　　　　야단맞다

(2) 呼ぶ 부르다　　　　　　→　　　　　　　　불리다

(3) 踏む 밟다　　　　　　　→　　　　　　　　밟히다

(4) ほめる 칭찬하다　　　　→　　　　　　　　칭찬받다

(5) 捨てる 버리다　　　　　→　　　　　　　　버려지다

(6) する 하다　　　　　　　→　　　　　　　　하게 되다, 당하다

(7) 来る 오다　　　　　　　→　　　　　　　　오게 되다

2. 다음 동사를 사역형 형태로 바꾸시오.

> 〈보기〉 飲む 마시다　→　飲ませる 마시게 하다

(1) 行く 가다　　　　　　　→　　　　　　　　가게 하다

(2) 作る 만들다　　　　　　→　　　　　　　　만들게 하다

(3) 読む 읽다　　　　　　　→　　　　　　　　읽게 하다

(4) 食べる 먹다　　　　　　→　　　　　　　　먹게 하다

(5) 覚える 외우다　　　　　→　　　　　　　　외우게 하다

(6) する 하다　　　　　　　→　　　　　　　　시키다

(7) 来る 오다　　　　　　　→　　　　　　　　오게 하다

3. 다음 동사를 존경형 형태로 바꾸시오.

> 〈보기〉 書く 쓰다　→　書かれる 쓰시다

(1) 行く 가다　　　　　　　→　　　　　　　　가시다

(2) 読む 읽다　　　　　　　→　　　　　　　　읽으시다

(3) 休む 쉬다 　　　　　　　　→　　　　　　　　　　　　쉬시다

(4) 食べる 먹다 　　　　　　　→　　　　　　　　　　　　드시다

(5) 出かける 외출하다 　　　　→　　　　　　　　　　　　외출하시다

(6) する 하다 　　　　　　　　→　　　　　　　　　　　　하시다

(7) 来る 오다 　　　　　　　　→　　　　　　　　　　　　오시다

4. 다음 동사를 사역수동형 형태로 바꾸시오.

〈보기〉 飲む 마시다 → 飲ませられる = 飲まされる (어쩔 수 없이) 마시다

(1) 書く 쓰다 　　　→　　　　　　　=　　　　　　　(어쩔 수 없이) 쓰다

(2) 行く 가다 　　　→　　　　　　　=　　　　　　　(어쩔 수 없이) 가다

(3) 歌う 노래하다 　→　　　　　　　=　　　　　　　(어쩔 수 없이) 노래하다

(4) 会う 만나다 　　→　　　　　　　=　　　　　　　(어쩔 수 없이) 만나다

(5) 待つ 기다리다 　→　　　　　　　=　　　　　　　(어쩔 수 없이) 기다리다

(6) 立つ 서다 　　　→　　　　　　　=　　　　　　　(어쩔 수 없이) 서다

(7) 読む 읽다 　　　→　　　　　　　=　　　　　　　(어쩔 수 없이) 읽다

5. 다음 동사를 가능형 형태로 바꾸시오.

〈보기〉 行く 가다 → 行ける = 行くことができる 갈 수 있다

(1) 泳ぐ 수영하다 　→　　　　　　　=　　　　　　　수영할 수 있다

(2) 乗る 타다 　　　→　　　　　　　=　　　　　　　탈 수 있다

(3) 洗う 씻다 　　　→　　　　　　　=　　　　　　　씻을 수 있다

(4) 着る 입다 　　　→　　　　　　　=　　　　　　　입을 수 있다

(5) 起きる 일어나다 →　　　　　　　=　　　　　　　일어날 수 있다

(6) する 하다 　　　→　　　　　　　=　　　　　　　할 수 있다

(7) 来る 오다 　　　→　　　　　　　=　　　　　　　올 수 있다

6. 괄호 안의 단어를 이용하여 문장을 완성하시오.

(1) この ケーキは __________ そうだ。(おいしい)　　이 케익은 맛있을 것 같다.

(2) 教室は __________ そうだ。(静かだ)　　교실은 조용한 것 같다.

(3) 今にも 雨が __________ そうです。(降る)　　당장이라도 비가 내릴 것 같습니다.

(4) 天気予報に よると、明日は 雨が __________ そうだ。(降る)

일기예보에 의하면 내일은 비가 온다고 한다.

(5) 彼女は まるで 人形の __________ 顔を している。(ようだ)

그녀는 마치 인형과 같은 얼굴을 하고 있다.

(6) 彼女は ほんとうに __________ らしい 人ですね。(女)

그녀는 정말 여자다운 사람이네요.

JPT・JLPT 실전확인문제

1. みちで ころび、まわりの ひとたちに ______、とても はずかしかったです。

(A) わらって　　　(B) わらえて　　　(C) わらわせて　　　(D) わらわれて

2. うちの かいしゃは みせいねんを ______は いけない。

(A) はたらいて　　　(B) はたらかせて　　　(C) はたらかされて　　　(D) はたらかれて

3. 兄に へやの そうじを ______ました。

(A) しさせられ　　　(B) され　　　(C) させれ　　　(D) させられ

4. このざっしは、おしゃれずきな じょしこうこうせいに ______います。

(A) よんで　　　(B) よめて　　　(C) よまれて　　　(D) よませて

5. とうきょうタワーは １９５８年に ______。

(A) たてました　　　(B) たたせました　　　(C) たてさせました　　　(D) たてられました

6. きのう、母（はは）に わたしの にっきを ＿＿＿＿＿。

   (A) 読みました　　　　(B) 読めました　　　　(C) 読まれました　　　　(D) 読んでくれました

7. きのう、帰（かえ）りに 雨（あめ）＿＿＿＿＿ 降（ふ）られてしまいました。

   (A) で　　　　　　　(B) が　　　　　　　(C) を　　　　　　　(D) に

8. けんかを して、また 弟（おとうと）を ＿＿＿＿＿しまった。

   (A) 泣かれて　　　　(B) 泣かせて　　　　(C) 泣かされて　　　　(D) 泣いて

9. やすみの日（ひ）に 客（きゃく）＿＿＿＿＿ 来（こ）られて 困（こま）りました。

   (A) で　　　　　　　(B) が　　　　　　　(C) に　　　　　　　(D)を

10. ＿＿＿＿＿そうな りょかんだったので、よやくを しませんでした。

   (A) たかい　　　　　(B) たか　　　　　(C) たかく　　　　　(D) たかくて

11. あしたは ゆきが ＿＿＿＿＿らしいです。

   (A) ふる　　　　　　(B) ふり　　　　　(C) ふって　　　　　(D) ふろう

12. れいぞうこの中（なか）に ＿＿＿＿＿そうな ケーキが あります。

   (A) おいしい　　　　(B) おいしく　　　　(C) おいしくて　　　　(D) おいし

13. 姉（あね）は りくじょうせんしゅの＿＿＿＿＿ 足（あし）が 速（はや）いです。

   (A) よう　　　　　　(B) ような　　　　(C) ように　　　　(D) ようだ

14. あしたも また ＿＿＿＿＿らしいですね。

   (A) あめ　　　　　　(B) あめな　　　　(C) あめで　　　　(D) あめの

15. ニュース＿＿＿＿＿よると、また おそろしい じけんが おこったそうだ。

   (A) に　　　　　　　(B) で　　　　　　　(C) が　　　　　　　(D) の

16. あの 犬は ライオンの______ かおを しています。

    (A) ように   (B) ような   (C) らしい   (D) みたいな

17. ともだちが つら______ みえたが、かぜを ひいたのだろうか。

    (A) そうに   (B) そうな   (C) そう   (D) そうだ

18. ふたりは まるで ほんとうの 親子______。

    (A) ようだ   (B) みたいだ   (C) らしい   (D) そうだ

19. かのじょは とても 女______。

    (A) らしい   (B) ような   (C) そうな   (D) ように

20. あさ おきたら まどの そとが 白かったので、ゆうべ ゆきが たくさん ______みたいです。

    (A) 降る   (B) 降り   (C) 降って   (D) 降った

[오문정정]

21. あの雲、まるい まんじゅうのように 見て、おいしそうだと 思いませんか。

          A   B   C   D

22. スポーツで あせを かいた あとは、冷たい ジュースが 飲むたいです。

            A   B   C   D

23. 家族のために いっしょうけんめい 作った 料理を 残させると、悲しい 気持ちになる。

        A   B   C   D

24. インフルエンザに かかってしまったので、しばらく 学校へは 行けそうではない。

        A   B   C   D

25. くもが どんどん 多くなってきて、なんだか 雨が 降りらしい 天気だ。

        A   B   C   D

제6장 조사(助詞)

여러 가지 말에 붙어서 말과 말의 관계를 나타내거나 문장의 최후에 붙어서 의미를 부가하는 부속어를 말한다.

1 조사의 성질

- うちから 駅まで 歩きます。 집에서 역까지 걸어갑니다.
- これは 私の 本です。 이것은 나의 책입니다.
- いくら 考えても 分かりません。 아무리 생각해도 모르겠습니다.

① 부속어이다.
② 활용이 없다.
③ 단어와 단어가 어떤 관계에 있는가를 나타내기도 하고, 단어에 있는 일정의 의미를 첨가하기도 한다.

② 격조사(格助詞)

1 격조사의 성질

명사 뒤에 붙어서 그 명사가 문장 끝의 동사나 형용사 등의 술어와 어떤 관계에 있는가를 나타낸다.

- [주격] － 雨が 降る。 비가 내린다.
- [수식격] － ぼくの 家の となりは 本屋です。 나의 집 옆은 서점입니다.
  学校に 行く 途中 橋を 渡る。 학교에 가는 도중에 다리를 건너다.
- [동격] － りんごと すいかと どちらが 好きですか。
  사과와 수박 중 어느 쪽을 좋아합니까?

2 격조사의 종류와 용법

01 が　　　　　　　　　　　　　～이, ～가

1. 風が 吹く。 바람이 분다.
2. 誰が 英語が 上手ですか。 누가 영어를 잘 합니까?
3. 私は ジャズが 好きだ。 나는 재즈를 좋아한다.
4. ああ、暑い。なにか 冷たい ものが 飲みたい。
   아, 덥다. 뭔가 시원한 것을 마시고 싶다.
5. 彼は 日本語が できるらしい。
   그는 일본어를 할 수 있다고 한다.
6. 遠くの 方から 電車の 音が 聞こえる。
   먼 곳에서 전철 소리가 들린다.
7. あなたが お金が ある ことは みんなが 知っている。
   당신이 돈이 있다는 것은 모두가 알고 있다
8. 我が家 우리 집

해설

1. 주어를 나타낸다.
2. 능력을 나타내는 い형용사, な형용사(上手だ、下手だ、得意だ、苦手だ、うまい) 앞에서
3. 내부 감정을 나타내는 い형용사, な형용사(好きだ、嫌いだ、ほしい、こわい) 앞에서
4. 「동사 ます형+たい」 앞에서
5. 가능을 나타내는 동사, 조동사(できる、れる / られる) 앞에서
6. 타인의 의지에 의한 감각동사(聞こえる、見える) 앞에서
7. 소유, 필요를 나타내는 동사(ある、要る) 앞에서
8. 연체격

02 の — ~의, ~것, ~이, ~가

1. 2時の 電車に 乗る。 2시 전철을 타다.
2. 友人の 田中に 相談した。 친구인 다나카에게 상담했다.
3. これは 私のです。 이것은 나의 것입니다.
4. 彼の 描いた 絵は すばらしい。 그가 그린 그림은 훌륭하다.

해 설

1. 「명사＋の＋명사」 – 성질
2. 「명사＋の＋명사」 – 동격
3. 체언의 자격 「もの(~것)」나 「~のもの(~의 것)」
4. 앞 절이 뒤에 오는 명사. 대명사를 수식하는 경우(앞 문장의 주어에 붙는 조사는 일반적으로 「が」보다 「の」를 사용한다)

03 を — ~을, ~를

1. ご飯を 食べる。 밥을 먹다.
2. 家を 出る。 집을 나가다.
3. 橋を 渡る。 다리를 건너다.
4. 空を 飛ぶ。 하늘을 날다.
5. 彼は 日本で 3年を 過ごした。 그는 일본에서 3년을 지냈다.

해 설

1. 동작의 목적물
2. 이탈점
3. 통과하는 장소
4. 이동하는 장소
5. 경과 시간

04 に — ~에, ~를, ~로, ~에게, ~이

1. 池に 鯉が いる。 연못에 잉어가 있다.
2. 6時に 起きる。 6시에 일어나다.
3. 友だちに 会う。 친구를 만나다.
4. 山に 登る。駅に 着く。 산에 오르다. 역에 도착하다.
5. ノートを 買いに 行く。 노트를 사러 가다.
6. 雪が 溶けて 水に なった。 눈이 녹아서 물이 되었다.
7. 私は コーヒーに する。 나는 커피로 하다.
8. 右に 向ける。 오른쪽으로 돌리다.
9. 先生に ほめられる。 선생님에게 칭찬받다.

해 설

1. 존재하는 장소
2. 동작 작용이 이루어지는 때(시간)
3. 상대
4. 목적의 장소(귀착하는 곳)
5. 동작의 목적(동사의 ます형＋に＋이동동사/동작성 명사＋に＋이동동사)
6. 변화한 결과(명사＋に＋なる)
7. 선택·결정
8. 방향
9. 동작의 주체(수동·사역)

~に 会う ~를[을] 만나다	~に 気をつける ~를[을] 조심하다
~に 似ている ~를[을] 닮다	~に 住んでいる ~에 살고 있다
~に 迷う ~를[을] 헤매다	~に 憧れる ~를[을] 동경하다
~に 沿う ~를[을] 따르다	~に 気づく ~를[을] 깨닫다
~に 乗る ~를[을] 타다	~に 入る ~에 들어가다
~に 勝つ ~를[을] 이기다	~に 勤める ~에서 근무하다 cf) ~で 働く
~に 触る ~를[을] 만지다	~に 通う ~에 다니다
~に 背く ~를[을] 배신하다	~に 値する ~할 만하다

05 へ ~에, ~으로

	해설
1. 右へ 曲がる。 오른쪽으로 돌다.	1. 방향
2. 目的地へ 着く。 목적지에 도착하다.	2. 도착점
3. 私は 友だちへ 手紙を 書く。 나는 친구에게 편지를 쓰다.	3. 동작의 대상

06 と ~와[과], ~와 함께, ~랑

	해설
1. 友だちと 学校へ 行く。 친구와 학교에 간다.	1. ~といっしょに(~와 함께)의 의미
2. 友人の 知り合いと 結婚する。 친구의 아는 사람과 결혼하다.	2. 상대
3. ちりも 積もれば 山となる。 티끌 모아 태산.	3. 변화
4. 東京と 大阪は どちらが 大きいですか。 도쿄와 오사카는 어느 쪽이 큽니까?	4. 비교의 대상
5. いちごと りんごと すいかを 買う。 딸기랑 사과랑 수박을 사다.	5. 병렬·열거
6. 「危ない」と 叫んだ。 위험하다고 외쳤다.	6. 인용

7. 雹が ぱらぱらと 落ちる。 우박이 후드득후드득 떨어지다.

8. 二度と あんな ひどい ホテルに 泊る もんか。

두 번 다시 저런 심한 호텔에 머무르지 않겠다.

9. 水は 100度になると 沸騰する。 물은 100도가 되면 끓는다.

10. ドアを 開けると、少女が 立っていた。

문을 열었더니 소녀가 서 있었다.

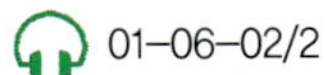 01-06-02/2

07 から

~부터, ~때문에, ~로 인해서

1. 私の 家から 富士山が 見える。 나의 집에서 후지산이 보인다.

今日から 新学期が 始まる。 오늘부터 신학기가 시작된다.

2. ここから 前には 出るな。 여기서부터 앞으로는 나가지 말아라.

3. 私から 伝えます。 제가 전하겠습니다.

4. みんなから 尊敬されている。 모두에게 존경받고 있다.

5. バターは ミルクから 作る。 버터는 우유로 만든다.

6. 今日は 日曜日だから、銀行は 休みですよ。

오늘은 일요일이니까 은행은 휴일입니다.

7. どろぼうは 窓から 入ってきたらしい。

도둑은 창문으로부터 들어온 것 같다.

08 より

~부터, ~보다, ~밖에

1. 会議は 9時より 行う。 회의는 9시부터 행해진다.

2. 英語より 数学が 好きだ。 영어보다 수학을 좋아한다.

3. 電車で 行くより ほかない。 전철로 가는 수밖에 없다.

예문	해설
1. 銀行で 働く。 은행에서 일하다.	1. 동작의 장소
2. 一週間で 終わる。 일주일로 끝나다.	2. 수량을 한정
3. 紙で 作る。 종이로 만들다.	3. 재료·수단
4. 病気で 苦しむ。 병으로 고생하다.	4. 원인·이유
5. 三つで 千円です。 3개에 천 엔입니다.	5. 합계
6. みんなで 歌を 歌いましょう。 모두 노래를 부릅시다.	6. 동작을 행하는 집단·그룹
7. お茶で 結構です。 차로 충분합니다.	7. 사양·겸손(충분하다)

예문	해설
1. 本や 雑誌や ノートなどが ある。 책이랑 잡지랑 노트 등이 있다.	1. 병렬·열거
2. 子供は、家に 帰るや否や、外に 遊びに 出ていった。 아이는 집에 돌아오자마자 밖에 놀러 갔다.	2. 동사의 기본형 + ～や否や : ～하자마자

3 종조사(終助詞)

01-06-03

1 종조사의 성질

문장의 끝이나 문장의 단락에 붙어서 의문, 금지, 감동, 강조의 의미를 나타낸다.

2 종조사의 종류와 용법

예문	해설
1. これは 誰の本ですか。 이것은 누구의 책입니까?	1. 질문이나 의문

2. そんな ことが あるもの**か**。 그런 일이 있을 것 같으냐?

3. ああ、そう**か**。 어, 그런가.

check **부조사 「か」**

・ぼく**か** 弟**か**が 参ります。 나나 남동생이 갑니다.

・どれ**か**に 決めなさい。 어느 것이든 결정하세요.

「ぼくか」는 문의 단락에 붙어 있는 것처럼 보이지만 이것은 병렬의 「か」이지 종조사는 아니다. 「弟か が、どれかに」에서처럼 한 문절의 중간에 있는 「か」는 결코 종조사가 아니다.

02 な / なあ ～하지 마라, ～구나

1. 芝生に 入る**な**。 잔디밭에 들어가지 마라.
2. 本当に きれいだ**なあ**。 정말로 아름답구나.

03 ぞ / ぜ ～테다

1. 今度は 絶対 負けない**ぞ**。 이번에는 절대로 지지 않을 테다.
2. おれは 必ず 行く**ぜ**。 나는 반드시 갈 테다.

04 とも ～하고말고

・本当に きれいだ**とも**。 정말 아름답고말고.

05 よ ～요

・タバコは 吸わない ほうが いいです**よ**。
담배는 피지 않는 편이 좋아요.

• 何を 書くの。 무얼 쓰니?

今、おなかが いっぱいなので、何も 食べたく ないの。

지금 배가 불러서 아무것도 먹고 싶지 않아요.

해 설
• 의문이나 가벼운 단정

• ずいぶん 深いわ。 꽤 깊어요.

まあ、驚いたわ。 어머나, 놀랬어.

해 설
• 의외 · 놀람 · 감동 – 여성어

1. 彼女は きれいですね。 그녀는 예쁘군요.
2. A : 毎日 暑いですね。 매일 덥네요.

   B : そうですね。 그러네요.
3. A : 会議は 9時からですね。 회의는 9시브터네요.

   B : ええ、そうです。 예, 그렇습니다.

해 설
1. 감탄
2. 화자(말하는 사람)가 자신과 청자(듣는 사람)의 의견이 일치하고 있다라고 가정해서 청자에게 동의를 구하는 경우
3. 화자가 자신의 지식이나 판단에 확신이 없어서, 자신보다도 잘 알고 있다라고 가정할 수 있는 청자에게 확인하는 경우

1. これ、いただいても よろしいかしら。
   이거, 받아도 좋을지 모르겠어.
2. 一体、どこへ 行ったのかしら。 도대체 어디로 간 것일까.

해 설
1. 의문 – 여성어

2. 혼잣말

• 僕も 行くさ。 나도 가.

해 설
• 가벼운 여정

11 もの / もん　　　　　　　　　　　　～한걸

・わたし、姉ですもの。弟の 心配を するのは あたりま
えでしょう。

나, 누나잖아요. 동생 걱정을 하는 것은 당연한 거겠지요.

・스스럼없는 회화 중에 문말
에 붙어서 이유를 나타냄(자
신의 정당성을 주장하기 위
하여 이용되는 경우가 많음)

12 や　　　　　　　　　　　　～말야

1. とても 面白いや。꿍장히 재미있어.
2. おたけや、ちょっと おいで。오타케, 잠깐 오렴.

1. 감동적으로 다짐하는 의미
2. 부름

13 い　　　　　　　　　　　　～냐

・どうしたんだい、元気を 出せよ。어떻게 된 거냐, 기운을 내라.

・남성이 매우 친한 듯한 감정
을 나타낼 때

14 っけ　　　　　　　　　　　　～였지, ～하곤 했었지

1. 山口さんは さんかするんだっけ。야마구치 씨는 참가하지?
2. あの頃、彼とは よく けんかしたっけ。

그때, 그와 자주 싸움하곤 했었지.

1. 자신에게 스스로 묻는 듯한
느낌으로 상대에게 물음
2. 회상

15 かな(あ)　　　　　　　　　　　　～까, ～려나

1. いい点を とれるかな。좋은 점수를 딸 수 있을까?
2. 君は 大学で 何を 学んだのかな。

너는 대학에서 무엇을 배웠을까?

3. 早く 春に ならないかな。빨리 봄이 오지 않으려나.

1. 혼잣말

2. 의문

3. 바람

※ **다음 빈칸에 들어갈 알맞은 조사를 보기에서 골라 쓰세요.**

> 〈보기〉 は、に、が、を、より、の、で、と

(1) 一日______ なんかい はを みがきますか。

(2) バス______ のって しないに いきました。

(3) この りょうりは ナイフ と フォーク______ たべます。

(4) その あかい かさは わたし______です。

(5) どんな おんがく______ すきですか。

(6) ジュース______ おかしを たべました。

(7) 私は あさ 8時に 家______ 出ます。

(8) きのうは 雨が 降りましたが、きょう______ 降りませんでした。

(9) きょうは きのう______ 寒いですね。

(10) デパートへ くつを かい______ 行きます。

(11) いもうと______ いっしょに 絵を 描きました。

(12) 私は ともだち______ てがみを もらいました。

(13) あには けいさつかん______ なりました。

(14) 日本語______ 言ってください。

(15) へやは あついですが、そと______ さむいです。

1. どの 車______ 井上さんのですか。

   (A) が　　　　　　　(B) を　　　　　　　(C) は　　　　　　　(D) か

2. 遠くの 方から 電車の音______ 聞こえた。

   (A) が　　　　　　　(B) を　　　　　　　(C) で　　　　　　　(D) に

3. 子供が 遊んでいるの＿＿＿＿ 見えます。

  (A) を   (B) に   (C) が   (D) は

4. あなたは 料理＿＿＿＿ 上手ですね。

  (A) が   (B) を   (C) は   (D) に

5. 弟は マンガ＿＿＿＿ すきです。

  (A) と   (B) の   (C) が   (D) に

6. 田中さんは あの髪＿＿＿＿ 長い人です。

  (A) は   (B) を   (C) の   (D) で

7. 毎朝、公園＿＿＿＿ 通って 学校に 行きます。

  (A) を   (B) に   (C) から   (D) まで

8. バット＿＿＿＿ ボールを 打ちました。

  (A) で   (B) が   (C) に   (D) を

9. 犬＿＿＿＿ 庭に います。

  (A) は   (B) で   (C) を   (D) に

10. 学校は 家＿＿＿＿ どのぐらいですか。

  (A) から   (B) で   (C) が   (D) に

11. 昼ごはんを 食べました。それから、デザート＿＿＿＿ 食べました。

  (A) が   (B) か   (C) も   (D) は

12. 新幹線は 10分 前に 駅＿＿＿＿ 出た。

  (A) を   (B) に   (C) で   (D) の

13. この 橋______ 渡って、まっすぐ 行くと 本屋です。

    (A) を　　　　　　　(B) へ　　　　　　　(C) が　　　　　　　(D) に

14. こどもが いつも 新しい おもちゃ______ ほしがって たいへんです。

    (A) が　　　　　　　(B) で　　　　　　　(C) を　　　　　　　(D) に

15. 一週間______ 二回ぐらい やきゅうを します。

    (A) が　　　　　　　(B) も　　　　　　　(C) と　　　　　　　(D) に

16. 手帳は そこ______ おいて ください。

    (A) が　　　　　　　(B) も　　　　　　　(C) を　　　　　　　(D) に

17. 3時______ なりました。おやつの 時間です。

    (A) が　　　　　　　(B) に　　　　　　　(C) へ　　　　　　　(D) から

18. 将来は 銀行______ 勤める つもりです。

    (A) に　　　　　　　(B) も　　　　　　　(C) だ　　　　　　　(D) で

19. はじめまして。私は 田中______ 申します。

    (A) が　　　　　　　(B) も　　　　　　　(C) と　　　　　　　(D) に

20. きのうは かぜ______ 学校を 休みました。

    (A) から　　　　　　(B) ので　　　　　　(C) で　　　　　　　(D) が

[오문정정]

21. あの げんかんの 前で ねこが います。
    A　　　　　B　C　　　　　D

22. 1日へ 3かい ごはんのあと、くすりを 飲みます。
    A　　B　　　　C　　　　　　　D

23. レストラン<u>に</u> <u>会</u>った <u>友</u>だちは、<u>高校</u>の<u>時</u>の <u>友</u>だちでした。
          A   B C   D

24. <u>大</u>きい<u>木</u>の <u>下</u>で <u>花</u>が たくさん <u>咲</u>いていて、そこで こどもが <u>遊</u>んで います。
            A   B   C   D

25. <u>昨日</u>、 たくさん お<u>酒</u>を <u>飲</u>んで、 <u>今日</u>は <u>頭</u>に <u>痛</u>いので、 <u>会社</u>を <u>休</u>みたいです。
           A   B   C   D

제7장 경어(敬語)

말하는 사람이나 글 쓰는 사람이 상대방에게 존경하는 뜻을 나타내는 말이다.

1 경어의 종류

말하는 사람이 상대방에게 경의를 나타내는 것으로 존경어, 겸양어, 정중어가 있다.

1 존경어(尊敬語)

듣는 이나 화제 중의 등장인물에 대해 존경하는 기분을 나타내는 말.

お[ご] + 동사의 ます형 동작성 명사 + になる	・お書きになる。 쓰시다 ・ご出発になる。 출발하시다
お[ご] + 동사의 ます형 동작성 명사 + なさる	・お食事なさいます。 식사하시다. ・いつ ご予約なさいましたか。 언제 예약하셨습니까?
お[ご] + 동사의 ます형 동작성 명사 + です	・お使いです。 사용하십니다. ・ご旅行です。 여행하십니다.
お[ご] + 동사의 ます형 + ください 동작성 명사 + くださる	・お話しください。 말씀해 주십시오. ・お読みくださる。 읽어 주시다.

접두어	お	お名前 이름 / お宅 댁 / お電話 전화 / お茶 차 / お返事 답장 お元気 건강 / お弁当 도시락 / お時間 시간 / お客 손님 お大事 소중함 / お話 이야기 / お仕事 일
	ご	ご案内 안내 / ご家族 가족 / ご利用 이용 / ご恩 은혜 / ご意見 의견 ご心配 걱정 / ご苦労 고생 / ご成功 성공
접미어	さま、さん	皆さま 여러분 / お客さん 고객
	殿	株式会社殿 주식회사 귀하

2 겸양어(謙譲語)

자기를 낮춤으로써 자연히 상대방을 존경하게 되는 기분을 나타내는 말.

お[ご] + 동사의 ます형 동작성 명사 + する[致す]

お[ご] + 동사의 ます형 동작성 명사 + いただく

※ ～(さ)せていただく ～하겠습니다

・休む 쉬다

→ 休ませていただきます。 쉬겠습니다.

・お願いします。 부탁드리겠습니다.

・ご案内します。 안내하겠습니다.

・お集まりいただきまして　ありがとうございます。 모여 주셔서 감사합니다.

・ご連絡いただきまして　ありがとうございます。 연락 주셔서 감사합니다.

3 정중어(丁寧語)

말하는 사람이 상대방에게 경의를 나타내는 말.

です

・ここは　講堂です。 여기는 강당입니다.

ます

・私は　8時に　ご飯を　食べます。 나는 8시에 밥을 먹습니다.

기초확인문제

1. 다음 동사를 보기와 같이 존경어 공식을 사용하여 고쳐 보세요.

〈보기〉 書^かく 쓰다　→　<u>お書^かきになります</u> 쓰십니다

(1) 飲^のむ 마시다　　　→　　　　　　　　드십니다

(2) 待^まつ 기다리다　　→　　　　　　　　기다리십니다

(3) 読^よむ 읽다　　　　→　　　　　　　　읽으십니다

(4) 話^{はな}す 말하다　　　→　　　　　　　　말씀하십니다

(5) 帰^{かえ}る 돌아가다　　→　　　　　　　　돌아가십니다

(6) 起^おきる 일어나다　→　　　　　　　　일어나십니다

(7) かける 걸다　　　　→　　　　　　　　거십니다

2. 다음 동사를 보기와 같이 겸양어 공식을 사용하여 고쳐 보세요.

〈보기〉 書^かく 쓰다　→　<u>お書^かきします</u> 쓰겠습니다

(1) 待^まつ 기다리다　　→　　　　　　　　기다리겠습니다

(2) 持^もつ 들다　　　　→　　　　　　　　들겠습니다

(3) 話^{はな}す 말하다　　　→　　　　　　　　말하겠습니다

(4) 手伝^{て つだ}う 돕다　　　→　　　　　　　　도와 드리겠습니다

(5) 伝^{つた}える 전달하다　→　　　　　　　　전달하겠습니다

(6) 届^{とど}ける 보내다　　→　　　　　　　　보내 드리겠습니다

(7) かける 걸다　　　　→　　　　　　　　걸겠습니다

JPT・JLPT 실전확인문제

1. おじいさんは まどがわに ______ ますか。

   (A) すわられ   (B) おすわり   (C) すわりになり   (D) おすわられ

2. コーヒーと こうちゃと どちらを おのみに ______ か。

   (A) います   (B) します   (C) あります   (D) なります

3. でんわは 1かいに ありますので、えんりょなく お ______ ください。

   (A) つかわれて   (B) つかい   (C) つかって   (D) つかわせて

4. おとうさんは いつも なんじごろ おかえり ______ か。

   (A) します   (B) になります   (C) にいます   (D) されます

5. どうぞ 中_{なか}に はいって、コーヒーでも ______ になりませんか。

   (A) のまれ   (B) おのまれ   (C) おのみ   (D) おのませ

6. これは むかし ゆうめいな せんせいが おかきに ______ えです。

   (A) なった   (B) なって   (C) した   (D) なさった

7. あす、わたくしが おうかがい ______ 。

   (A) なられます   (B) おります   (C) されます   (D) いたします

8. おつかれでしょう。どうぞ こちらの ソファで お ______ ください。

   (A) やすみ   (B) やすんで   (C) やすまれ   (D) やすみに

9. 「かちょう、ほうこくしょを みて ______ ませんか。」
「いいですよ。」

   (A) ください   (B) いただけ   (C) さしあげ   (D) やり

10. 「お＿＿＿＿しました。どうぞ こちらへ。」
　　「おじゃまします。」

(A) まち　　　　　　(B) またれ　　　　　　(C) またせ　　　　　　(D) またされ

11. いま すぐ まいりますので、もうすこし お＿＿＿＿ください。

(A) 待つ　　　　　　(B) 待って　　　　　　(C) 待う　　　　　　(D) 待て

12. 「いままで、ほんとうに＿＿＿＿。」
　　「また どこかで お会いしましょう。」

(A) お世話します　　　　　　　　(B) お世話しました
(C) お世話になります　　　　　　(D) お世話になりました

13. せんせいが もう すぐ こちらに お着きに＿＿＿＿。

(A) しました　　　　(B) なります　　　　(C) いたしました　　　　(D) なりました

14. もうしわけありませんが、明日 かいしゃを ＿＿＿＿いただけないでしょうか。

(A) 休んで　　　　　(B) 休めて　　　　　(C) 休まれて　　　　　(D) 休ませて

15. くつを ぬいで、どうぞ お＿＿＿＿ください。

(A) はいって　　　　(B) はいらせ　　　　(C) はいられ　　　　(D) はいり

16. 「せんせい、おもい にもつは わたしが おもち＿＿＿＿。」

(A) です　　　　　　(B) います　　　　　(C) します　　　　　(D) なります

17. この 書類は 私が ＿＿＿＿。

(A) 持たれます　　　(B) お持ちです　　　(C) お持ちします　　　(D) お持ちになります

18. 私について 簡単に 自己紹介 ＿＿＿＿ いただきます。

(A) して　　　　　　(B) されて　　　　　(C) させて　　　　　(D) させられて

19. すみません。ちょっと お______しますが、えきは どこですか。

(A) たずねられ　　　　(B) たずね　　　　(C) たずねて　　　　(D) たずねって

20. お飲み物は いつごろ ______か。

(A) お持ちになるます　　　　　　　　(B) お持ちしましょう

(C) 持って行ってやりましょう　　　　(D) 持ってさしあげましょう

21. 今日は 具合が 悪いので、休まれて いただけますか。
　　　　　　A　　　　　B　　　　C　　　　　D

22. この 町は 道に 迷い やすいですよ。地図を お持ちにしますか。
　　　　　　　A　　B　　　　　　C　　　　　　　D

23. お待たせしております。田中は 今 すぐ 参りますので 少々 お待ちしてください。
　　　　A　　　　　　　　　　　　　　　　B　　　C　　　D

24. 玄関の 壁に 掛かっている 絵は、お家族の どなたかが 描かれたんですか。
　　　　　　　　A　　　　　　　B　　　　　C　　　　　D

25. 田中は ただ今、席を 外しておりますが、戻りましたら、必ず こちらから ご連絡を いただ
　　　　　　A　　　　　　　　B　　　　　　　　　　C　　　　　　　　　　　　　　D
きます。

제2부

중·상급자가 반드시 알아야 할 문법

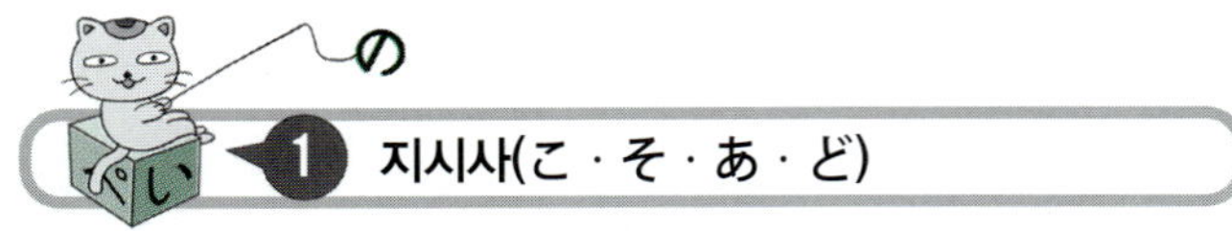

1 지시사(こ・そ・あ・ど)

02-01-01

지시사에는 현장지시(現場指示、眼前指示)와 문맥지시(文脈指示)로 나눌 수 있다.

1 현장지시(現場指示)

가리키는 것이 구체적으로 말하는 사람이나 듣는 사람의 시야에 있을 때의 용법이다. 제1부에서 언급했기 때문에 구체적인 예는 생략하기로 한다.

[현장지시의 분류]

① 「こ」계열 ― 가리키는 것이 말하는 사람의 영역 안에 있다.
② 「そ」계열 ― 가리키는 것이 듣는 사람의 영역 안에 있다.
③ 「あ」계열 ― 가리키는 것이 말하는 사람이나 듣는 사람의 영역 안에 있지 않다.

2 문맥지시(文脈指示)

대화 중에 나온 요소를 지시하거나 기억 속의 요소를 지시하는 용법이다.

[문맥지시의 분류]

(1) 「こ」계열

① 눈에 보이지 않는 것을 지시해서 마치 눈앞에 있는 것처럼 생생하게 말할 경우

• 今日は成人の日。私にも**こんな**時代があったんだな。

오늘은 성인의 날. 나에게도 이런 시절이 있었지.

② 직전의 이야기 속 요소를 지시하는 경우(「そ」도 가능)

• 今年の新入社員に田中っていうやつがいるんだけど、**こいつ**がかなり出来るやつでさ。 올해 신입사원에 다나카라는 녀석이 있는데 이 녀석이 꽤 잘하는 녀석이야.

③ 지금부터 이야기하려는 내용을 지시하는 경우

• **こんな**人に会ったことがありますか。勉強も出来て、性格もよく、ハンサムな人。 이런 사람을 만난 적이 있습니까? 공부도 잘하고 성격도 좋고 잘생긴 사람.

(2) 「そ」 계열

① 듣는 사람이 모르는 경우

• 軽井沢に行ったんだが、**そこ**は夏でも涼しくてね。

카루이자와에 갔는데 그곳은 여름에도 선선해.

② 말하는 사람 자신이 잘 모르는 대상을 지시하는 경우

• A: 今度、うちに新人が入ることになったんだよ。

　　이번에 우리 회사에 신참이 들어오게 되었어.

　B: そうですか。で、**その人**、どんな人。 그렇습니까? 그런데 그 사람 어떤 사람?

③ 가정의 내용 속 요소를 지시하는 경우

• もしお金があるなら、豪邸を建てて**そこ**で一生暮らしたいものだ。

만약 돈이 있다면 호화 저택을 세워 그곳에서 한평생 살고 싶다.

(3) 「あ」 계열

① 말하는 사람도 듣는 사람도 지시 대상을 알고 있는 경우

• A: 昨日、１０年ぶりに山田と飲みに行ったよ。 어제 10년 만에 야마다와 마시러 갔어.

　B: そうか。**あいつ**、元気だったか？ 그래? 그 녀석 건강해?

② 기억 속의 요소를 지시하는 경우(독백)

• 二年前、財布を落として困っていた私を助けてくれたおじさん。**あの人**、今もあの町にいるのかな。

2년 전 지갑을 잃어버려 곤란해 하던 나를 도와준 아저씨. 그 사람 지금도 그 마을에 있는 걸까?

「もの(것), こと(것), わけ(이유), ところ(바), ため(위해), はず(~할 리)」등 실질적인 의미가 약하며, 단독으로 사용되지 않고 주어가 되지 않는 특성을 갖는 명사이다.

01 こと

해 설

1. 君のことが好きだ。
   너를 좋아한다.

   1. 관련하는 모든 것

2. 一体何のことですか。
   도대체 무슨 일입니까?

   2. 사항

3. 新入生が入ったことを知っていますか。
   신입생이 들어온 것을 알고 있습니까?

   3. 절을 명사화(=の)

4. 合格するためには、たくさん努力することだ。
   합격하기 위해서는 많이 노력해야 한다.

   4. 충고 · 최상의 행위 ; ~해야 한다

5. 明日は雪が降るということだ。
   내일은 눈이 내린다고 한다.

   5. 전문 ; ~라고 한다

6. 本当に手のかかることだね。
   정말 손이 많이 가는 일이네.

   6. 영탄 · 감탄 · 경이

7. 日本に行ったことがありますか。
   일본에 간 적이 있습니까?

   7. ~たことがある : ~한 적이 있다〈과거의 경험〉

8. たまには早く起きることもあるんですよ。
   가끔은 일찍 일어나는 경우도 있어요.

   8. 발생의 가능성 ; ~하는 경우가 있다

9. 食べられないことはないがおいしくはない。
   먹을 수 없는 것은 아니지만 맛이 없다.

   9. ~ないことはない : ~하지 않는 것은 아니다〈이중부정〉

10. 電話で済むことだから、わざわざ行くことはない。
    전화로 해결되는 일이니까 일부러 갈 필요는 없다.

    10. ~ことはない : ~할 필요는 없다〈불필요〉

11. 私は日本語を読むことができる。

나는 일본어를 읽을 수 있다.

12. 今度結婚することになりました。

이번에 결혼하기로 되었습니다.

13. 引っ越すことにしました。

이사하기로 했습니다.

14. 来年の２月に卒業することになっている。

내년 2월에 졸업하기로 되어 있다.

15. 毎朝ジョギングすることにしています。

매일 아침 조깅을 하기로 하고 있습니다.

16. 転校するということは他の学校にせきを移すということです。

전학한다는 것은 다른 학교로 옮긴다는 것입니다.

17. 驚いたことに、彼はもうその話を知っていた。

놀랍게도 그는 이미 그 이야기를 알고 있었다.

18. 彼女のことだからどうせ時間どおりには来ないだろう。

그녀이기 때문에 어차피 시간대로는 오지 않을 것이다.

19. 知らぬこととて失礼しました。

모르기 때문에 실례했습니다.

20. 努力することなしに、成功はできない。

노력하는 일 없이 성공은 불가능하다.

社会に出ることなく、世の中を知ることはできない。

사회에 나가지 않고 세상을 알 수는 없다.

21. このカメラは安いことは安いが、品質はよくない。

이 카메라는 싸기는 싸지만 품질은 좋지 않다.

11. ～ことができる : ～할 수 있다〈가능·불가능〉

12. ～ことになる : ～하게 되다〈어떤 사항·결정의 결과〉

13. ～ことにする : ～하기로 하다〈의사(意思) 결정〉

14. ～ことになっている : ～하기로 되어 있다〈예정〉

15. ～ことにしている : ～하기로 하고 있다〈규칙·습관〉

16. 설명

17. ～ことに : ～하게도〈기분의 원인을 강조〉

18. ～ことだから : ～이기 때문에〈사람을 나타내는 명사에 접속해 어떤 개인의 성격이나 행동 패턴에 대해서 말할 경우〉

19. ～こととて : ～이므로, ～까닭에〈이유〉

20. ～ことなしに(는) / ～ことなく : ～하지 않고, ～하는 일 없이

21. ～ことは…が : ～하기는 …하지만

해설

1. 目上の人と話す時は、敬語を使うものだ。
윗사람과 말할 때는 경어를 사용해야 한다.

1. 당연 · 당위

2. 年を取ると忘れっぽくなるものだ。
나이를 먹으면 건망증이 심해지는 법입니다.

2. 당연한 귀결 ; ～가 보통이다. 당연하다

3. 昔、この海でよく遊んだものだ。
옛날에 이 바다에서 자주 놀곤 했다.

3. 과거 습관 · 회상 ; ～하곤 했다.

4. 飛行機というのは速いものですね。
비행기라는 것은 빠르군요.

4. 감탄

5. だれがこの土地を売ったりするものですか。
누가 이 토지를 팔거나 하는 것입니까?

5. 주장 · 반어

6. 父の病気が治るものなら、どんな高価な薬でも手に入れたい。
아버지의 병이 낫는다고 하면 어떤 비싼 약이라도 손에 넣고 싶다.

6. ～ものなら : ～하다면〈가정 ; 실현이 어려운 것을 희망할 때〉

7. 犯人は窓から侵入したものと考えられます。
범인은 창문에서 침입했다고 생각됩니다.

7. 추측

8. 夏休みが終わってからというもの、休む暇がなかった。
여름휴가가 끝난 뒤 쉴 틈이 없었다.

8. ～てからというもの : ～한 후〈강조〉

9. 海に行ったものの、あいにく台風で全然泳げなかった。
바다에 갔지만 공교롭게도 태풍 때문에 전혀 수영할 수 없었다.

9. ～ものの : ～하긴 했지만〈역접〉

10. 多少のいたずらはしかたありませんよ。子供ですもの。
다소의 장난은 어쩔 수 없어요. 아이이니까.

10. ～もの : ～이니까〈원인 · 이유 = から〉

11. 子供を結婚させる親の気持ちには、複雑なものがある。
아이를 결혼시키는 부모의 마음에는 복잡한 것이 있다.

11. ～ものがある : ～ 것이 있다〈사실로 느껴진다. 인정된다〉

12. 疲れていたもので、そのまま寝てしまいました。

피곤했기 때문에 그대로 자 버렸습니다.

父が病気なものだから、私が代わりにうかがいました。

아버지가 아프기 때문에 제가 대신해서 방문했습니다.

13. ちょっと気をつければいいものを、不注意だからミスをするのです。

조금 주의를 하면 좋을 텐데 부주의하니까 실수를 하는 것입니다.

14. あの人が親切なもんか。

저 사람이 친절할까 보냐.

15. 若いときは、寝不足をものともせずに勉強したものだ。

젊을 때에는 수면 부족을 아랑곳하지 않고 공부하곤 했다.

16. 私はいつか世界一週旅行をしたいものだと思っていた。

나는 언젠가 세계일주 여행을 하고 싶다고 생각했다.

12. 〜もので/〜ものだから : 〜이므로〈개인적 변명〉

13. 〜ものを : 〜할 것을, 〜인데〈불만, 후회, 유감스러운 기분 등을 나타낸다〉

14. 〜もんか/〜ものか : (어찌) 〜할 것인가, 절대 〜하지 않는다 = 決して 〜ない

15. 〜をものともせずに : 〜을 아랑곳 하지 않고〈장애가 되는 것 같은 것을 극복해서 뭔가를 행하는 것〉

16. 〜たいものだ : 〜하고 싶다〈강한 희망〉

03 はず

02-01-02/3

1. 今日は日曜日だから、どこも休みのはずです。

오늘은 일요일이니까 어느 곳이라도 휴일일 것입니다.

2. 彼女はイギリスに住んでいたのか。

그녀는 영국에서 살았던 거야?

道理で英語がうまいはずだ。

어쩐지 영어를 잘할 만하군.

3. 今日はテニスをするはずだった。

오늘은 테니스를 할 예정이었다.

4. 彼女は来るはずがない。

= 彼女は来ないはずだ。 그녀는 올 리가 없다.

1. 당연한 예측 · 기대〈확신적이라고는 말할 수 없지만, 지금까지의 사정을 기초로 해서 추론한 주체적인 판단이라고 말할 수 있다.〉

2. 납득 · 의문의 해결(＝わけだ) ; 그러한 게 당연하다

3. 예정

4. 이유 · 원인 부정의 표현

• 〜はずがない : 〜할 리가 없다〈부정의 의미가 「〜ないはずだ」보다도 강함

はずの 접속 표현

품사	접속 형태	예
명사	の+はずだ	学生のはずだ。 학생인 것이다.
동사	기본형+はずだ	来るはずだ。 올 것이다.
い형용사	기본형+はずだ	さむいはずだ。 추울 것이다.
な형용사	명사수식형(な)+はずだ	きれいなはずだ。 아름다울 것이다.
기타	た+はずだ	彼女は会社を出たはずだ。 그녀는 회사를 나왔을 것이다.

04 わけ

해설

1. 欠席_{けっせき}したわけを話_{はな}しなさい。

결석한 이유를 말하세요.

   1. 이유 · 사정

2. この言葉_{ことば}のわけがわからない。

이 말의 의미를 모르겠다.

   2. 의미

3. 昨日_{きのう}は、よく寝_ねられたから、今日_{きょう}は元気_{げんき}なわけだ。

어제는 잘 잤기 때문에 오늘은 기운이 있는 것이다.

   3. 당연〈이유가 있기 때문에 그렇게 되는 것은 당연하다〉

4. 一人_{ひとり}8万円_{まんえん}、つまり3人_{にん}で20万円強_{まんえんきょう}かかるわけです。

한 사람에 8만 엔, 즉 3명이 20만 엔 넘게 드는 것입니다.

   4. 설명

5. そんな計画_{けいかく}でこの仕事_{しごと}が成功_{せいこう}するわけがない。

그런 계획으로 이 일이 성공할 리가 없다.

   5. ～わけがない : ～일 리가 없다〈말하는 사람의 주관적 판단〉

6. 私_{わたし}の部屋_{へや}は本_{ほん}で埋_うまっているが、全部読_{ぜんぶよ}んだわけではない。

나의 방은 책으로 메워져 있지만 전부 읽은 것은 아니다.

   6. ～わけではない : ～인 것은 아니다〈상대가 당연하다고 생각하고 있는 것에 대해 부정하는 경우〉

7. 今日は忙しいので、遊んでいるわけにはいかない。

오늘은 바쁘기 때문에 놀고 있을 수는 없다.

8. 先輩に飲めと言われたら、飲まないわけにはいかない。

선배가 마시라고 하면 마셔야만 한다.

7. 〜わけにはいかない : 〜할 수 없다(「그렇게 하는 것은 불가능하다」라는 의미. 단순히 「〜할 수 없다」라는 의미가 아니라 '일반상식이나 사회적인 통념, 도덕적·윤리적 금지 때문에 할 수 없다'라는 의미〉

8. 〜ないわけにはいかない : 〜하지 않으면 안 된다

05 ばかり

02-01-02/4

1. 3分ばかり待つとバスが来ました。

3분 정도 기다렸더니 버스가 왔습니다.

2. マンガばかり読んでいる。

만화만 읽고 있다.

3. お金がないばかりに馬鹿にされた。

돈이 없는 탓에 바보 취급을 당했다.

4. 今、出発したばかりです。

지금 막 출발했습니다.

5. 今にも泣かんばかりの顔で頼むので、しかたなく引き受けた。

금방이라도 울 듯한 얼굴로 부탁하니까 어쩔 수 없이 떠맡았다.

6. 遊んでばかりいないで、勉強しなさい。

놀지만 말고 공부하세요.

7. 今度ばかりは驚いた。

이번만큼은 놀랐다.

8. 会社の同僚ばかりか家族までが私を信用していない。

회사의 동료뿐 아니라 가족까지가 나를 신뢰하고 있지 않다.

1. 수량 + ばかり : 대강의 분량〈정도〉

2. 명사 + ばかり : (오로지) 〜만, 〜뿐〈반복〉

3. 〜ばかりに : 〜한 바람에, 〜한 탓에〈원인·이유〉

4. 〜(た)ばかり : 막 〜한〈시점(직후·완료)〉

5. 〜ん[ぬ]ばかりの[に] : 금방이라도 〜할 듯한

6. 〜て[で]ばかりいる : 〜하고만 있다

7. 한정(= だけ)

8. 〜ばかりか…も[まで] : 〜뿐만 아니라〈지금보다 더 심한 것이 추가〉

9. 英語ばかりでなく、ドイツ語も分かります。

영어뿐만 아니라 독일어도 압니다.

10. 数学も英語も学校を出てからは、忘れていくばかりだ。

수학도 영어도 학교를 나와서부터는 잊혀가기만 한다.

9. ～ばかりでなく～も : ～뿐만 아니라〈그 범위가 그 외에도 널리 미침〉

10. ～ばかりだ : 계속 ～일 뿐이다〈부정적인 방향으로의 진행. 「～する一方だ」와 바꿔 쓸 수 있다〉

06 ところ

1. 今から、食事をするところです。

지금부터 식사를 하려고 합니다.

2. 今、食事をしているところです。

지금 식사를 하고 있는 중입니다.

3. 今、食事をしたところです。

지금 막 식사를 했습니다.

4. 出掛けようとしたところに電話がかかってきました。

외출하려고 할 때 전화가 걸려 왔습니다.

5. 私の聞いたところではあの人は結婚していない。

내가 들은 바로는 저 사람은 결혼하지 않았다.

6. 会社が倒産したところへ病気になってしまった。

회사가 도산했을 때 병이 나 버렸다.

7. 薬を飲んだところで、すぐに治らないだろう。

약을 먹어도 금방 낫지 않을 것이다.

8. お忙しいところを申し訳ありませんが、ちょっとお邪魔いたします。

바쁘신데 죄송합니다만 좀 실례하겠습니다.

9. 本人に確かめたところ、全然知らないということだった。

본인에게 확인해 봤더니 전혀 모른다는 것이었다.

1. 직전 ; ～하려던 참

2. 진행 중 ; ～하고 있는 중

3. 직후 ; 막 ～하다

4. 시간·때

5. 전문의 범위·정보원의 한정

6. 상황의 누가(累加)
   *누가(累加) : 자꾸 보태어 나감.

7. 역접 ; ～한들, ～한다 해도

8. 상황

9. ～たところ(が) : ～한 결과, ～하였더니

10. 天気（てんき）がよくなる**どころか**、大雨（おおあめ）が降（ふ）り出（だ）した。
날씨가 좋아지기는커녕 많은 비가 내리기 시작했다.

11. 忙（いそが）しくて旅行（りょこう）**どころではない**。 바빠서 여행 갈 상황이 아니다.

12. もう少（すこ）しで 道（みち）で 転（ころ）ぶ**ところだった**。
하마터면 길에서 넘어질 뻔했다.

07 つもり

1. 来年（らいねん）は大学（だいがく）へ行（い）く**つもり**です。
내년은 대학에 갈 예정입니다.

2. 今（いま）すぐ行（い）く**つもりはない**が、今（いま）のうちにフランスのこ
とを勉強（べんきょう）しておきたい。
지금 바로 갈 생각은 없지만 당분간 프랑스에 관한 것을 공부해 두고 싶다.

3. 今年（ことし）は必（かなら）ず合格（ごうかく）する**つもりで**必死（ひっし）で勉強（べんきょう）した。
올해는 반드시 합격할 각오로 필사적으로 공부했다.

4. 死（し）んだ**つもりで**頑張（がんば）ればできないことはない。
죽을 각오로 분발하면 할 수 없는 것은 없다.

5. 気（き）はまだまだ若（わか）い**つもりだ**。
아직 나이에 비해 마음이 젊다.

6. よく調（しら）べて書（か）いた**つもりですが**、まだ間違（まちが）いがあるか
もしれません。
잘 조사해서 썼습니다만 아직 실수가 있을지도 모릅니다.

08 ため・ために / せい・せいで / おかげで

1. 私（わたし）は日本語（にほんご）を勉強（べんきょう）する**ために**日本（にほん）に来（き）ました。
나는 일본어를 공부하기 위해서 일본에 왔습니다.

2. 台風接近のために、学校は休校になりました。

태풍 접근 때문에 학교는 휴교하게 되었습니다.

3. 食欲がないのは暑さのせいです。

식욕이 없는 것은 더위 탓입니다.

4. 母が家にいてくれるおかげで、安心して仕事ができます。

어머니가 집에 있어 준 덕분에 안심하고 일을 할 수 있습니다.

09 まま

1. くつを履いたまま上がってはいけない。

구두를 신은 채로 들어가서는 안 된다.

2. 野菜は生のまま食べる方が栄養があるんですよ。

야채는 생으로 먹는 쪽이 영양이 있습니다.

3. テレビをつけたまま眠っています。

텔레비전을 켠 채 자고 있습니다.

10 こと / もの / の

1. 目覚まし時計が鳴ったのが聞こえませんでした。

자명종이 울린 것이 들리지 않았습니다.

2. 転校するということは他の学校にせきを移すということです。

전학한다는 것은 다른 학교로 옮긴다는 것입니다.

3. 彼女がここへ来たのは四日です。八日ではありません。

그녀가 여기에 온 것은 4일입니다. 8일이 아닙니다.

4. 私がここに来たのは、彼女に会うためである。

내가 여기에 온 것은 그녀를 만나기 위함이다.

5. どんなものを買いましたか。

어떤 것을 샀습니까?

去年一番楽しかったことは何ですか。

작년에 가장 즐거웠던 일은 무엇입니까?

11 ～うちに / ～ないうちに

🎧 02-01-02/6

1. 若いうちに、いろいろ経験した方がいい。

젊을 동안에 여러 가지 경험하는 편이 좋다.

2. 冷めないうちに、どうぞ召し上がってください。

식기 전에 어서 드세요.

12 ～とおり(に) / ～どおり(に)

1. 本の説明書どおりに、作ってみました。

책 설명서대로 만들어 봤습니다.

2. 本物のとおりに真似て作る。

진짜대로 모방해서 만들다.

3. 説明したとおりにやってください。 설명한 대로 해 주세요.

考えどおり 생각대로　　希望どおり 희망대로

計画どおり 계획대로　　指示どおり 지시대로

予定どおり 예정대로　　予想どおり 예상대로

13 たびに

1. この写真を見るたびに、昔のことが思い出される。

이 사진을 볼 때마다 옛날의 일이 생각난다.

2. 旅行のたびに、おみやげを買います。

여행할 때마다 선물을 삽니다.

14 方(かた)

1. あの方に道を聞かれました。 저 분이 길을 물었습니다.

2. 漢字の書き方を教えてください。

한자 쓰는 법을 가르쳐 주세요.

読み方 읽는 방법　　食べ方 먹는 방법　　考え方 생각하는 방법

15 ふり / ぶり

1. 5年ぶりにパリに行くことになった。

5년 만에 파리에 가게 되었다.

2. わかっているくせに、わからないようなふりをする。

알고 있는 주제에 모르는 체한다.

3. 留学生の生活ぶりを調査する。

유학생의 생활 모습을 조사하다.

1. 私のこと**など**どうぞご心配なく。

   제 일은 부디 걱정하지 마세요.

2. 金**など**あっても何の解決にもなりません。

   돈 따위는 있어도 아무런 해결이 되지 않습니다.

3. こんな日に山**など**に行って怪我をしたら、どうするんですか。

   이런 날에 산 따위에 가서 다치면 어떻게 합니까?

해설

1. 겸손〈자신 또는 자신에 속하는 것에 관해서 비하하는 느낌을 나타냄〉

2. 경멸

3. 강조

③ 명사의 구성

02-01-03

1 복합명사(複合名詞)

① 명사 + 명사

山道 산길   本箱 책장

② 같은 명사가 겹친 것

人々 사람들   国々 나라들   われわれ 우리들   方々 여러분   時々 그때그때

③ 동사의 명사형 + 명사

出口 출구   食べ物 음식   忘れ物 잊은 물건

④ い형용사 어간 + 명사

近道 지름길   弱虫 겁쟁이   重荷 무거운 짐   長靴 장화

⑤ 명사 + 동사의 명사형

水遊び 물놀이   花見 꽃구경   昼寝 낮잠   人出 인파

⑥ 동사의 명사형 + 동사의 명사형

食べ過ぎ 과식   飲み過ぎ 과음   受け持ち 담임   聞き取り 듣기

⑦ い형용사 어간 + 동사의 명사형

早起き 일찍 일어남　安売り 염가판매　高跳び 높이뛰기

⑧ 명사 + い형용사 어간

気短 성급함　手近 가까움　日長 긴 낮　意地悪 심술궂음

⑨ い형용사 어간 + い형용사 어간

白黒 흑백　遠浅 멀리까지 얕음　細長 홀쭉함

⑩ 명사 + 조사 + 명사

茶の間 거실　竹の子 죽순　奥の手 비결

2 접두어(接頭語)·접미어(接尾語)가 붙은 명사

(1) 접두어가 붙은 명사

접두어	예
お~	お茶 차　お天気 날씨　お金 돈　お弁当 도시락　お米 쌀
ご~	ご飯 밥　ご意見 의견　ご案内 안내　ご苦労 수고　ご相談 상담
ま(真)~	真夏 한여름　真夜中 한밤중　真上 맨 위　真新しい 아주 새롭다 真向かい 정면　真心 진심
まっ(真っ)~	真っ赤 새빨감　真っ青 새파람　真っ黒 새까맘　真っ白 새하얌 真っ先 맨 앞　真っ直ぐ 똑바름
まん(真ん)~	真ん中 한가운데　真ん丸 완전히 둥근 것
す(素)~	素足 맨발　素手 맨손　素顔 맨얼굴　素肌 맨살　素っ裸 알몸
ぜん(前)~	前大統領 전대통령　前社長 전사장
とう(当)~	当社 당사　当銀行 당은행
もう(猛)~	猛暑 혹서　猛練習 맹연습
ちょう(張)~	張本人 장본인

(2) 접미어가 붙은 명사

접미어	예
~たち/ら ~들	私たち 우리들　　子供たち 아이들　　僕ら 우리들　　彼ら 그들
~さん/さま ~씨/~님	お父さん 아버지　　お月さま 달님　　お客さま 손님
~め(目) ~째	二番目 두 번째　　1時間目 1시간째
~ずつ ~씩	少しずつ 조금씩
~だらけ ~투성이	血だらけ 피투성이　　油だらけ 기름투성이　　泥だらけ 진흙투성이
~がてら ~할 겸	散歩がてら 산책할 겸　　遊びがてら 놀 겸
~おき/ごと(毎) ~마다	3時間おきに 3시간마다　　オリンピックは4年ごとに 올림픽은 4년마다
~ごと ~째	骨ごと食べる 뼈째 먹는다　　皮ごと食べる 껍질째 먹는다
~かけ ~도중	読みかけ 읽는 도중　　食べかけ 먹는 도중
~や(屋) ~가게	八百屋 채소가게　　本屋 서점　　果物屋 과일가게　　文房具屋 문방구점

3 전성명사

(1) 동사에서 전성된 명사

- 帰る 돌아가다 → 帰り 귀가
- 読む 읽다 → 読み 읽기
- 休む 쉬다 → 休み 휴식, 쉼
- 登る 오르다 → 登り 오르기
- 終わる 끝나다 → 終わり 끝, 마지막
- 考える 생각하다 → 考え 생각

(2) い형용사에서 전성된 명사

- 遠い 멀다 → 遠く 먼 곳
- 多い 많다 → 多く 대부분, 많음
- 近い 가깝다 → 近く 근처

(3) な형용사에서 전성된 명사

- 静かだ 조용하다 → 静かさ 조용함
- 爽やかだ 상쾌하다 → 爽やかさ 상쾌함
- 便利だ 편리하다 → 便利さ 편리함
- 豊富だ 풍부하다 → 豊富さ 풍부함

(4) い형용사 · な형용사 어간에 접미어 「さ、み、げ」가 붙어서 전성된 명사

① さ : 속성 · 척도 · 정도를 나타내는 명사를 만든다.

[속성]

- 青い 푸르다 → 青さ 푸름
- 甘い 달다 → 甘さ 단맛
- 悲しい 슬프다 → 悲しさ 슬픔
- 静かだ 조용하다 → 静かさ 조용함

[척도, 정도]

- 長い 길다 → 長さ 길이
- 高い 높다 → 高さ 높이
- 大きい 크다 → 大きさ 크기
- 重い 무겁다 → 重さ 무게
- 広い 넓다 → 広さ 넓이
- 深い 깊다 → 深さ 깊이

② み : (감각 · 감정 · 모습 · 색 · 맛) 등의 인상이나 특징을 나타내는 명사를 만든다.

- 青い 푸르다 → 青み 푸른빛
- 暖かい 따뜻하다 → 暖かみ 따스함
- 新鮮だ 신선하다 → 新鮮み 신선함
- 深い 깊다 → 深み 깊은 멋
- 弱い 약하다 → 弱み 약점
- 甘い 달다 → 甘み 단맛, 무름
- 重い 무겁다 → 重み 중후함

③ げ : 대부분 い형용사 · な형용사 어간에 붙어 な형용사를 만들며, 외부에서 보는 추측을 나타낸다. (조금 ~듯한 모습이다)

- 悲しい 슬프다 → 悲しげだ 슬픈 듯하다 (= 悲しそうだ)
- 不安だ 불안하다 → 不安げだ 불안한 듯하다 (= 不安そうだ)

---

check 中(じゅう、ちゅう)

① ～じゅう ~동안 내내, 온통, 도처에

一日中 하루 종일　　一年中 일 년 내내　　家中 온 집안　　体中 몸 전체　　世界中 전 세계

② ～ちゅう ~사이의, ~도중, ~안

今週中 금주 안　　来月中 다음달 안　　会議中 회의 도중　　仕事中 일하는 도중

勉強中 공부하는 도중

☞ 「今週中」「今月中」의 「中」은 어느 쪽을 읽어도 좋다.　　四六時中(しろくじちゅう) : 하루 종일

1자 한자어(시간·계절)

朝 ^{あさ} 아침	昼 ^{ひる} 낮	晩 ^{ばん} 저녁	夜 ^{よる} 밤	暁 ^{あかつき} 새벽	夕べ ^{ゆう} 저녁
宵 ^{よい} 밤	闇 ^{やみ} 어둠	春 ^{はる} 봄	夏 ^{なつ} 여름	秋 ^{あき} 가을	冬 ^{ふゆ} 겨울
古 ^{いにしえ} 옛날	今 ^{いま} 지금	暦 ^{こよみ} 달력	齢 ^{よわい} 연령	暇 ^{ひま} 여유	昔 ^{むかし} 옛날
先 ^{さき} 먼저	後 ^{あと} 뒤(시간적)	半ば ^{なか} 반(절반)	年 ^{とし} 나이	初め ^{はじ} 처음	日 ^ひ 해, 날

1자 한자어(자연)

月 ^{つき} 달	木 ^き 나무	山 ^{やま} 산	石 ^{いし} 돌	風 ^{かぜ} 바람	雨 ^{あめ} 비
雪 ^{ゆき} 눈	海 ^{うみ} 바다	花 ^{はな} 꽃	雲 ^{くも} 구름	空 ^{そら} 하늘	水 ^{みず} 물
池 ^{いけ} 연못	砂 ^{すな} 모래	森 ^{もり} 숲	林 ^{はやし} 숲	幹 ^{みき} 줄기	根 ^ね 뿌리
草 ^{くさ} 풀	茎 ^{くき} 줄기	竿 ^{さお} 장대	苗 ^{なえ} 모종	枝 ^{えだ} 가지	種 ^{たね} 씨앗
峰 ^{みね} 산봉우리	葉 ^は 잎	穂 ^ほ 이삭	蕾 ^{つぼみ} 꽃봉오리	岸 ^{きし} 물가	岩 ^{いわ} 바위
崖 ^{がけ} 벼랑	島 ^{しま} 섬	土 ^{つち} 흙	潟 ^{かた} 개펄	嵐 ^{あらし} 폭풍우	雷 ^{かみなり} 번개
丘 ^{おか} 언덕	岳 ^{たけ} 높은 산	沖 ^{おき} 앞 바다	岬 ^{みさき} 갑	渦 ^{うず} 소용돌이	滝 ^{たき} 폭포
浦 ^{うら} 포구	谷 ^{たに} 계곡	溝 ^{みぞ} 도랑	波 ^{なみ} 파도	浜 ^{はま} 바닷가	渚 ^{なぎさ} 물가
湖 ^{みずうみ} 호수	港 ^{みなと} 항구	泉 ^{いずみ} 샘	沼 ^{ぬま} 늪	塚 ^{つか} 무덤	墓 ^{はか} 무덤
泥 ^{どろ} 진흙	峠 ^{とうげ} 고개	垣 ^{かき} 울타리	滴 ^{しずく} 물방울	潮 ^{しお} 조수	竹 ^{たけ} 대나무
霜 ^{しも} 서리	露 ^{つゆ} 이슬	霧 ^{きり} 안개	霰 ^{あられ} 싸라기눈	陰 ^{かげ} 그늘	星 ^{ほし} 별
畑 ^{はたけ} 밭	虹 ^{にじ} 무지개	桜 ^{さくら} 벚꽃	趣 ^{おもむき} 정취	坂 ^{さか} 언덕	光 ^{ひかり} 빛

1자 한자어(사람·신체)

体 ^{からだ} 몸	裸 ^{はだか} 알몸	骨 ^{ほね} 뼈	髪 ^{かみ} 머리카락	頭 ^{あたま} 머리	顔 ^{かお} 얼굴
額 ^{ひたい} 이마	眉 ^{まゆ} 눈썹	目 ^め 눈	瞳 ^{ひとみ} 눈동자	耳 ^{みみ} 귀	鼻 ^{はな} 코
口 ^{くち} 입	唇 ^{くちびる} 입술	歯 ^は 이	舌 ^{した} 혀	顎 ^{あご} 턱	首 ^{くび} 목
喉 ^{のど} 목구멍	肩 ^{かた} 어깨	脇 ^{わき} 겨드랑이	胸 ^{むね} 가슴	肝 ^{きも} 간	肺 ^{はい} 폐
手 ^て 손	腕 ^{うで} 팔	肘 ^{ひじ} 팔꿈치	拳 ^{こぶし} 주먹	指 ^{ゆび} 손[발]가락	爪 ^{つめ} 손톱, 발톱
腰 ^{こし} 허리	尻 ^{しり} 엉덩이	股 ^{また} 가랑이	股 ^{もも} 허벅다리	膝 ^{ひざ} 무릎	足 ^{あし} 다리
踵 ^{かかと} 발뒤꿈치	毛 ^け 털	唾 ^{つば} 침	涙 ^{なみだ} 눈물	汗 ^{あせ} 땀	肌 ^{はだ} 피부

| ちから 力 힘 | こころ 心 마음 | ち 血 피 | きず 傷 상처 | いき 息 숨 | いのち 命 생명 |
| せ 背 키 | ひと 人 사람 | あぶら 脂 지방 | くせ 癖 버릇 | うそ 嘘 거짓말 | そで 袖 소매 |

1자 한자어(그 외)

かしら 頭 두목	つばさ 翼 날개	お 尾 꼬리	けもの 獣 짐승	たましい 魂 혼	しつけ 躾 예절
つの 角 뿔	かわ 革 가죽	しあわ 幸せ 행복	ふところ 懐 품	つえ 杖 지팡이	かたまり 塊 덩어리
みなもと 源 원천	かべ 壁 벽	のき 軒 처마	かて 糧 양식	こつ 骨 요령	はり 針 침
わた 綿 솜	きぬ 絹 비단	たまご 卵 알	かがみ 鏡 거울	あわ 泡 거품	くら 倉 창고
たま 珠 구슬	おおやけ 公 관청	ほのお 炎 불길	ふだ 札 표	すみ 炭 숯	はこ 箱 상자
へん 辺 부근	みせ 店 가게	たび 旅 여행	ゆえ 故 이유	えり 襟 옷깃	から 殻 껍질
しろ 城 성	え 絵 그림	さかずき 杯 술잔	たば 束 다발	はしら 柱 기둥	むね 旨 취지
たぐい 類 유례	とびら 扉 문짝	はじ 恥 수치	わらべ 童 아동	わく 枠 테	わざ 技 기술
おび 帯 띠	つづみ 鼓 북	てら 寺 절	あかし 証 증거	しな 品 물건	うつわ 器 그릇
こな 粉 가루	まと 的 표적, 과녁	ゆみ 弓 활	つるぎ 剣 검	あな 穴 구멍	しるし 印 표시
さら 皿 접시	まつ 祭り 축제	くさり 鎖 쇠사슬	なまり 鉛 납	うし 牛 소	つみ 罪 죄
ふで 筆 붓	ふね 船 배	みやこ 都 수도	かみ 神 신	かみ 紙 종이	すべ 術 방법
くつ 靴 구두	かぶ 株 주식	わざわ 災い 재앙	いろ 色 색	ふち 縁 테두리	みずか 自ら 스스로
いきお 勢い 기세	うわさ 噂 소문	まぼろし 幻 환상	つくえ 机 책상	うた 歌 노래	まち 街 거리
からす 烏 까마귀	ゆ 湯 뜨거운 물	はい 灰 재	さけ 酒 술	いと 糸 실	しお 塩 소금
むし 虫 벌레	まど 窓 창문	はた 旗 깃발	はし 橋 다리	むれ 群 무리	あい 愛 사랑
は 果て 끝	おと 音 소리	こえ 声 소리	さかな 魚 생선	や 矢 화살	さかい 境 경계
いた 板 판자	つぶ 粒 낱알	すえ 末 끝	ゆか 床 마루	ゆめ 夢 꿈	にわ 庭 정원
いぬ 犬 개	ねこ 猫 고양이	むら 村 마을	えさ 餌 먹이	やまい 病 병	ぬの 布 피륙
と 戸 문	たよ 便り 소식	なべ 鍋 냄비	たて 盾 방패	みどり 緑 녹색	いしずえ 礎 초석

2자 한자어(훈독)

あいだがら 間柄 관계	おもかげ 面影 모습	てがみ 手紙 편지	ひづけ 日付 날짜	あいま 合間 틈	おなどし 同い年 동갑
てぎわ 手際 솜씨	ひとで 人手 일손	あいず 合図 신호	おちば 落ち葉 낙엽	てぐち 手口 수법	ひより 日和 좋은 날씨
あまぐ 雨具 비옷	おもいで 思い出 추억	てごろ 手頃 알맞음	ひとがら 人柄 인품	かたみ 形見 유물	てがる 手軽 손쉬움

ひなた 日向 양달	あらすじ 粗筋 줄거리	かなた 彼方 저편	でぐち 出口 출구	ひとじち 人質 인질	あかじ 赤字 적자
かんづめ 缶詰 통조림	てじな 手品 마술	ひとかげ 人影 그림자	あいて 相手 상대	かきとめ 書留 등기	てすう 手数 수고
ほんね 本音 본심	あまど 雨戸 덧문	かぶしき 株式 주식	てま 手間 수고	まぎわ 間際 바로 직전	あとまわし 後回し 뒤로 미룸
かって 勝手 부엌	でまえ 出前 배달 음식	みかた 味方 아군	いしがき 石垣 돌담	かねもち 金持ち 부자	ておくれ 手遅れ 때늦음
みがら 身柄 분수	きだて 気立 마음씨	といき 吐息 한숨	みずぎ 水着 수영복	いとぐち 糸口 실마리	きって 切手 우표
とこや 床屋 이발소	みぶん 身分 신분	いなか 田舎 시골	ききめ 効き目 효과	とりえ 取柄 장점	みほん 見本 견본
いりぐち 入口 입구	くろじ 黒字 적자	どろぼう 泥棒 도둑	みだし 見出し 표제	いわけ 言い訳 변명	ここち 心地 기분
どて 土手 제방	めど 目処 목표	いえで 家出 가출	ことがら 事柄 사항	とんや 問屋 도매상	めも 目盛り 눈금
いま 居間 거실	さしず 指図 지시	ながい 長居 오래 머묾	めやす 目安 기준	うえき 植木 정원수	しごと 仕事 일
なかま 仲間 동료	ゆびわ 指輪 반지	うけつけ 受付 접수	したぎ 下着 속옷	なごり 名残 흔적	やくめ 役目 역할
えたい 得体 정체	しなもの 品物 물건	なふだ 名札 명찰	やね 屋根 지붕	うちわ 内輪 내부사람	じみち 地道 착실함
なみき 並木 가로수	よわむし 弱虫 겁쟁이	うでまえ 腕前 솜씨	しょもつ 書物 서적	なまえ 名前 이름	よなか 夜中 한밤중
うけもち 受け持ち 담당자	しわざ 仕業 소행	ねうち 値打 값	よのなか 世の中 세상	うわき 浮気 변덕, 바람기	すきま 隙間 틈
なかみ 中身 내용	りょうがえ 両替 환전	えもの 獲物 사냥감	せびろ 背広 양복	はなび 花火 불꽃놀이	るす 留守 부재
えがお 笑顔 웃는 얼굴	たてまえ 建前 겉치레	はめ 羽目 처지	わるぎ 悪気 악의	えんがわ 縁側 마루	だめ 駄目 안됨
ばんぐみ 番組 프로그램	わるくち 悪口 욕	おおて 大手 대기업	たちば 立場 입장	ばあい 場合 경우	わりあい 割合 비율
おおはば 大幅 큰 폭	てあて 手当て 수당	ひごろ 日頃 평소	わりびき 割引 할인	かたみち 片道 편도	くだもの 果物 과일

2자 한자어(음득)

あっせん 斡旋 알선	かんじん 肝心 중요	けいたい 携帯 휴대	さよう 作用 작용	あっとう 圧倒 압도	かんぜい 関税 관세
けつだん 決断 결단	しか 歯科 치과	いけん 意見 의견	かんせん 感染 간염	けんい 権威 권위	しき 指揮 지휘
いしょう 衣装 의상	かんぺき 完璧 완벽	げんしょう 減少 감소	じぎょう 事業 사업	いと 意図 의도	かんべん 勘弁 용서함
けいい 経緯 경위	しきん 資金 자금	いよく 意欲 의욕	かんよう 慣用 관용	こうかい 後悔 후회	じこ 自己 자기
いんきょ 隠居 은거	かんらん 観覧 관람	こうぎ 抗議 강의	しこう 思考 사고	うんちん 運賃 운임	かんわ 緩和 완화
こうさく 耕作 경작	しじ 支持 지지	えいせい 衛星 위성	きかく 企画 기획	こうざん 鉱山 광산	しせつ 施設 시설
えんがん 沿岸 연안	きかく 規格 규격	こうしょう 交渉 교섭	じっせん 実践 실전	えんきょく 婉曲 완곡	きき 危機 위기
こうすい 降水 강수	してき 指摘 지적	えんだん 縁談 혼담	きせい 規制 규제	こうずい 洪水 홍수	しぼう 志望 지망
おうきゅう 応急 응급	ぎせい 犠牲 희생	こうちょう 好調 호조	しや 視野 시야	おうぼ 応募 응모	ぎぞう 偽造 위조
こうふん 興奮 흥분	しゅうえき 収益 수익	がいとう 街頭 가두	きはん 規範 규범	こうみょう 巧妙 교묘	じゅうじつ 充実 충실

格差 격차	起伏 기복	誤差 오차	修飾 수식	拡散 확산	規模 규모
戸籍 호적	柔軟 유연	革新 혁신	窮屈 비좁음	誇張 과장	収容 수용
確保 확보	救済 구제	孤独 고독	修行 수행	革命 혁명	境遇 경우
雇用 고용	出費 지출	河川 하천	業績 업적	根拠 근거	首脳 수뇌
課題 과제	拒絶 거절	再会 재회	生涯 생애	合致 합치	極端 극단
採決 채결	衝撃 충격	活発 활발	漁船 어선	採択 채택	証言 증언
合併 합병	疑惑 의혹	栽培 재배	証拠 증거	貨幣 화폐	緊急 긴급
細胞 세포	照合 조합	過密 과밀	均衡 균형	採用 채용	詳細 상세
看護 간호	警戒 경계	削減 삭감	上昇 상승	慣習 관습	契機 계기
錯誤 착오	情勢 정세	干渉 간섭	掲載 게재	錯覚 착각	消息 소식
承諾 승낙	体験 체험	廃止 폐지	募金 모금	照明 조명	大胆 대담
排除 배제	保護 보호	勝利 승리	妥協 타협	配布 배포	保守 보수
処置 처치	多様 다양	敗北 패배	保障 보장	人材 인재	探検 탐험
配慮 배려	発作 발작	神秘 신비	着手 착수	万能 만능	名誉 명예
侵略 침략	着陸 착륙	氾濫 범람	明瞭 명료	診療 진료	忠告 충고
反発 반발	模範 모범	趣旨 취지	挑戦 도전	敏感 민감	模倣 모방
推測 추측	賃金 임금	頻繁 빈번	優越 우월	政策 정책	伝言 전언
復活 부활	有力 유력	走行 주행	提携 제휴	沸騰 끓어오름	要因 요인
総合 종합	倒産 도산	閉鎖 폐쇄	養成 양성	創作 창작	投資 투자
偏見 편견	余暇 여가	措置 조치	土台 토대	返答 응답	予想 예상
素朴 소박	特許 특허	防衛 방위	窒息 질식	損失 손실	任務 임무
妨害 방해	冷淡 냉담	待遇 대우	把握 파악	方策 방책	論理 논리

3자 한자어

感無量 감개무량	取引先 거래처	市役所 시청	朝寝坊 늦잠
終止符 종지부	血液型 혈액형	平社員 평사원	出来事 사건
青二才 풋내기	不器用 서투름	喫茶店 찻집	二枚目 미남자
副作用 부작용	出入口 출입구	赤裸裸 적나라	売上高 매상고
一大事 중대한 일	猪口才 주제넘음	後始末 뒤처리	大黒柱 중심 인물

未曾有 (みぞう) 미증유	間一髪 (かんいっぱつ) 간발의 차	世間話 (せけんばなし) 세상 이야기	湯加減 (ゆかげん) 적당한 온도
八百屋 (やおや) 야채가게	役不足 (やくぶそく) 맡은 직책이 하찮음	調子者 (ちょうしもの) 경박한 사람	理不尽 (りふじん) 불합리
手加減 (てかげん) 적당히 처리함	醍醐味 (だいごみ) 사물의 참맛	太鼓判 (たいこばん) 확실한 보증	引出物 (ひきでもの) 답례품
有頂天 (うちょうてん) 기뻐 어쩔 줄 모름	几帳面 (きちょうめん) 꼼꼼한 모양	勝手口 (かってぐち) 부엌문	一目散 (いちもくさん) 쏜살같음
幼馴染 (おさななじみ) 소꿉친구	花粉症 (かふんしょう) 화분증	生半可 (なまはんか) 어중간함	意気地 (いくじ) 패기, 기개
瀬戸際 (せとぎわ) 승부의 갈림길	座布団 (ざぶとん) 방석	肝心要 (かんじんかなめ) 가장 중요한 것	手数料 (てすうりょう) 수수료
年月日 (ねんがっぴ) 년월일	正念場 (しょうねんば) 가장 중요한 장면	指南役 (しなんやく) 지도하는 역	十八番 (じゅうはちばん) 십팔번, 장기
八百長 (やおちょう) 엉터리 사기 시합	不気味 (ぶきみ) 어쩐지 기분 나쁨	長丁場 (ながちょうば) 시간이 오래 걸리는 일	不祥事 (ふしょうじ) 불상사
雰囲気 (ふんいき) 분위기	千秋楽 (せんしゅうらく) 공연의 가장 마지막 날	一人前 (いちにんまえ) 제 구실을 할 수 있게 됨	小児科 (しょうにか) 소아과

4자 한자어

雨天中止 (うてんちゅうし) 우천중지	横断歩道 (おうだんほどう) 횡단보도	三位一体 (さんみいったい) 삼위일체	行方不明 (ゆくえふめい) 행방불명
暗証番号 (あんしょうばんごう) 비밀번호	言語道断 (ごんごどうだん) 언어도단	自業自得 (じごうじとく) 자업자득	興味津々 (きょうみしんしん) 흥미진진
一目瞭然 (いちもくりょうぜん) 일목요연	馬耳東風 (ばじとうふう) 마이동풍	津津浦浦 (つつうらうら) 방방곡곡	試行錯誤 (しこうさくご) 시행착오
三日坊主 (みっかぼうず) 작심삼일	天気予報 (てんきよほう) 일기예보	阿鼻叫喚 (あびきょうかん) 아비규환	一期一会 (いちごいちえ) 일기일회
喜怒哀楽 (きどあいらく) 희로애락	単刀直入 (たんとうちょくにゅう) 단도직입	立入禁止 (たちいりきんし) 출입금지	東西南北 (とうざいなんぼく) 동서남북
思慮分別 (しりょふんべつ) 사려분별	一石二鳥 (いっせきにちょう) 일석이조	一喜一憂 (いっきいちゆう) 일희일비	四苦八苦 (しくはっく) 갖은 고생을 겪음
一挙両得 (いっきょりょうとく) 일거양득	一部始終 (いちぶしじゅう) 자초지종	四捨五入 (ししゃごにゅう) 반올림	二束三文 (にそくさんもん) 싸구려
危機一髪 (ききいっぱつ) 위기일발	自由奔放 (じゆうほんぽう) 자유분방	前代未聞 (ぜんだいみもん) 전대미문	賞味期限 (しょうみきげん) 유통기한
時期尚早 (じきしょうそう) 시기상조	曖昧模糊 (あいまいもこ) 애매모호	三寒四温 (さんかんしおん) 삼한사온	因果応報 (いんがおうほう) 인과응보
悪戦苦闘 (あくせんくとう) 악전고투	中途半端 (ちゅうとはんぱ) 어중간함	弱肉強食 (じゃくにくきょうしょく) 약육강식	暗中模索 (あんちゅうもさく) 암중모색
優柔不断 (ゆうじゅうふだん) 우유부단	主客転倒 (しゅかくてんとう) 주객전도	千差万別 (せんさばんべつ) 천차만별	自暴自棄 (じぼうじき) 자포자기
竜頭蛇尾 (りゅうとうだび) 용두사미	二者択一 (にしゃたくいつ) 양자택일	付和雷同 (ふわらいどう) 부화뇌동	森羅万象 (しんらばんしょう) 삼라만상
一触即発 (いっしょくそくはつ) 일촉즉발	内憂外患 (ないゆうがいかん) 내우내환	五里霧中 (ごりむちゅう) 오리무중	大同小異 (だいどうしょうい) 대동소이
唯々諾々 (いいだくだく) 유유낙낙	右往左往 (うおうさおう) 우왕좌왕	本末転倒 (ほんまつてんとう) 본말전도	油断大敵 (ゆだんたいてき) 방심은 금물

1. 大阪にいるのに、たこ焼きを食べた______がないなんて信じられません。

   (A) こと   (B) の   (C) もの   (D) わけ

2. 子どもの頃は、友達と毎日外で遊んだ______です。

   (A) こと   (B) もの   (C) わけ   (D) だけ

3. 転校してから______、娘はとても明るくなった。

   (A) というもの   (B) ともなると   (C) しだい   (D) といって

4. 彼女はあまり有名ではないが、音楽の才能には見るべき______。

   (A) はずである   (B) ものがある   (C) ことがある   (D) ほどである

5. そろそろ来る______なのですが。

   (A) とき   (B) べき   (C) はず   (D) わけ

6. あの犬は、いつも寝て______いる。

   (A) ところ   (B) ばかり   (C) だけ   (D) しか

7. 本日は、お忙しい______お越しいただき、誠にありがとうございます。

   (A) ところを   (B) ところに   (C) ところで   (D) ところか

8. 今日は家でケーキを作る______です。

   (A) つもり   (B) ところ   (C) とおり   (D) あいだ

9. この度、結婚する______になりましたので、ご報告いたします。

   (A) もの   (B) こと   (C) の   (D) ころ

10. 彼が行くと言っているのだから、あなたが行く______。

   (A) ことはない   (B) ことはある   (C) ことになる   (D) ことである

11. 驚いた＿＿＿＿＿、母校からオリンピック選手が誕生した。

   (A) ばかりか   (B) ことに   (C) ものか   (D) せいで

12. 今更彼を追いかけた＿＿＿＿＿、間に合うはずがない。

   (A) もので   (B) ばかりに   (C) ところで   (D) ことか

13. みんなが頑張ってくれた＿＿＿＿＿、成功した。

   (A) くせで   (B) おかげで   (C) うえで   (D) ためで

14. 部屋が暑かったので、玄関を＿＿＿＿＿ままにしていたら蚊がたくさん入ってきた。

   (A) あける   (B) あけた   (C) あけている   (D) あけて

15. 遠くで子どもが泣いている＿＿＿＿＿が聞こえます。

   (A) こと   (B) の   (C) わけ   (D) もの

16. なんだか風邪＿＿＿＿＿みたいだから、少し休もう。

   (A) ぎみ   (B) がち   (C) ぶり   (D) ぞい

17. 私が＿＿＿＿＿を送ったら始めてください。

   (A) 地図   (B) 合図   (C) 指図   (D) 図形

18. 彼女は笑っていたが、ちょっとさびし＿＿＿＿＿な笑顔だった。

   (A) よう   (B) げ   (C) みたい   (D) らしい

19. 「具合が悪いの。顔が＿＿＿＿＿だよ。」

   (A) 真っ青   (B) 真っ白   (C) 真っ黒   (D) 真っ暗

20. 犬の散歩＿＿＿＿＿、果物でも買いに行こう。

   (A) がてら   (B) につれて   (C) にともなって   (D) かたわら

[오문정정]

21. 生きんがためで、自分を犠牲にしてまでも、必死で働き続けた。
        A   B   C   D

22. 目を閉じるまま、このメロディーを聞いていると、あの時のことが思い出される。
   A   B   C   D

23. 他の生徒は、宿題が多いといつも文句を言っているが、田中くんはまったくそんなのはない。
      A   B   C   D

24. 彼の気にさわることを言ったばかりで、２０年来の親友を失ってしまった。
     A   B   C   D

25. 忘れん坊の彼のものだから、今日もまた宿題を忘れてくるんだろうなあ。
   A   B   C   D

제2장

い형용사 (2)

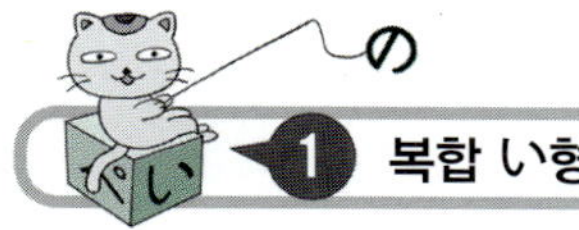

❶ 복합 い형용사

02-02-01

① 명사 + い형용사

名高い 유명하다   塩辛い 짜다   物寂しい 어쩐지 쓸쓸하다

② 동사의 명사형 + い형용사

見易い 잘 보이다   むし暑い 무덥다   考え深い 신중히 생각하다

③ い형용사 어간 + い형용사

狭苦しい 좁아서 답답하다   青白い 푸르스름하다   浅黒い (얼굴이) 거무스름하다

④ 같은 い형용사의 어간 + しい

弱々しい 연약하다   重々しい 중후하다   軽々しい 경솔하다

⑤ 접미어가 붙은 것

重たい 무겁다   男らしい 남자답다   おこがましい 어리석다   怒りっぽい 걸핏하면 성내다

⑥ 접두어가 붙은 것

小高い 조금 높다   容易い 손쉽다   か弱い 가냘프다   真新しい 아주 새롭다

❷ い형용사 어간의 용법

02-02-02

1 합성의 い형용사

① い형용사 어간 + 명사 → 명사

赤字 적자　黒字 흑자　近道 지름길　浅瀬 여울

② い형용사 어간 + 동사의 명사형 → 명사

安売り 염가판매　遠乗り 차를 타고 멀리까지 감　近回り 부근

③ 명사 + い형용사 어간 → 명사

気短 성급함　夜長 밤이 긺

④ い형용사 어간 + い형용사 → い형용사

青白い 푸르스름하다　細長い 가늘고 길다

⑤ い형용사 어간 + 동사 → 동사

高鳴る 크게 울려 퍼지다　長引く 지연되다　近寄る 다가오다

⑥ い형용사 어간 + 접미어 → 명사

高さ 높이　深み 깊이　甘み 단맛　悲しげ 슬픈 듯

⑦ い형용사 어간 + い형용사 어간 → 부사

近々 머잖아　軽々 가볍게

 어간만으로 문을 끝마침

① あっ、熱。 앗, 뜨거워.

② おお、寒。 오, 춥다.

③ ああ、うれし。 아, 기쁘다.

check　らしい

い형용사를 만드는 접미어「らしい」즉, 男らしい、女らしい、子供らしい는 이것과 형태는 완전히 같으나, 품사가 다른 경우가 있으니 주의를 요한다.

・もっと女らしい服が欲しい。 ← 女らしい는 い형용사

　좀더 여자다운 옷을 갖고 싶다.

・あそこにいるのは男ではなく女らしい。 ← 女らしい는「女(명사) + らしい(추량의 조동사)」

　저곳에 있는 사람은 남자가 아니고 여자인 것 같다.

☞ **구별법** – 부사「非常に 몹시」를 넣어서　┌ 의미가 통하면 い형용사,
　　　　　　　　　　　　　　　　　　　　└ 의미가 통하지 않으면「명사 + 조동사 らしい」

3 い형용사의 음편

い형용사의 연용형 「〜く」가 「ございます」└「存じます」에 이어질 때 「〜く」가 「〜う」로 변하는 현상이다.

- おもしろい　→ おもしろくございます
　　　　　　→ おもしろうございます 재미있습니다

1 음편의 종류

(1) 어간이 변하지 않는 것

① 良い　좋다

- ここのお役人様は礼儀が良うございます。

　여기의 공무원 분들은 예의가 좋습니다.

② 強い　세다

- 風がとても強うございます。

　바람이 매우 셉니다.

③ 悪い　나쁘다

- いつまでも寝ていてはお体に悪うございます。

　언제까지나 자고 있으면 몸에 나쁩니다.

(2) 어간의 일부가 변하는 것(あ음 → お음)

① ありがたい　고맙다

- ありがとうございます。고맙습니다.

② はやい　빠르다

- おはようございます。　안녕하세요.

③ おめでたい　경사스럽다

- おめでとうございます。축하합니다.

① 大きい 크다

- これよりあれが大きゅうございます。

  이것보다 저것이 큽니다.

② 楽しい 즐겁다

- 見学だけでも楽しゅうございます。

  견학만으로도 즐겁습니다.

③ 悲しい 슬프다

- お別れするのが悲しゅうございます。

  이별하는 것이 슬픕니다.

① い형용사 밑에 있는 「ない」는 い형용사, 동사 밑에 있는 「ない」는 조동사

- い형용사 – おいしくない 맛없다

  楽しくない 즐겁지 않다

- 조동사　– 食べない 먹지 않는다

  見ない 보지 않는다

② 사이에 「は·も」를 넣을 수가 있을 경우의 「ない」는 い형용사, 그렇지 않은 경우는 조동사

- い형용사 – 重くは[も]ない 무겁지는[도] 않다 – ○

  軽くは[も]ない 가볍지는[도] 않다 – ○

③ 부정조동사 「ぬ」로 바꾸어 쓸 수 있는 「ない」는 조동사, 그렇지 않은 경우는 い형용사

- 조동사　– 行かない 안 간다 (行かぬ – ○)

- い형용사 – おもしろくない 재미없다 (おもしろくぬ – ×)

3음절 い형용사

酷(ひど)い 심하다	凄(すご)い 굉장하다	欲(ほ)しい 갖고 싶다	辛(つら)い 괴롭다
くどい 장황하다	だるい 나른하다	狡(ずる)い 교활하다	でかい 크다
固(かた)い 딱딱하다	荒(あら)い 거칠다	清(きよ)い 맑다, 깨끗하다	痒(かゆ)い 가렵다
偉(えら)い 위대하다	憎(にく)い 밉다	惜(お)しい 아깝다	若(わか)い 젊다
臭(くさ)い 냄새나다	煙(けむ)い 냅다	鈍(のろ)い 둔하다	温(ぬる)い 미지근하다
鈍(にぶ)い 무디다	渋(しぶ)い 떫다	苦(にが)い 쓰다	痛(いた)い 아프다
甘(あま)い 달다	丸(まる)い 둥글다	怖(こわ)い 무섭다	眠(ねむ)い 졸립다

4음절 い형용사

乏(とぼ)しい 부족하다	嬉(うれ)しい 기쁘다	激(はげ)しい 심하다	容易(たやす)い 용이하다
空(むな)しい 공허하다	親(した)しい 친하다	悔(くや)しい 분하다	儚(はかな)い 허무하다
鋭(するど)い 날카롭다	正(ただ)しい 바르다	醜(みにく)い 츠하다	切(せつ)ない 안타깝다
怪(あや)しい 수상하다	しつこい 집요하다	寂(さび)しい 쓸쓸하다	平(ひら)たい 평평하다
楽(たの)しい 즐겁다	四角(しかく)い 네모지다	幼(おさな)い 어리다	少(すく)ない 적다
危(あぶ)ない 위험하다	優(やさ)しい 상냥하다	危(あや)うい 위태롭다	賢(かしこ)い 현명하다
詳(くわ)しい 상세하다	恋(こい)しい 그립다	重(おも)たい 무겁다	卑(いや)しい 천하다
尊(とうと)い 존엄하다	素早(すばや)い 재빠르다	貴(とうと)い 귀중하다	眩(まぶ)しい 눈부시다
煙(けむ)たい 거북하다	久(ひさ)しい 오래되다	つれない 야속하다	名高(なだか)い 유명하다
眠(ねむ)たい 졸리다	美味(おい)しい 맛있다	しぶとい 끈질기다	明(あか)るい 밝다
あくどい 악랄하다	かわいい 귀엽다	酸(す)っぱい 시큼하다, 시다	険(けわ)しい 험하다
貧(まず)しい 가난하다	涼(すず)しい 선선하다	等(ひと)しい 동등하다	冷(つめ)たい 차갑다
厳(きび)しい 엄하다	苦(くる)しい 괴롭다	汚(きたな)い 더럽다	分厚(ぶあつ)い 두껍다
根強(ねづよ)い 뿌리 깊다	図太(ずぶと)い 뻔뻔스럽다	わけない 간단하다	細(こま)かい 세심하다
小高(こだか)い 조금 높다	おかしい 이상하다	しんどい 피곤하다	りりしい 늠름하다

<table>
<tr><td colspan="3" align="center">5음절 い형용사</td></tr>
<tr><td>騒がしい 시끄럽다</td><td>新しい 새롭다</td><td>喧しい 시끄럽다</td></tr>
<tr><td>面白い 재밌다</td><td>姦しい 시끄럽다</td><td>恐ろしい 두렵다</td></tr>
<tr><td>好ましい 마음에 들다</td><td>悩ましい 괴롭다</td><td>情けない 한심하다</td></tr>
<tr><td>目覚しい 눈부시다</td><td>素っ気ない 무정하다</td><td>有り難い 고맙다</td></tr>
<tr><td>呆気ない 싱겁다</td><td>何気ない 아무렇지도 않다</td><td>忙しい 바쁘다</td></tr>
<tr><td>ややこしい 복잡하다</td><td>望ましい 바람직하다</td><td>ものすごい 굉장하다</td></tr>
<tr><td>勇ましい 용감하다</td><td>素晴らしい 훌륭하다</td><td>大人しい 얌전하다</td></tr>
<tr><td>いやらしい 불쾌감이 들다</td><td>潔い 미련없이 깨끗하다</td><td>懐かしい 그립다</td></tr>
<tr><td>相応しい 어울리다</td><td>快い 상쾌하다</td><td>恥ずかしい 부끄럽다</td></tr>
<tr><td>逞しい 늠름하다</td><td>生臭い 비린내가 나다</td><td>だらしない 단정하지 않다</td></tr>
<tr><td>くだらない 시시하다</td><td>恨めしい 원망스럽다</td><td>つまらない 시시하다</td></tr>
<tr><td>柔らかい 부드럽다</td><td>生温い 미지근하다</td><td>みずくさい 서먹하다</td></tr>
<tr><td>浅ましい 비참하다</td><td>すばしこい 잽싸다</td><td>青白い 푸르스름하다</td></tr>
<tr><td>薄暗い 어둑하다</td><td>たまらない 참을 수 없다</td><td>憎らしい 얄밉다</td></tr>
<tr><td>馬鹿らしい 시시하다</td><td>真ん丸い 동그랗다</td><td>塩辛い 짜다</td></tr>
<tr><td>見苦しい 보기 흉하다</td><td>ものすごい 굉장하다</td><td>意地悪い 심술궂다</td></tr>
<tr><td>おっかない 두렵다</td><td>おろかしい 어리석다</td><td>むしあつい 매우 덥다</td></tr>
<tr><td>あじけない 재미없다</td><td>じれったい 속이 타다</td><td>あどけない 천진난만하다</td></tr>
<tr><td>ほこらしい 자랑스럽다</td><td>すさまじい 무섭다</td><td>はてしない 끝없다</td></tr>
<tr><td>ねたましい 샘이 나다</td><td>難しい 어렵다</td><td>いぶかしい 의심스럽다</td></tr>
</table>

<table>
<tr><td colspan="3" align="center">6음절 い형용사</td></tr>
<tr><td>厚かましい 뻔뻔스럽다</td><td>心細い 불안하다</td><td>図々しい 뻔뻔스럽다</td></tr>
<tr><td>心強い 믿음직스럽다</td><td>慌ただしい 분주하다</td><td>力強い 마음 든든하다</td></tr>
<tr><td>煩わしい 번거롭다</td><td>名残惜しい 헤어지기 섭섭하다</td><td>著しい 현저하다</td></tr>
<tr><td>みすぼらしい 초라하다</td><td>羨ましい 부럽다</td><td>情け深い 인정이 많다</td></tr>
<tr><td>夥しい 매우 많다</td><td>紛らわしい 헷갈리기 쉽다</td><td>甚だしい 정도가 심하다</td></tr>
<tr><td>もったいない 아깝다</td><td>華々しい 눈부시다</td><td>とんでもない 당치도 않다</td></tr>
</table>

清々しい 상쾌하다	ばかばかしい 몹시 어리석다	騒々しい 시끄럽다
馴れ馴れしい 매우 친하다	初々しい 순진하-다	若々しい 아주 젊다
恭しい 공손하다	みっともない 꼴사납다	忌々しい 분하다
待ち遠しい 몹시 기다려지다	うっとうしい 울적하다	くすぐったい 간지럽다
汚らわしい 더럽다	物足りない 무언지 미흡하다	荒々しい 몹시 거칠다
決まり悪い 멋적다	むさ苦しい 누추하다	そそっかしい 덜렁대다
うしろめたい 뒤가 켕기다	可愛らしい 귀엽다	せせこましい 비좁고 답답하다

1. この箸は太めなので、もう少し＿＿＿＿のがほしいです。

   (A) ひくい　　　　(B) はやい　　　　(C) みじかい　　　　(D) ほそい

2. この置物は底がガタガタしているので、底が＿＿＿＿ものをください。

   (A) ひさしい　　　(B) たやすい　　　(C) ひらたい　　　(D) しぶとい

3. 寝る前に＿＿＿＿コーヒーを飲んでも、私には効果がないようだ。

   (A) かたい　　　　(B) やわらかい　　(C) うすい　　　　(D) こい

4. 恋人と別れてとても＿＿＿＿です。

   (A) くるしい　　　(B) つらい　　　　(C) にがい　　　　(D) きたない

5. 大学の先生に昔の＿＿＿＿雑誌を見せてもらいました。

   (A) 明るい　　　　(B) 面白い　　　　(C) 忙しい　　　　(D) 軽い

6. 子供の頃、母が作ってくれた料理の味が＿＿＿＿たまりません。

   (A) 悔しくて　　　(B) 親しくて　　　(C) 懐かしくて　　(D) 惜しくて

7. 去年の夏は思っていたほど＿＿＿＿。

   (A) 暑かったです　(B) 暑いです　　　(C) 暑くないです　(D) 暑くなかったです

8. 資料室がほこりまみれでとても＿＿＿＿が、いつ掃除したのだろうか。

   (A) 寒い　　　　　(B) 汚い　　　　　(C) 暑い　　　　　(D) うるさい

9. その格好、ちょっと田舎＿＿＿＿んじゃない。

   (A) らしい　　　　(B) まずい　　　　(C) ひどい　　　　(D) くさい

10. あの日は終日＿＿＿＿雨が降り続いていた。

   (A) あっけなく　　(B) たえまなく　　(C) そつなく　　　(D) むさくるしく

11. 起業を考えているが、自己資金が______実現できそうにない。

(A) 貧しく　　　　(B) 乏しく　　　　(C) 険しく　　　　(D) 鈍く

12. 最近少し太ったからか、ジーンズが______なった気がする。

(A) きつく　　　　(B) ゆるく　　　　(C) ずるく　　　　(D) しぶく

13. 彼女は涙______ので、悲しい番組などを見るとすぐ泣き出す。

(A) がたい　　　　(B) もろい　　　　(C) やすい　　　　(D) めざましい

14. 先生は、授業中私語をしている生徒にはとても______。

(A) きびしかった　(B) かなしかった　(C) にがかった　(D) はずかしかった

15. このお茶はとても______が、これを飲むのが私の昔からの日課だ。

(A) 若々しい　　　(B) 苦しい　　　　(C) 苦い　　　　(D) 若い

16. 現代人はすぐ新しいものに買い換え、まだ使えるものをすぐ捨てる。非常に______。

(A) そっけない　　(B) みともない　　(C) あっけない　　(D) もったいない

17. 事件当日のあなたのアリバイを______話していただけませんか。

(A) 鋭く　　　　　(B) 厳しく　　　　(C) 詳しく　　　　(D) 険しく

18. このままだと、あの大学に受かる望みは______。

(A) 遠い　　　　　(B) 薄い　　　　　(C) 弱い　　　　　(D) 脆い

19. 天候が大きく変化すると、体調もなんとなく______感じがする。

(A) だるい　　　　(B) まぶしい　　　(C) おしい　　　　(D) くどい

20. あれ、50円______。

(A) 足りない　　　(B) かぎりない　　(C) たよりない　　(D) あどけない

[오문정정]

21. 女性であるがゆえに、職場で肩身の小さい思いをするなんて、不公平だ。
　　　　　　A　　B　　　　　　　　　　C　　　　　　　　D

22. 彼ときたら、コーヒーにこれでもかと言わんばかりの砂糖を入れ、なんでも甘いして飲む癖が
　　　　　A　　　　　　　　　　　B　　　　　　　C　　　　　　　　　　　D
ある。

23. がんばって勉強したかいがあって、今回のテストは、前回よりも点数がいいでした。
　　　　　A　　　　　　　B　　　　　　　　　　　　C　　　　D

24. 先月号がとても面白だったので、今月号もまた購入しようと思っています。
　　　　　A　　　　　B　　　　　　　　C　D

25. 若いの頃は、世の中の厳しさもろくに知らないくせに、有名になる事しか考えていなかった。
　　　　　A　　　　　　　　　　　　　B　　　　C　　　　　　D

な형용사 (2)

1　특수한 활용을 하는 な형용사　　　02-03-01

「同じだ」나「こんなんだ、そんなんだ、あんなんだ、どんなんだ」는 지금까지의 な형용사의 활용과 대부분 같으나 체언을 수식하는 연체형이 다르다. 즉, 활용어미「な」를 사용하지 않고 어간에서 곧바로 체언에 연결된다.

- 同じな本を読む。(×)　　　　→ 同じ本を読む。(○)　같은 책을 읽다.

- こんななことはしない。(×)　→ こんなことはしない。(○)　이런 일은 하지 않는다.

〈주의!〉

「同じだ」나「こんなんだ、そんなんだ、あんなんだ、どんなんだ」뒤에 조사「の」「のに」「ので」에 연결될 경우에는「な」를 생략할 수 없다.

- なぜ同じなのがこんなにあるのか。

  왜 같은 것이 이렇게 있는 것일까?

- 天気がこんななのに遠足なんか絶対中止だ。

  날씨가 이런데 소풍 따위 무조건 중지다.

- 祖父の病状がそんななので、私は行けない。

  할아버지 병상이 그렇기 때문에 나는 갈 수 없다.

- 今はどんななのが人気ですか。 지금은 어떤 것이 인기가 있습니까?

「同じだ」 활용표(학교문법)

기본형	어간	미연형	연용형	종지형	연체형	가정형	명령형
同じだ	同じ	だろ	だっ/で/に	だ	(な)	なら	없음
접속		う	た/ない/なる	말을 끝맺음	時	ば	명령의 의미로 끝내 줌

2 복합 な형용사

02-03-02

① 접두어가 붙은 것

こぎれいだ 예쁘다   お盛んだ 번성하다   ご立派だ 훌륭하다

② 접미어가 붙은 것

うれしげだ 기쁜 듯하다   健康的だ 건강에 좋다

3 な형용사의 구성

02-03-03

(1) な형용사 어간의 용법

① 문장을 끝맺는다.

まあ、きれい。 어머, 아름다워라.

もう、けっこう。 이젠, 됐어.

② 접미어 「さ」를 붙여 전성명사를 만든다.

静かさ 정적   正確さ 정확함   穏やかさ 온화함   爽やかさ 상쾌함

③ 조동사에 이어진다.

楽そうだ 편한 것 같다   正直らしい 정직한 것 같다   愉快です 유쾌합니다

(2) 합성 な형용사

① 순수 일본어 な형용사

穏やかだ 온화하다   静かだ 조용하다   爽やかだ 상쾌하다

② 한자어 + だ

有名だ 유명하다　安全だ 안전하다　親切だ 친절하다　便利だ 편리하다

③ 한자어 + 的だ

積極的だ 적극적이다　消極的だ 소극적이다

④ 외래어 + だ

ハンサムだ 핸섬하다　シンプルだ 단순하다　デリケートだ 섬세하다

⑤ 특별활용 な형용사

同じだ 똑같다

하나의 어간이 복수의 품사로서 활용을 가지는 경우

① い형용사 / な형용사

暖かい 따뜻하다 / 暖かな 따뜻한

細かい 상세하다 / 細かな 상세한

柔らかい 부드럽다 / 柔らかな 부드러운

각각 「暖かかった / 暖かだった」와 같이 활용한다.

② い형용사 / 연체사(連体詞)

大きい 크다 / 大きな 큰

小さい 작다 / 小さな 작은

おかしい 이상하다 / おかしな 이상한

③ な형용사 / 명사

元気(元気な子ども / お元気ですか) 건강(건강한 아이 / 건강합니까?)

親切(親切な人 / 親切に教えてくれた) 친절(친절한 사람 / 친절하게 가르쳐 주었다)

이 외에도 「楽 편안함 · 幸せ 행복 · けち 구두쇠 · 上手 능숙함 · 大幅 대폭」 등이 있다.

④ な형용사 / 부사 / 명사

特別な場合 특별한 경우 / 特別美しい人 특별히 아름다운 사람/ 特別のはからい 특별한 조치

이 외에도 「いろいろ」 등이 있다.

- 夕立はにわかにやってくる。 소나기는 갑자기 내린다.
- 鮮やかに勝利した。 멋지게 승리했다.

「にわかに」와 「鮮やかに」는 둘 다 「やってくる」와 「勝利した」를 수식하는 부사처럼 보인다. 그러나 「にわかに」는 부사가 맞지만 「鮮やかに」는 な형용사이다.

- 急に いそがしくなる。 갑자기 바빠진다.
  [な형용사의 연용형]

- 変になる。 이상하게 된다.
  [な형용사의 연용형]

- あれはえんぴつだ。 저것은 연필이다.
  　　　[명사 + だ]
- あの花はきれいだ。 저 꽃은 예쁘다.
  　　　[な형용사]

「えんぴつだ」는 「えんぴつ」라는 명사에 단정의 조동사 「だ」가 붙은 것으로 な형용사가 아니다. 그러나 「きれいだ」는 な형용사이다. 따라서 다음과 같이 구분하여 판별할 수 있다.

① 「な」를 붙여 연체수식어(連体修飾語)로 만들어 본다.

- 명사 + だ → えんぴつなもの (문맥이 통하지 않음)
- な형용사　 → きれいな花 (문맥이 통함)

② 부사(副詞)를 붙여 본다.

- 명사 + だ → まったくえんぴつだ (문맥이 통하지 않음)
- な형용사　 → まったくきれいだ (문맥이 통함)

기본 な형용사

滑らかだ 매끄럽다	柔らかだ 부드럽다	華やかだ 화려하다	速やかだ 빠르다
鮮やかだ 선명하다	細やかだ 세세하다	清らかだ 깨끗하다, 맑다	穏やかだ 온화하다
明らかだ 분명하다	賑やかだ 번화하다	健やかだ 건강하다	大まかだ 얼추잡다
厳かだ 엄숙하다	身近だ 가깝다	大幅だ 대폭적이다	盛んだ 번성하다
愚かだ 어리석다	月並みだ 진부하다	気軽だ 가볍게 행동하다	手軽だ 간편하다
無口だ 과묵하다	半端だ 어중간하다	巧みだ 교묘하다	気の毒だ 가엾다
疎かだ 소홀히 하다	緩やかだ 완만하다	密かだ 몰래 하다	淑やかだ 정숙하다
疎らだ 드문드문하다	几帳面だ 꼼꼼하다	遥かだ 아득하다	爽やかだ 상쾌하다
贅沢だ 사치스럽다	邪魔だ 방해하다	退屈だ 지루하다	夢中だ 열중하다
微妙だ 미묘하다	迷惑だ 폐가 되다	多忙だ 매우 바쁘다	円らだ 둥글다
細やかだ 가느스름하다	出鱈目だ 엉터리다	平気だ 태연하다	わがままだ 제멋대로 굴다
陽気だ 밝고 쾌할하다	のんきだ 태평스럽다	生真面目だ 착실하다	無茶苦茶だ 터무니없다
麗らかだ 화창하다	気紛れだ 변덕스럽다	肝心だ 중요하다	素敵だ 매우 근사하다
確かだ 확실하다	駄目だ 소용없다	平らだ 평평하다	気さくだ 싹싹하다
大変だ 대단하다	大丈夫だ 괜찮다	無駄だ 쓸데없다	微かだ 희미하다
余計だ 쓸데없다	不思議だ 불가사의하다	綺麗だ 예쁘다	結構だ 훌륭하다, 충분하다
厄介だ 성가시다	面倒だ 귀찮다	地道だ 착실하다	豊かだ 풍부하다
残念だ 유감스럽다	粗末だ 변변치 못하다	丈夫だ 튼튼하다	朗らかだ 명랑하다
利口だ 영리하다	大事だ 소중하다	当たり前だ 당연하다	無茶だ 터무니없다
強かだ 강인하다	素直だ 순진하다	見事だ 훌륭하다	親切だ 친절하다
無邪気だ 순진하다	手頃だ 알맞다	質素だ 검소하다	空ろだ 공허하다
臆病だ 겁쟁이다	新ただ 새롭다	大げさだ 과장되다	和やかだ 온화하다
大らかだ 대담하다	哀れだ 애처롭다	定かだ 확실하다	にわかだ 갑작스럽다
艶やかだ 윤기가 돌다	しなやかだ 유연하다	生意気だ 건방지다	せっかちだ 성급하다
懇ろだ 공손하다	なだらかだ 완만하다	円やかだ 둥글다	なよやかだ 가냘프다
長閑だ 한가롭다	まともだ 견실하다	惨めだ 비참하다	律儀だ 의리를 중히 여기다

1자 한자어 + だ			
雑(ざつ)だ 잡다하다	主(おも)だ 주요하다	楽(らく)だ 편안하다	稀(まれ)だ 드물다
粋(いき)だ 세련되다	碌(ろく)だ 제대로다	嫌(いや)だ 싫다	得(とく)だ 유리하다

2자 한자어 + だ			
完璧(かんぺき)だ 완벽하다	柔軟(じゅうなん)だ 유연하다	窮屈(きゅうくつ)だ 답답하다	孤独(こどく)だ 고독하다
危険(きけん)だ 위험하다	極端(きょくたん)だ 극단적이다	正当(せいとう)だ 정당하다	大胆(だいたん)だ 대담하다
軽率(けいそつ)だ 경솔하다	曖昧(あいまい)だ 애매하다	多様(たよう)だ 다양하다	賢明(けんめい)だ 현명하다
痛切(つうせつ)だ 절실하다	悲惨(ひさん)だ 비참하다	好調(こうちょう)だ 호조다	無難(ぶなん)だ 무난하다
陰気(いんき)だ 음침하다	万能(ばんのう)だ 만능이다	純粋(じゅんすい)だ 순수하다	円満(えんまん)だ 원만하다
未熟(みじゅく)だ 미숙하다	頑固(がんこ)だ 완고하다	強烈(きょうれつ)だ 강렬하다	偉大(いだい)だ 위대하다
華奢(きゃしゃ)だ 날씬하다	安静(あんせい)だ 안정하다	詳細(しょうさい)だ 상세하다	過密(かみつ)だ 과밀하다
巧妙(こうみょう)だ 교묘하다	無念(むねん)だ 분하다, 원통하다	軽快(けいかい)だ 경쾌하다	厳密(げんみつ)だ 엄밀하다
新鮮(しんせん)だ 신선하다	残酷(ざんこく)だ 잔혹하다	精密(せいみつ)だ 정밀하다	単純(たんじゅん)だ 단순하다
素朴(そぼく)だ 소박하다	怠慢(たいまん)だ 게으르다	短気(たんき)だ 성미가 급하다	単一(たんいつ)だ 단일하다
神聖(しんせい)だ 신성하다	重宝(ちょうほう)だ 유용하다	忠実(ちゅうじつ)だ 충실하다	格別(かくべつ)だ 각별하다
鈍感(どんかん)だ 둔감하다	敏感(びんかん)だ 민감하다	簡素(かんそ)だ 간소하다	貧困(ひんこん)だ 빈곤하다
円滑(えんかつ)だ 원활하다	頑丈(がんじょう)だ 튼튼하다	腐敗(ふはい)だ 부패하다	迅速(じんそく)だ 신속하다
壮大(そうだい)だ 웅대하다	穏健(おんけん)だ 온건하다	切実(せつじつ)だ 절실하다	達者(たっしゃ)だ 능숙하다
有力(ゆうりょく)だ 유력하다	頻繁(ひんぱん)だ 빈번하다	無礼(ぶれい)だ 무례하다	婉曲(えんきょく)だ 완곡하다
活発(かっぱつ)だ 활발하다	簡潔(かんけつ)だ 간결하다	強硬(きょうこう)だ 강경하다	勤勉(きんべん)だ 근면하다
健全(けんぜん)だ 건전하다	早急(そうきゅう)だ 조급하다	単調(たんちょう)だ 단조롭다	著名(ちょめい)だ 저명하다
適宜(てきぎ)だ 적당하다	薄弱(はくじゃく)だ 박약하다	貧弱(ひんじゃく)だ 빈약하다	貧乏(びんぼう)だ 빈곤하다
憂鬱(ゆううつ)だ 우울하다	高尚(こうしょう)だ 고상하다	冷酷(れいこく)だ 냉혹하다	有益(ゆうえき)だ 유익하다
冷淡(れいたん)だ 냉담하다	露骨(ろこつ)だ 노골적이다	誠実(せいじつ)だ 성실하다	不審(ふしん)だ 수상하다
滑稽(こっけい)だ 익살스럽다	勇敢(ゆうかん)だ 용감하다	有名(ゆうめい)だ 유명하다	不利(ふり)だ 불리하다
謙虚(けんきょ)だ 겸허하다	最高(さいこう)だ 최고다	感心(かんしん)だ 감탄하다	貴重(きちょう)だ 귀중하다

3자 한자어 + だ			
<ruby>画期的<rt>かっきてき</rt></ruby>だ 획기적이다	<ruby>先天的<rt>せんてんてき</rt></ruby>だ 선천적이다	<ruby>不規則<rt>ふきそく</rt></ruby>だ 불규칙하다	<ruby>感動的<rt>かんどうてき</rt></ruby>だ 감동적이다

외래어 + だ		
ハンサムだ 핸섬하다	ユニークだ 독특하다	スムーズだ 원활하다
シンプルだ 단순하다	ナンセンスだ 무의미하다	エレガントだ 우아하다
デリケートだ 섬세하다	クールだ 산뜻하다	クリアだ 뚜렷하다

1. あちらのお客様は、＿＿＿＿＿＿値段の化粧品をお探しのようです。

   (A) 謙虚な   (B) 粗末な   (C) 手ごろな   (D) 盛んな

2. 旅行の＿＿＿＿＿＿説明はこの紙に書いてあります。

   (A) おおげさな   (B) おおまかな   (C) あやふやな   (D) なめらかな

3. 大事な話があるから、＿＿＿＿＿＿レストランへ行こう。

   (A) まっすぐな   (B) じょうぶな   (C) しずかな   (D) へたな

4. この辺りは居酒屋やパチンコ店が多いので、夜も＿＿＿＿＿＿です。

   (A) げんき   (B) へいき   (C) にぎやか   (D) しずか

5. あの通りは車の往来が激しいので、初心者が運転するのは＿＿＿＿＿＿ですよ。

   (A) ざんねん   (B) あんぜん   (C) きけん   (D) さかん

6. あんなに勉強が嫌いだった息子も、今では＿＿＿＿＿＿医者です。

   (A) さかんな   (B) しんぱいな   (C) できとうな   (D) りっぱな

7. 今日のあなたのスカート、私のと色が＿＿＿＿＿＿ですね。

   (A) 立派   (B) 丈夫   (C) 同じ   (D) きれい

8. 昨日の食事会は、和気あいあいと＿＿＿＿＿＿雰囲気でした。

   (A) 和やかな   (B) 穏やかな   (C) 明らかな   (D) 緩やかな

9. 彼の家は＿＿＿＿＿＿に飾り付けられ、まるで宮殿のようだった。

   (A) きらびやか   (B) きよらか   (C) ささやか   (D) さわやか

10. 夜道では、＿＿＿＿＿＿服を着ている通行人は見えにくいので、住宅街などでは徐行すべきです。

   (A) 派手な   (B) 地味な   (C) のんきな   (D) きらびやかな

11. 私（わたし）が彼を好きになったのは、彼は父（ちち）に似（に）てとても______人（ひと）だからです。

    (A) ほがらかな   (B) ひそかな   (C) てがるな   (D) はるかな

12. 子（こ）どもたちが______に育（そだ）ってくれればそれでいい。

    (A) ひそか   (B) したたか   (C) あやふや   (D) すこやか

13. では、制度（せいど）の______内容（ないよう）については私（わたし）が説明（せつめい）します。

    (A) 無駄な   (B) 主な   (C) 稀な   (D) 楽な

14. 昔（むかし）は______性格（せいかく）だった彼（かれ）が、あんな小（ちい）さなことで取（と）り乱（みだ）すなんて。

    (A) ほがらかな   (B) でたらめな   (C) わがままな   (D) おだやかな

15. ______顔（かお）をしてうそをつく彼が信（しん）じられない。

    (A) 陽気な   (B) 平気な   (C) 素直な   (D) 利口な

16. 波乱万丈（はらんばんじょう）な人生（じんせい）だったが、今は______息子（むすこ）をもって幸（しあわ）せだ。

    (A) 平らな   (B) 孝行な   (C) 賑やかな   (D) 巧みな

17. 彼女（かのじょ）の声（こえ）はとても______、アナウンサーにぴったりだ。

    (A) きれいので   (B) きれいから   (C) きれいなので   (D) きれいで

18. 最近（さいきん）この町（まち）で起（お）こった______事件（じけん）を調（しら）べた。

    (A) けんめいな   (B) じゃまな   (C) ふしぎな   (D) はるかな

19. このあたりは人通（ひとどお）りが少（すく）なく、昼間（ひるま）でも女性（じょせい）が一人（ひとり）で歩（ある）くのは______だ。

    (A) めんどう   (B) やっかい   (C) ぶっそう   (D) あわれ

20. 試験前（しけんまえ）はいつも______です。

    (A) しとやか   (B) あざやか   (C) つぶら   (D) ゆううつ

[오문정정]

21. 夜、子ども達だけで外を歩かせるのは心配ので、暗くなる前に家に帰るように言っている。
　　　　　　　　　　　　　　A　　　　　　　B　　　　　　　C　　　　　　D

22. 私は父に そっくりです。だからみんなに父と同じの顔をしていると言われています。
　　　　A　　B　　　　　　　　　　　　　　　C　　　　　　D

23. 田中さんはきれいし、よく気が利くし、うちの職場の人気者です。
　　　　　　　　　　A　　　　B　　　C　　　　　　　　　D

24. 近頃、息子は口数も少なく、あまり笑わなくなったのでとても安心だ。
　　　　　　　　　A　　　　　　　　B　　　　　　　C　　　　D

25. 地震によって壊れた橋は作り直すのに時間がかかって危険の状態のままだ。
　　　　　A　　　　　　　　　B　　　　　　　　C　　　　　D

제4장 동사 (2)

1 동사 「ます형」에 접속되는 표현

01 동사 ます형 + はじめる : ~하기 시작하다(동작의 개시를 나타내는 동작동사에 붙음)

- 子どもが歩きはじめた。 아이가 걷기 시작했다.

02 동사 ます형 + だす : ~하기 시작하다(자연현상이나 감정, 생리 등을 나타내는 무의지동사에 붙음)

- その子は突然泣きだした。 그 아이는 갑자기 울기 시작했다.

03 동사 ます형 + つづける : 계속 ~하다

- 彼女は歌いつづけた。 그녀는 계속 노래했다.

04 동사 ます형 + おわる : 다 ~하다

- その漫画はすぐ読みおわった。 그 만화는 바로 다 읽어 버렸다.

05 동사 ます형 + なおす : 다시 ~하다

- 電話をかけなおす。 전화를 다시 걸다.

06 동사 ます형 + 合う : 서로 ~하다

- 二人で話し合う。둘이서 이야기를 주고받다

07 동사 ます형 + かえる : 바꾸다

- テレビを買いかえる。텔레비전을 새로 바꾸다.

08 동사 ます형 + とおす : 끝까지 ~하다

- 嘘をつきとおす。거짓말을 끝까지 주장하다.

09 동사 ます형 + 方 : ~하는 방법

- この漢字の読み方を教えてください。이 한자 읽는 법을 가르쳐 주세요.

10 동사 ます형 + に行く : ~하러 가다

- 駅前のデパートにくつを買いに行きます。역 앞에 있는 백화점에 구두를 사러 갑니다.

11 동사 ます형 + やすい : ~하기 쉽다

- このお酒は飲みやすい。이 술은 마시기 쉽다.

12 동사 ます형 + にくい : ~하기 힘들다

- このくつは重くて歩きにくいです。이 구두는 무거워서 걷기 힘듭니다.

13 동사 ます형 + すぎる : 너무 ~하다

- 飲みすぎてあたまが痛いです。과음해서 머리가 아픕니다.

14 동사 ます형 + ながら : ~하면서

- 歩きながら電話をする。걸으면서 전화를 하다.

15 동사 ます형 + ながら(も) : ~하면서도

- 勉強しながら(も)他のことを考える。공부하면서도 다른 것을 생각하다.

⑯ 동사 ます형 + 得る : ~할 수 있다 / ~得ない : ~할 수 없다

・きっと成し得る。 반드시 이룰 수 있다.

・そんなことはあり得ない。 그런 일은 있을 수 없다.

⑰ 동사 ます형 + たい : ~하고 싶다

・冷たいビールが飲みたい。 차가운 맥주를 마시고 싶다.

⑱ 동사 ます형 + がちだ : ~하는 경향이 있다, 자주 ~하게 된다

・最近何かと忘れがちだ。 최근 여러 코로 잘 잊어버린다.

⑲ 동사 ます형 + っぽい : ~한 느낌이 들다, 잘 ~하다

・私は怒りっぽい性格です。 나는 화를 잘 내는 성격이다.

⑳ 동사 ます형 + 気味 : ~기미, ~경향, ~기색

・最近ちょっと太り気味だ。 최근 조금 살찌는 것 같다.

㉑ 동사 ます형 + たて : 갓 ~한

・このベンチはペンキ塗りたてです。 이 벤치는 페인트를 갓 칠했습니다.

㉒ 동사 ます형 + つつ(も) : ~하면서도

・たばこはだめだと思いつつ(も)、つい吸ってしまう。

담배는 무익하다고 생각하면서도 무심코 피워 버린다.

㉓ 동사 ます형 + つつある : ~하고 있다

・子どもの数が減りつつある。 아이의 수가 계속 줄고 있다.

㉔ 동사 ます형 + っこない : 절대 ~않는다

・英語でスピーチなんて出来っこない。 영어로 스피치라니 절대 할 수 없다.

㉕ 동사 ます형 + ようがない : ~할 방법이 없다

- この雨(あめ)だと行(い)きようがない。 비가 이렇게 내리면 갈 방법이 없다.

㉖ 동사 ます형 + かけの : ~하다 만

- 作(つく)りかけの作品(さくひん)。 만들다 만 작품.

㉗ 동사 ます형 + かねる : ~하기 어렵다, ~할 수 없다

- それは言(い)いかねます。 그것은 말하기 어렵습니다.

㉘ 동사 ます형 + かねない : ~할지도 모른다

- メモをしないとうっかり忘(わす)れかねない。 메모를 하지 않으면 깜빡 잊을지도 모른다.

㉙ 동사 ます형 + 次第 : ~하자마자

- 宿題(しゅくだい)が終(お)わり次第(しだい)出(で)かけよう。 숙제가 끝나는 대로 나가자.

㉚ 동사 ます형 + っぱなし : ~한 채이다

- 服(ふく)を脱(ぬ)ぎっぱなしにする。 옷을 벗은 채이다.

㉛ 동사 ます형 + 放題 : 마음대로 함, 하고 싶은 대로 함

- 弟(おとうと)は遊(あそ)び放題(ほうだい)で、学校(がっこう)にも行(い)かない。
  남동생은 마음껏 놀고 학교에도 가지 않는다.

㉜ 동사 ます형 + まくる : 계속 ~하다

- 運動場(うんどうじょう)を走(はし)りまくる。 운동장을 계속 달리다.

㉝ 동사 ます형 + こなす : 그 동작을 능숙하게 하다

- 彼(かれ)はどんなパソコンも使(つか)いこなせる。 그는 어떤 컴퓨터도 능숙하게 다룰 수 있다.

㉞ 동사 ます형 + 抜く : 끝까지 ~하다

- 彼(かれ)は最後(さいご)まで走(はし)り抜(ぬ)いた。 그는 끝까지 뛰었다.

③⑤ 동사 ます형 + きれない : 끝까지 ~할 수 없다

• 食べきれないほどの食事を注文する。

다 먹을 수 없을 정도의 식사를 주문하다.

③⑥ 동사 ます형 + がたい : ~하기 어렵다

• 事実は小説よりも信じがたい。

사실은 소설보다도 믿기 어렵다.

2 동사 「ない형」에 접속되는 표현　　02-04-02

① ~ないことには : ~하지 않고서는

• テストをしてみないことには、クラス分けができない。

시험을 치지 않고서는 반 편성을 할 수 없다.

② ~ないことはない : ~않는 것은 없다

• 泳げないことはないが、上手ではない。

수영을 할 수 없는 것은 아니지만 잘하지는 못한다.

③ ~ないことにする : ~하지 않기로 하다

• テスト前はテレビを見ないことにする。

시험 전에는 텔레비전을 보지 않기로 하다.

④ ~ないことになる : ~하지 않게 되다

• このままいくと大学に入学できないことになる。

이대로 가면 대학에 입학할 수 없게 된다.

⑤ ~ざるを得ない : ~하지 않을 수 없다

• あなたが行くなら私も行かざるを得ない。

당신이 가면 나도 가지 않을 수 없다.

 ～なければならない／～なくてはならない : ～해야만 한다

- 学校へ行かなければならない。 학교에 가야만 한다.
- 台風でも会社に行かなくてはならない。 태풍이라도 회사에 가지 않으면 안 된다.

07 ～ねばならない : ～하지 않으면 안 된다

- 子どもが産まれたから禁煙せねばならない。

  아이가 태어났기 때문에 금연하지 않으면 안 된다.

08 ～ずに : ～않고

- 連絡せずに会社を欠席してはいけない。 연락하지 않고 회사를 결근해서는 안 된다.

09 ～ないではいられない／～ずにはいられない : ～하지 않을 수 없다

- あんなひどいことを言われて、言い返さないではいられない。

  저런 심한 말을 듣고 말대답을 하지 않을 수 없다.
- 大人気の映画を観ずにはいられない。 매우 인기 있는 영화를 보지 않을 수는 없다.

10 ～ないではおかない／～ずにはおかない : 반드시 ～하다

- 警察は小さな手がかりも調べないではおかない。

  경찰은 사소한 단서라도 반드시 조사한다.
- この映画は見る人の胸を打たずにはおかない。 이 영화는 보는 사람을 반드시 감동시킨다.

11 ～ないでは済まない／～ずには済まない : ～하지 않고서는 해결되지 않는다

- 勉強は嫌いだが、合格のためにもしないでは済まない。

  공부는 싫지만 합격을 위해서라도 하지 않고서는 해결되지 않는다.
- お金がないので、学費のためにバイトをせずには済まない。

  돈이 없기 때문에 학비를 위해서 아르바이트를 하지 않고서는 해결되지 않는다.

12 ～んがため(に) : ～하기 위해

- 生きんがために働く。 살기 위해서 일한다.

⑬ 〜んばかりだ / 〜んばかりの ：마치 ～할 듯하다 / 마치 ～할 듯이

- 今にも秘密を言わんばかりだ。당장이라도 비밀을 말할 듯하다.
- 今にも破れんばかりの紙袋。당장이라도 찢어질 듯한 종이 봉지.

⑭ 〜ずじまい ：～안 하고 말았음

- 本当のことを言わずじまいで、彼と別れてしまった。

  진심을 말하지 않고 그와 이별해 버렸다.

⑮ 〜ないともかぎらない ：～하다고만 할 수는 없다

- 彼が秘密を言わないともかぎらない。

  그가 비밀을 말하지 않는다고는 할 수 없다.

⑯ 〜ないものはない ：～하지 않는 것은 없다

- この世に変わらないものはない。이 세상에 변하지 않는 것은 없다.

⑰ 〜ないまでも ：～까지는 할 수 없지만, ～까지는 못하더라도

- 同じとは言えないまでも似ている。

  같다고까지는 못하더라도 닮았다.

⑱ 〜ない限り ：～하지 않으면, ～하지 않는 한

- 努力しない限り、成功はない。노력하지 않는 한 성공은 없다.

⑲ 〜ないものでもない ：～ 않는 것도 아니다

- ちょっとした不注意でも大きな事故につながらないものでもない。

  사소한 부주의라도 큰 사고로 이어지지 않는 것도 아니다.

⑳ 〜ないわけにはいかない ：～하지 않으면 안 된다

- 先生の誕生日のパーティーに招待されているので出ないわけにはいかない。

  선생님의 생신 파티에 초대받았기 때문에 가지 않으면 안 된다.

01 ～てしょうがない : ～너무 …하다, ～해서 견딜 수 없다

- おなかがすい**てしょうがない**よ。

  배가 고파서 견딜 수가 없어요.

02 ～てしかたがない : ～너무 …하다, ～해서 견딜 수 없다

- 今日(きょう)は朝(あさ)から眠(ねむ)く**てしかたがない**。

  오늘은 아침부터 너무 졸린다.

03 ～てたまらない : ～너무 …하다, ～해서 견딜 수 없다

- 入学試験(にゅうがくしけん)に受(う)かったので、うれしく**てたまらない**。

  입학시험에 합격해서 너무 기쁘다.

04 ～てならない : ～너무 …하다, ～해서 견딜 수 없다

- 嫌(いや)なことが起(お)きそうな気(き)がし**てならない**。

  싫은 일이 일어날 듯한 느낌이 들어서 견딜 수 없다.

05 ～てからでないと : ～하지 않고서는

- この野菜(やさい)は茹(ゆ)で**てからでないと**食(た)べられません。

  이 야채는 삶지 않고서는 먹을 수 없습니다.

06 ～てやまない : ～해 마지않다

- トップの成績(せいせき)で合格(ごうかく)した彼(かれ)に期待(きたい)し**てやまない**。

  가장 우수한 성적으로 합격한 그에게 기대해 마지않다.

07 ～てからというもの : ～하고부터는

- 夏休(なつやす)みに入(はい)っ**てからというもの**、息子(むすこ)たちは毎日家(まいにちいえ)でごろごろしている。

  여름방학을 한 후 아이들은 매일 집에서 빈둥거리고 있다.

08 ～て以来：～한 이래, ～하고 나서

・創業して以来、代々受け継がれてきた味を守っている。

　창업한 이래 대대로 이어온 맛을 지키고 있다.

09 ～てはじめて：～하고 비로소

・病気になってはじめて健康のありがたさを知った。

　병이 들고 나서 비로소 건강의 고마움을 알았다.

10 ～て(は)いられない：～는 있을 수 없다

・一日中勉強ばかりしていられない。

　하루 종일 공부만 하고 있을 수 없다.

4 動詞「た형」에 접속되는 표현

02-04-04

01 ～た挙げ句：～한 끝에

・考えた挙げ句、東京大学は諦めることにした。

　생각한 끝에 도쿄대학은 포기하기로 했다.

02 ～たが最後：～했다가는

・秘密をばらしてしまったが最後、もうこの場所にはいられない。

　비밀을 폭로해 버렸다가는 이제 이 장소에는 있을 수 없다.

03 ～たきりだ：～한 채 끝이다

・山田さんとは5年前、電話で話したきりだ。

　야마다 씨와는 5년 전, 전화로 말한 채 끝이다.

04 ～たとたん：～하자마자

・起き上がったとたん、首筋に激痛が走った。

　일어나자마자 목덜미에 심한 통증이 일어났다.

- ふとんに入ったかと思ったら、すぐに眠ってしまった。
  이불에 들어가자마자 바로 잠들어 버렸다.

- ここまで来た以上、もう後戻りはできない。
  여기까지 온 이상 이제 되돌아갈 수는 없다.

- 私たちが伺ったところで、社長が相手にしてくれるわけがない。
  우리들이 방문한들 사장이 상대해 줄 리가 없다.

- よく考えた上で、決めたいと思います。 잘 생각한 후에 결정하고 싶습니다.

- こうなった上は、全てを話すしかない。 이렇게 된 이상은 모든 것을 말할 수밖에 없다.

- あんなひどいことを言ったばかりに、彼女はショックで家を出て行ってしまった。
  그런 심한 것을 말한 탓에 그녀는 쇼크로 집을 나가 버렸다.

5 동사 기본형에 접속되는 표현

02-04-05

- 気持ちを切り替えて、また頑張っていくしかない。
  기분을 바꿔서 또 노력해 갈 수밖에 없다.

02 ～が早いか : ～하자마자

- 座席に座るが早いか化粧をし始めた。

  자리에 앉자마자 화장을 하기 시작했다.

03 ～や否や : ～하자마자

- 本を出版するや否や一躍有名になった。

  책을 출판하자마자 단숨에 유명해졌다.

04 ～なり : ～하자마자

- 先生は教室に入るなり説教を始めた。

  선생님은 교실에 들어오자마자 충고의 말씀을 시작했다.

05 ～なり～なり : ～든지 ～든지

- 食べるなり寝るなり好きにしなさい。 먹든지 자든지 하고 싶은 대로 해라.

06 ～まい : ～않을 것이다

- ちょっと転んだだけだ。大したことあるまい。

  조금 넘어진 것뿐이다. 큰일은 일어나지 않을 것이다.

07 ～おそれがある : ～할 우려가 있다

- 大雨が降ると、土砂崩れが起こるおそれがある。

  많은 비가 오면 산사태가 발생할 우려가 있다.

08 ～きらいがある : ～하는 경향이 있다

- 最近の若い人は、残業をいやがるきらいがある。

  최근 젊은이는 잔업을 싫어하는 경향이 있다.

09 ～たびに : ～할 때마다

- この写真を見るたびに、あの嫌な思い出が頭をよぎる。

  이 사진을 볼 때마다 그때의 싫은 추억이 머리를 스친다.

10 ～一方で ： ～한편으로

- 子供の数は減っていく一方で、お年寄りの数は年々増え続けている。

  아이의 수는 줄어가는 한편 노인의 수는 해마다 계속 늘어나고 있다.

11 ～一方だ ： ～하기만 하다

- 物価は上がる一方だ。 물가는 오르기만 한다.

12 ～にはあたらない ： ～할 것까지 없다, ～할 필요는 없다

- 悪いのは相手なんだから、こちらが謝るにはあたらない。

  나쁜 것은 상대방이니까, 이쪽이 사과할 필요는 없다.

13 ～始末だ ： ～하는 꼴이다, ～하는 모양이다

- だめだと思っても結局買ってしまう始末だ。

  안된다고 생각해도 결국 사 버리는 꼴이다.

14 ～までもない ： ～할 것도 없다

- この程度の作品なら評価するまでもない。

  이 정도의 작품이라면 평가할 것도 없다.

6 동사 의지형에 접속되는 표현　　02-04-06

01 ～(よ)うものなら ： ～할 것 같으면, ～하면

- 少しでも近づこうものなら、今にもかみつきそうな顔で吠える。

  조금이라도 다가갈 것 같으면 당장이라도 달려들어 물 것 같은 얼굴로 짖는다.

02 ～(よ)うと～まいと／～(よ)うが～まいが ： ～하든 ～않든

- 信じようが信じまいがあなたの勝手です。

  믿든 믿지 않든 당신 자유입니다.

• へやに入<ruby>入<rt>はい</rt></ruby>ろうにも中<ruby>中<rt>なか</rt></ruby>から鍵<ruby>鍵<rt>かぎ</rt></ruby>がかかっていて開<ruby>開<rt>あ</rt></ruby>けられない。

  방에 들어가려 해도 안에 열쇠가 잠겨 있어서 열 수가 없다.

• 公園<ruby>公園<rt>こうえん</rt></ruby>にでも行<ruby>行<rt>い</rt></ruby>ってみようではないか。 공원이라도 가 보자.

～ないで / ～なくて / ～ずに

① ～ないで：～하지 않고, ～하지 말고(부대상황 · 대리 · 수단)

• 勉強<ruby>勉強<rt>べんきょう</rt></ruby>しないでテストを受<ruby>受<rt>う</rt></ruby>けた。 공부하지 않고 시험을 쳤다. ← 부대상황

• 彼<ruby>彼<rt>かれ</rt></ruby>が来<ruby>来<rt>こ</rt></ruby>ないで彼女<ruby>彼女<rt>かのじょ</rt></ruby>が来<ruby>来<rt>き</rt></ruby>た。 그가 오지 않고 그녀가 왔다. ← 대리

• 包丁<ruby>包丁<rt>ほうちょう</rt></ruby>を使<ruby>使<rt>つか</rt></ruby>わないで料理<ruby>料理<rt>りょうり</rt></ruby>をした。 부엌칼을 사용하지 않고 요리를 했다. ← 수단

② ～なくて：～하지 않아서(원인 · 이유)

• 飼<ruby>飼<rt>か</rt></ruby>い犬<ruby>犬<rt>いぬ</rt></ruby>がごはんを全然<ruby>全然<rt>ぜんぜん</rt></ruby>食<ruby>食<rt>た</rt></ruby>べなくて困<ruby>困<rt>こま</rt></ruby>っている。 ← 원인 · 이유

  기르는 개가 밥을 전혀 먹지 않아서 곤란하고 있다.

③ ～ずに：「～ないで」와 거의 같지만, 주로 문장어에서 사용된다.

• 勉強<ruby>勉強<rt>べんきょう</rt></ruby>せずにテストを受<ruby>受<rt>う</rt></ruby>けた。 공부하지 않고 시험을 쳤다. ← 부대상황

• 包丁<ruby>包丁<rt>ほうちょう</rt></ruby>を使<ruby>使<rt>つか</rt></ruby>わずに料理<ruby>料理<rt>りょうり</rt></ruby>をした。 부엌칼을 사용하지 않고 요리를 했다. ← 수단

☞ する → せずに　　来<ruby>来<rt>く</rt></ruby>る → 来<ruby>来<rt>こ</rt></ruby>ずに

7 여러 가지 명령 표현　　🎧 02-04-07

① 「동사의 ます형」을 이용한 명령 표현

• あっちに行<ruby>行<rt>い</rt></ruby>け。 저쪽으로 가.

② 「동사의 て형」을 이용한 명령 표현

- これ食べて。 이거 먹어 봐.
- あれ買って。 저거 사.

③ 「동사 ます형＋종조사 な」를 이용한 명령 표현

- ここに座りな。 여기에 앉아.

④ 「명령형＋よ」를 이용한 명령 표현

- もっと勉強しろよ。 좀 더 공부해.
- 早く書けよ。 빨리 써.

⑤ 「동사 ます형＋なさい」를 이용한 명령 표현

- 閉めなさい。 닫으세요.
- 来なさい。 오세요.

⑥ 「お＋동사의 ます형＋ください」를 이용한 명령 표현

- お召し上がりください。 드세요.

⑦ 「동사의 기본형 な」를 이용한 명령 표현

- 入ってくるな。 들어오지 마.

8 여러 가지 형태의 동사

02-04-08

1 보조동사(補助動詞)

본래의 의미가 약해지고 다른 동사의 「て형」 뒤에 붙어서 의미를 추가한다.

01 ～ておく　　　　　　～해 두다

1. スイカを川で冷やしておく。

   수박을 강에서 차갑게 해 두다.

2. 夕食までに宿題をすませておく。

   저녁 식사까지 숙제를 끝내 두다.

해설

1. 대상을 변화시켜서 그 결과의 상태를 지속시키는 것.

2. 어떤 시점까지 어떤 동작이나 일시적인 처치를 행하는 것.

3. 夫が帰ってくるまでに夕食を作っておく。

남편이 돌아올 때까지 저녁 식사를 만들어 두다.

3. 준비

4. とりあえず必要なものはここにしまっておこう。

우선 필요한 것은 여기에 넣어 두자.

4. 일시적인 처지

02 ～てみる　　　　　～해 보다

• 一度読んでみる。 한 번 읽어 보다.

•「시험삼아 해 보는 것」이라는 의미를 나타냄.

03 ～ていく　　　　　～해 가다

1. 手の上に落ちた雪が消えていく。

손 위에 떨어진 눈이 사라져 가다.

1. 소멸의 과정

2. ゴミがどんどん増えていく。

쓰레기가 점점 늘어간다.

2. 점진적인 변화

3. 子どもはどんどん成長していく。

아이는 점점 성장해 간다.

3. 한 시점으로부터의 동작과 작용의 계속을 나타낸다.

04 ～てくる　　　　　～해 오다

1. 子どもの頃の思い出がよみがえってくる。

어릴 때의 추억이 되살아난다.

1. 기억 출현(出現)의 과정

2. 雨がだんだん強くなってきた。

비가 점점 강해졌다.

2. 점진적인 변화

3. 雪が降ってきた。

눈이 내렸다.

3. 동작과 작용의 시작

4. これは私が一生懸命育ててきたトマトです。

이것은 내가 열심히 재배해 온 토마토입니다.

4. 어느 시점까지의 동작과 작용의 계속

ていく・てくるの 시간적 용법

① ていく : 기준시에서 기준시 이후로의 추이·변화를 나타냄.

② てくる : 기준시 이전에서 기준시로의 추이·변화를 나타냄.

- 外に出ず、家の中でテレビゲームばかりする子どもが増えてきた。

  밖에 나가지 않고 집에서 텔레비전 게임만 하는 아이가 늘어났다.

- これからもっと増えていくだろう。

  앞으로도 더욱 늘어갈 것이다.

05 　〜てしまう　　　　〜해 버리다, 〜하고 말다

1. ノートを全ページ使ってしまった。

   노트를 전부 사용해 버렸다.

2. 財布を落としてしまった。　지갑을 잃어버렸다.

3. ペンを置いてしまった。　펜을 놓아 버렸다.

4. くしゃみをしてしまった。　재채기를 해 버렸다.

5. お金がなくなってしまった。　돈이 없어져 버렸다.

해 설

1. 완료〈어떤 과정을 갖는 동작이 끝까지 행해지는 것〉

2. 유감〈어떤 동작이나 작용이 행해진 결과가 돌이킬 수 없는 것이라는 느낌〉

3. 귀찮음〈적극적으로 동작에 가담해서 결말을 짓는 것〉

4. 무심코〈사람의 동작이 무의식적으로 행해지는 것〉

5. 곤란함

2　상호동사(相互動詞)

두 사람 이상이 반드시 함께 동작을 행하는 동사를 말하며, 「〜と…する」형을 취한다.

結婚する 결혼하다　　けんかする 싸움하다　　議論する 의논하다　　並ぶ 늘어서다

戦う 싸우다　　競争する 경쟁하다　　話し合う 서로 이야기하다　　仲良くする 사이좋게 지내다

3　이동동사(移動動詞)

「飛ぶ(날다), 歩く(걷다), 通る(지나다), 出る(나가다)」 등의 사람과 물건의 이동을 나타내는 동사를 말하며, 이들 동사는 타동사가 아닌 목적격 조사 「を」를 취하는 자동사이다.

① 이동의 범위(範囲) 전반에 중점

歩く 걷다　　走る 달리다　　登る 오르다　　泳ぐ 수영하다　　曲がる 돌다　　飛ぶ 날다

② 이동의 통과점(通過点)에 중점(그곳을 통과하다)

通る 통과하다　　渡る 건너다　　越える 넘다　　抜ける 빠져 나오다

③ 이동의 이탈점(離脱点)에 중점(그곳으로부터 이탈하다)

出る 나가다　　卒業する 졸업하다　　出発する 출발하다　　去る 가다

4 생산동사(生産動詞)

「~を」가 그 동작의 결과가 되는 동사를 말한다.(결과동사)

- 穴を掘る 구멍을 파다
- お湯を沸かす 물을 끓이다
- パイを焼く 파이를 굽다

5 복합동사(複合動詞)

두 개 이상의 동사가 결합하여 하나의 동사가 된 것을 말한다.

① 동사 + 동사

助け合う 서로 돕다　　取り替える 바꾸다　　考え付く 생각이 나다　　話しかける 말을 걸다

② 명사 + 동사

勉強する 공부하다　　名付ける 이름 짓다

③ い형용사 어간 + 동사

近寄る 접근하다　　高鳴る 크게 울려 퍼지다

④ 접미어가 붙은 것

おもしろがる 재미있어 하다　　春めく 봄다워지다　　偉ぶる 잘난 체하다　　汗ばむ 땀이 나다

check 「する」의 여러 가지

1. ~する : 3그룹동사(복합동사의 일종). 동작이나 작용성이 있는 명사에 한한다.

勉強する 공부하다　　掃除する 청소하다　　故障する 고장나다　　ほっとする 안심하다
運動する 운동하다　　案内する 안내하다　　活動する 활동하다　　遠慮する 삼가다
発表する 발표하다　　予測する 예측하다　　優勝する 우승하다

2. ~をする : 명사 + 조사 + 동사(동작이나 역할)

勉強をする 공부를 하다　怪我をする 다치다　ネクタイをする 넥타이를 하다
教師をする 교사를 하다

3. ~がする : 지각(知覺)을 나타낸다.

においがする 냄새가 나다　声がする (사람의 목소리가) 나다　音がする (사물의) 소리가 나다
味がする 맛이 나다　寒気がする 오한이 들다　頭痛がする 두통이 나다
眠気がする 졸음이 오다

4. ~をしている : 외견을 나타낸다.

大きい目をしている。 큰 눈을 하고 있다.

5. ~にする : 관용구를 만든다.

彼女の噂を耳にする。 그녀의 소문을 듣다
大金を手にする。 큰돈을 손에 넣다

예외 1그룹동사

다음의 단어들은 어미가 「る」로 끝나는 동사의 앞 글자가 「い단」이나 「え단」에 속하는 2그룹동사
이지만 예외로 1그룹동사인 경우이다.

知る 알다	帰る 돌아가[오]다	走る 달리다	減る 줄다
入る 들어가[오]다	しゃべる 지껄이다	切る 자르다	焦る 안달하다
握る 쥐다	蹴る 차다	散る 떨어지다	滑る 미끄러지다
要る 필요하다	茂る 우거지다	限る 한하다	照る 비치다
参る 오[가]시다	捻る 비틀다	陥る 빠지다	うねる 꾸불거리다
裏切る 배신하다	競る 경쟁하다	かじる 갉아먹다	抓る 꼬집다
千切る 따다	くねる 구부러지다	交じる 섞이다	もぎる 비틀어 뜯다
仕切る 구분하다	しくじる 실수하다	恐れ入る 황송해하다	いじる 주무르다

帽子(ぼうし) 모자	かぶる (머리 등에) 쓰다
眼鏡(めがね) 안경 / マスク 마스크	かける 몸에 걸치다(쓰다)
スーツ 슈트 / うわぎ 겉옷	着(き)る 입다
スカート 스커트 / くつした 양말 / ズボン 바지	はく 입다
ネクタイ 넥타이 / ベルト 벨트	しめる 매다, する 하다
指輪(ゆびわ) 반지 / てぶくろ 장갑 / 時計(とけい) 시계	はめる 끼우다, する 하다
イヤリング 귀고리 / ネックレス 목걸이 / 時計(とけい) 시계	する 하다

9 자동사와 타동사 (2) 　02-04-09

1 자 · 타동사 어형이 같은 것

	자동사	타동사
吹(ふ)く 불다	風(かぜ)が吹(ふ)く 바람이 불다	笛(ふえ)を吹(ふ)く 피리를 불다
笑(わら)う 웃다	人(ひと)が笑(わら)う 사람이 웃다	人(ひと)を笑(わら)う 사람을 비웃다
終(お)わる 끝나다	仕事(しごと)が終(お)わる 일이 끝나다	会議(かいぎ)を終(お)わる 회의를 끝내다
働(はたら)く 일하다	畑(はたけ)で働(はたら)く 밭에서 일하다	詐欺(さぎ)を働(はたら)く 사기를 치다
引(ひ)く 끌다	水(みず)が引(ひ)く 물이 빠지다	水(みず)を引(ひ)く 물을 끌어들이다
増(ま)す 늘어나다	水(みず)が増(ま)す 물이 붇다	水(みず)を増(ま)す 물을 불리다
閉(と)じる 닫다	カーテンが閉(と)じる 커튼이 닫히다	目(め)を閉(と)じる 눈을 감다
運(はこ)ぶ 운반하다	話(はなし)が運(はこ)ぶ 이야기가 진척되다	荷物(にもつ)を運(はこ)ぶ 짐을 나르다

자동사(−aru型)	타동사(−eru型)
• 当_あたる 부딪히다, 들어맞다	• 当_あてる 부딪다, (빛을) 쬐다, (바람을) 쐬다
• 当_あてはまる 들어맞다	• 当_あてはめる 적용하다, 들어맞추다
• 改_{あらた}まる 고쳐지다, 개선되다	• 改_{あらた}める 고치다
• 薄_{うす}まる 엷어지다, 묽어지다	• 薄_{うす}める 엷게 하다, 묽게 하다
• 埋_うまる 묻히다	• 埋_うめる 묻다
• 植_うわる 심어지다	• 植_うえる 심다
• かかる (시간 · 돈 · 수고) 들다, 걸리다	• かける (시간 · 돈 · 수고) 들이다, 걸다
• 重_{かさ}なる 포개어지다, 거듭되다	• 重_{かさ}ねる 포개다, 거듭하다
• 高_{たか}まる 높아지다, 고조되다	• 高_{たか}める 높이다
• 下_さがる 내려가다	• 下_さげる 낮추다
• 定_{さだ}まる 정해지다	• 定_{さだ}める 정하다
• 仕上_{しあ}がる 완성되다	• 仕上_{しあ}げる 완성하다
• 静_{しず}まる 조용해지다, 가라앉다	• 静_{しず}める 조용하게 하다, 가라앉히다
• もうかる (돈) 벌이가 되다	• もうける (돈을) 벌다
• 弱_{よわ}まる 약해지다	• 弱_{よわ}める 약하게 하다
• 捕_{つか}まる 잡히다	• 捕_{つか}まえる 잡다
• 伝_{つた}わる 전해지다	• 伝_{つた}える 전하다
• つながる 이어지다	• つなげる / つなぐ 잇다
• 詰_つまる 가득차다	• 詰_つめる 채우다, 좁히다, 줄이다, 절약하다
• 遠_{とお}ざかる 멀어지다	• 遠_{とお}ざける 멀리하다
• 広_{ひろ}がる / 広_{ひろ}まる 넓어지다	• 広_{ひろ}げる / 広_{ひろ}める 넓히다
• 深_{ふか}まる 깊어지다	• 深_{ふか}める 깊게 하다
• ぶつかる 부딪치다	• ぶつける 부딪치다
• ぶらさがる 매달리다	• ぶらさげる 매달다
• 早_{はや}まる 빨라지다, 앞당겨지다	• 早_{はや}める 서두르다, 앞당기다

자동사(-aru型)	타동사(-u型)
・刺さる 찔리다, 박히다	・刺す 찌르다
・塞がる 막히다	・塞ぐ 막다

자동사(-reru型)	타동사(-su型)
・こぼれる 넘쳐흐르다	・こぼす 엎지르다
・倒れる 쓰러지다	・倒す 쓰러뜨리다
・潰れる 부서지다, 파산하다	・潰す 부수다
・流れる 흐르다, 취소되다	・流す 흘리다
・外れる 빗나가다, 벗겨지다	・外す 떼다
・乱れる 흐트러지다	・乱す 어지럽히다
・汚れる 더러워지다	・汚す 더럽히다

자동사(-reru型)	타동사(-ru型)
・折れる 꺾이다, 접히다	・折る 꺾다, 접다
・釣れる 낚이다	・釣る 낚다
・ねじれる 비틀어지다	・ねじる 비틀다
・破れる 찢어지다, 깨지다	・破る 부수다, 깨다

자동사(-ru型)	타동사(-su型)
・裏返る 뒤집히다, 배신하다	・裏返す 뒤집다
・返る 되돌아오다	・返す 되돌리다
・転がる 구르다	・転がす 굴리다
・散らかる 흩어지다	・散らかす 흩뜨리다
・覆る 뒤집히다	・覆す 뒤엎다
・直る 고쳐지다	・直す 고치다
・治る 치료되다	・治す 치료하다
・戻る 되돌아가다	・戻す 되돌리다

자동사(-u型)	타동사(-eru型)
・空く (시간, 공간) 비다	・空ける (시간, 공간) 비우다
・浮かぶ 뜨다	・浮かべる 띄우다
・叶う 이루어지다	・叶える 이루어주다
・傷付く 상처를 입다	・傷付ける 상처를 입히다
・くっつく 달라붙다	・くっつける 붙이다
・揃う 갖추어지다	・揃える 갖추다
・建つ (건물 등이) 서다	・建てる (건물 등을) 세우다
・近づく 다가가다	・近づける 가까이 대다
・縮む 오그라들다, 줄다	・縮める 오그리다, 줄이다
・付く 켜지다, 붙다	・付ける 켜다, 붙이다
・届く 이르다, 미치다	・届ける 보내다, 신고하다
・整う 정돈되다	・整える 정돈하다
・結びつく 맺어지다	・結びつける 결부시키다
・緩む 느슨해지다	・緩める 느슨하게 하다

자동사(-eru型)	타동사(-u型)
・欠ける 부족하다	・欠く 빠지다
・砕ける 부서지다	・砕く 부수다
・解ける 풀리다	・解く 풀다
・抜ける 빠지다	・抜く 빼다
・ほどける 풀리다	・ほどく 풀다
・煮える 삶아지다, 익다	・煮る 삶다
・寝る 자다	・寝かせる 〈예외〉재우다
・載る 실리다	・載せる 〈예외〉싣다

자동사(-eru型)	타동사(-asu型)
・荒れる (날씨, 분위기 등이) 거칠어지다	・荒らす 해치다

자동사	타동사
・遅れる 늦다	・遅らす 늦추다
・枯れる 마르다, 시들다	・枯らす 말리다, 시들게 하다
・焦げる 타다	・焦がす 태우다
・冷める 식다	・冷ます 식히다
・溶ける 녹다	・溶かす／溶く 녹이다
・慣れる 익숙해지다, 길들다	・慣らす 순응시키다, 길들이다
・生える 자라다	・生やす 기르다
・冷える 식다	・冷やす 식히다
・燃える (불)타다	・燃やす (불)태우다, 의욕을 고조시키다
・漏れる 새다	・漏らす 누설하다
・揺れる 흔들리다	・揺らす 흔들다
・消える 꺼지다	・消す 〈예외〉끄다

자동사(-u型)	타동사(-asu型)
・膨らむ 부풀다	・膨らます 부풀리다
・沸く 끓다	・沸かす 끓이다

자동사(-iru型)	타동사(-osu型)
・滅びる 멸망하다	・滅ぼす 멸망시키다

10 말하는 사람의 마음을 나타내는 표현　　02-04-10

01 [권유 · 충고 표현] ～たほうがいい　～하는 편이 좋다

1. 帰りが遅くなるなら連絡したほうがいいですよ。
   귀가가 늦어지면 연락하는 편이 좋아요.

2. お酒は飲み過ぎないほうがいい。
   술은 과음하지 않는 편이 좋다.

해설

1. ～たほうがいい : ～하는 편이 좋다

2. ～ないほうがいい : ～하지 않는 편이 좋다

 [허가 표현] ～てもいい　　　　　　　　　～해도 좋다

1. 大学を出たら自分の好きにしてもいいと父に言われた。

   대학을 나오면 내 마음대로 해도 괜찮다고 아버지에게 들었다.

2. 明日は早く起きなくてもいいよ。

   내일은 빨리 일어나지 않아도 좋아.

해설

1. ～てもいい : ～해도 좋다

2. ～なくてもいい : ～하지 않아도 좋다

03　**[금지 표현] ～てはいけない / ～てはならない**　　　～해서는 안 된다

1. 美術館で騒いではいけない。

   미술관에서 떠들어서는 안 된다.

2. ここで写真をとってはいけません。

   여기서 사진을 찍어서는 안 됩니다.

3. 授業に遅れてはなりません。

   수업에 늦어서는 안 됩니다.

해설

1. ～てはいけない : ～해서는 안 된다.

2. ～てはいけません : ～해서는 안 됩니다.

3. ～てはなりません : ～해서는 안 됩니다.

04　**[의무·필요 표현] ～なければならない / ～なくてはいけない**　　～해야 한다

1. 学生は勉強しなければならない。

   학생은 공부해야 한다.

2. 生きるためには働かなくてはならない。

   살기 위해서는 일해야 한다.

3. 明日までに報告書を提出しなければいけない。

   내일까지 보고서를 제출해야 한다.

4. なぜ私がこんな事をしなくてはいけないのか。

   왜 내가 이런 일을 해야만 하는 것일까?

해설

1. ～なければならない : ～해야 한다〈누구에게나 해당되는 일반적인 의무나 필요성을 나타냄〉

2. ～なくてはならない : ～해야 한다〈행위자의 의지와 관계 없음〉

3. ～なければいけない : ～해야 한다〈개인적인 일에 대한 의무나 필요성〉

4. ～なくてはいけない : ～해야 한다〈행위자 자신의 주체적인 판단〉

01 ～だろう / ～でしょう

～일 것이다, ～이겠지요

1. 明日は雨だろう。 내일은 비가 올 것이다.
2. 明日は雨が降るだろう。 내일은 비가 내릴 것이다.
3. 雪国はすごく寒いだろう。

   눈이 많이 오는 지방은 매우 추울 것이다.
4. 森の中はどんなに静かだろう。

   숲 속은 얼마나 조용한 것일까?

해설

1. 명사 + だろう
2. 동사 기본형 + だろう
3. い형용사 기본형 + だろう
4. な형용사 어간 + だろう

02 ～と思う

～이라고 생각한다

1. あの方は母の友人だと思う。 저 분은 엄마 친구라고 생각한다.
2. もうすぐバスが来ると思う。 이제 곧 버스가 올 거라고 생각한다.
3. 明日は特に暑いと思う。 내일은 특히 덥다고 생각한다.
4. 彼女は今でもきれいだと思う。

   그녀는 지금도 예쁘다고 생각한다.

해설

1. 명사 だ + と思う
2. 동사 기본형 + と思う
3. い형용사 기본형 + と思う
4. な형용사 기본형 + と思う

03 ～かもしれない

～일지도 모른다

1. 彼が犯人かもしれない。

   그가 범인일지도 모른다.
2. 私のクラスに転校生が来るかもしれない。

   내 반에 전학생이 올지도 모른다.
3. バスより電車で行く方が早いかもしれない。

   버스보다 전철로 가는 쪽이 빠를지도 모른다.
4. 彼はクラス一まじめかもしれない。

   그는 반에서 가장 성실할지도 모른다.

해설

1. 명사 + かもしれない
2. 동사 기본형 + かもしれない
3. い형용사 기본형 + かもしれない
4. な형용사 어간 + かもしれない

2음절 동사

会う 만나다	消す 끄다, 지우다	取る 잡다, 쥐다	合う 맞다
蹴る 차다	泣く 울다	空く 비다	込む 혼잡하다
鳴る 울리다	編む 짜다	咲く 피다	似る 닮다
要る 필요하다	差す (우산을) 쓰다, 꽂다	煮る 삶다	居る 있다
吸う 들이마시다	縫う 꿰매다	忌む 꺼리다	刷る 인쇄하다
抜く 뽑다	売る 팔다	擦る 문지르다	塗る 칠하다
得る 얻다	透く 비다	乗る 타다	追う 쫓다
済む 끝나다	這う 기다	押す 밀다	沿う 따르다
履く 신다	推す 추진시키다	剃る 면도하다	貼る 붙이다
置く 두다	反る 휘다	拭く 닦다	折る 꺾다, 접다
足す 더하다	踏む 밟다	織る 짜다	炊く 밥을 짓다
減る 줄다	買う 사다	付く 달라붙다	掘る 파다
飼う 기르다	着く 도착하다	干す 말리다	書く 쓰다
接ぐ 이어붙이다	巻く 감다	嗅ぐ 냄새 맡다	摘む 따다
蒔く 뿌리다	貸す 빌려주다	注ぐ 붓다, 따르다	増す 늘다
噛む 물다	就く 종사하다	向く 향하다	刈る 베다
突く 찌르다	蒸す 찌다	勝つ 이기다	釣る 낚시하다
止む 그치다	効く 잘 들다	照る 비추다	結う 묶다
着る 입다	問う 묻다	寄る 들르다	切る 자르다
解く 풀다	呼ぶ 부르다	組む 짜다	研ぐ 갈다
沸く 끓다	繰る 감다	飛ぶ 날다	割る 나누다

3음절 동사

飽きる 싫증나다	移る 이동하다	借りる 빌리다	焦る 서두르다
飢える 굶주리다	渇く 마르다	遊ぶ 놀다	熟れる 여물다
担ぐ 짊어지다	仰ぐ 우러러보다	選ぶ 고르다	欠ける 결여되다
歩む 걷다	描く 그리다	枯れる 시들다	充てる 충당하다

覆う 덮다	係る 관계되다	荒れる 거칠어지다	起きる 일어나다
語る 말하다	急ぐ 서두르다	送る 보내다	嵩む 늘다
祈る 기원하다	怒る 화내다	陰る 그늘지다	威張る 뽐내다
落ちる 떨어지다	薫る 향기가 나다	祝う 축하하다	踊る 춤추다
決まる 결정되다	入れる 넣다	思う 생각하다	軋む 삐걱거리다
憩う 휴식하다	泳ぐ 헤엄치다	崩す 무너뜨리다	悼む 애도하다
降りる 내리다	配る 배부하다	挑む 도전하다	終わる 끝나다
曇る 흐리다	抱く 품다	惜しむ 아까워하다	暮らす 살다
急ぐ 서두르다	犯す 범하다	狂う 정신이 돌다	生かす 살리다
拝む 절하다	暮れる 저물다	植える 심다	興る 흥하다
悔いる 후회하다	浮かぶ 떠오르다	折れる 접히다	削る 깎다, 삭감하다
受ける 받다	帰る 돌아가다	越える 넘다	動く 움직이다
掛かる 걸리다	凍る 얼다	歌う 노래부르다	限る 제한하다
零す 엎지르다	写す 베끼다	隠す 숨기다	困る 곤란하다
唸る 신음하다	囲む 둘러싸다	殺す 죽이다	奪う 빼앗다
飾る 꾸미다	壊す 부수다	恨む 원망하다	被る 머리에 쓰다
肥える 살찌다	埋める 메우다, 묻다	通う 다니다	懲りる 질리다
探す 찾다	滑る 미끄러지다	包む 포장하다	探る 더듬다, 살피다
座る 앉다	繋ぐ 잇다	叫ぶ 외치다	据える 설치하다
潰す 부수다	避ける 피하다	透かす 틈새를 내다	詰まる 막히다
誘う 권유하다	背負う 짊어지다	連れる 데리고 가다	錆びる 녹슬다
攻める 공격하다	紡ぐ 실을 뽑다	覚める (잠이) 깨다	育つ 자라나다
募る 심해지다	騒ぐ 떠들다	揃う 갖추어지다	告げる 고하다
触る 손을 대다	添える 첨부하다	積もる 쌓이다	悟る 깨닫다
反らす 뒤로 젖히다	尽くす 다하다	裁く 재판하다	耐える 참다
出会う 우연히 만나다	下げる 낮추다	倒す 쓰러뜨리다	出来る 할 수 있다
叱る 꾸짖다	叩く 두드리다	照らす 비추다	茂る 무성하다
頼む 부탁하다	通す 통과시키다	沈む 가라앉다	食べる 먹다
閉じる 닫히다	縛る 묶다	黙る 잠자코 있다	届く 도달하다

絞る 쥐어짜다	試す 시험하다	止まる 멈추다, 서다	染みる 스며들다
足りる 충분하다	嫁ぐ 시집가다	示す 나타내다	頼る 의지하다
溶ける 녹다	占める 차지하다	畳む 접다	無くす 없애다
記す 기록하다	垂れる 늘어지다	殴る 때리다	慕う 연모하다
違う 다르다	投げる 던지다	凌ぐ 참아내다	縮む 줄다
悩む 괴로워하다	強いる 강요하다	契る 약속하다	習う 배우다
過ぎる 지나다	誓う 맹세하다	並ぶ 늘어서다	救う 구하다
使う 사용하다	慣れる 익숙해지다	進む 나아가다	作る 만들다
嘆く 한탄하다	捨てる 버리다	続く 계속되다	匂う 향기가 나다
握る 쥐다	弾む 튀다	貢ぐ 공헌하다	濁る 흐려지다
阻む 저지하다	向かう 향하다	煮える 익다	光る 빛나다
結ぶ 매다	逃げる 도망치다	潜む 숨다	群れる 떼를 짓다
担う 짊어지다	響く 울려퍼지다	目指す 목표로 하다	拭う 닦다
開く 열리다	目立つ 눈에 띄다	盗む 훔치다	拾う 줍다
恵む 은혜를 베풀다	濡れる 젖다	含む 포함하다	巡る 돌다
願う 원하다	塞ぐ 막다	申す 말하다	残る 남다
防ぐ 막다	燃える 타다	除く 제거하다	太る 살찌다
潜る 잠수하다	望む 바라다	触れる 접촉하다	戻る 되돌아가다
述べる 진술하다	放る 내던지다	もらう 받다	伸ばす 늘이다
誇る 자랑하다	漏れる 새다	入る 들어가다	解く 풀다
休む 쉬다	生える 자라다	誉める 칭찬하다	痩せる 야위다
図る 꾀하다	曲がる 돌다	雇う 고용하다	運ぶ 운반하다
負ける 지다	破る 깨다, 부수다	挟む 끼우다	交じる 섞이다
辞める 그만두다	走る 달리다	招く 초대하다	宿る 머물다
外す 떼다	真似る 모방하다	譲る 양보하다	話す 말하다
守る 지키다	茹でる 삶다, 데치다	跳ねる 뛰어오르다	迷う 망설이다
許す 허락하다	嵌める 끼우다	回る 돌다	揺れる 흔들리다
流行る 유행하다	学ぶ 배우다	汚す 더럽히다	払う 지불하다
勝る 뛰어나다	詫びる 사죄하다	晴れる 개다	磨く 닦다

渡る 건너다	離す 떼다, 놓다	満たす 채우다	笑う 웃다

4음절 동사

呆れる 기막히다	押える 누르다	壊れる 부서지다	預ける 맡기다
教える 가르치다	強張る (얼굴·몸이) 굳어지다	与える 주다	恐れる 두려워하다
支える 떠받치다	扱う 취급하다	脅かす 위협하다	捧げる 받들다
集まる 모이다	驚く 놀라다	逆らう 거스르다	暴れる 날뛰다
覚える 기억하다	遮る 차단하다	謝る 사과하다	陥る 빠지다
仕上げる 완성하다	争う 다투다	補う 보충하다	仕入れる 매입하다
現(わ)す 나타내다	教わる 배우다	従う 따르다	慌てる 당황하다
怠る 방심하다	親しむ 친하게 지내다	欺く 속이다	煽てる 부추기다
痺れる 저리다	操る 조종하다	赴く 향하여 가다	知らせる 알리다
侮る 깔보다	輝く 빛나다	調べる 조사하다	商う 장사하다
重なる 포개지다	優れる 우수하다	危ぶむ 걱정하다	数える (수를) 세다
廃れる 쓸모없게 되다	哀れむ 불쌍히 여기다	頑張る 분발하다	退く 후퇴하다
甘える 응석부리다	偏る 치우치다	備える 대비하다	苛める 괴롭히다
構える 대비하다	助ける 돕다	営む 경영하다	奏でる 연주하다
訪ねる 방문하다	彩る 채색하다	鍛える 단련하다	楽しむ 즐기다
偽る 거짓말하다	極める 끝까지 가다	倒れる 쓰러지다	失う 잃다
際立つ 두드러지다	漂う 떠다니다	疑う 의심하다	比べる 비교하다
耕す 경작하다	敬う 공경하다	苦しむ 괴로워하다	近付く 접근하다
生まれる 태어나다	崩れる 무너지다	疲れる 지치다	裏切る 배반하다
答える 대답하다	伝える 전하다	潤う 촉촉해지다	断る 거절하다
突っ込む 처넣다	遅れる 늦어지다	ごまかす 속이다	費やす 소비하다
行う 행하다	転がる 구르다	貫く 관통하다	培う 북돋우다
冷やかす 놀리다	乱れる 흐트러지다	慎む 삼가다	広がる 넓어지다
認める 인정하다	出掛ける 외출하다	率いる 인솔하다	導く 인도하다
手伝う 돕다, 거들다	秀でる 뛰어나다	迎える 맞이하다	年取る 나이를 먹다
控える 삼가다	報いる 보답하다	伴う 동반하다	ぶつかる 부딪치다

設ける 설치하다	捕らえる 체포하다	塞がる 막히다	用いる 이용하다
唱える 제창하다	隔てる 멀리하다	もてなす 대접하다	弔う 애도하다
滅びる 멸망하다	求める 구하다	戸惑う 망설이다	施す 베풀다
催す 개최하다	眺める 바라보다	葬る 매장하다	もたらす 초래하다
怠ける 게으름피우다	任せる 맡기다	役立つ 도움이 되다	励ます 격려하다
間違う 잘못되다	養う 기르다	働く 일하다	間に合う 시간에 맞게 대다
欲張る 욕심부리다	始まる 시작되다	瞬く 깜빡이다	喜ぶ 기뻐하다
離れる 멀어지다	賄う 공급하다	煩う 괴로워하다	外れる 벗어나다
紛れる 헷갈리다	忘れる 잊다	溺れる 물에 빠지다	栄える 번영하다, 번창하다

<table><tr><td colspan="4" align="center">5음절 동사</td></tr></table>

諦める 포기하다	顧る 돌아보다	蓄える 저축하다	現れる 나타나다
繰り返す 반복하다	確かめる 확인하다	戒める 훈계하다	企てる 계획하다
携わる 종사하다	憤る 성내다	覆す 뒤집다	携える 휴대하다
慈しむ 자비를 베풀다	腰掛ける 걸터앉다	戯れる 장난치다	衰える 쇠퇴하다
試みる 시도해 보다	奉る 바치다	訪れる 방문하다	遡る 거슬러올라가다
整える 정돈하다	片付ける 정돈하다	妨げる 방해하다	滞る 정체하다
傾ける 기울이다	虐げる 학대하다	慰める 위로하다	省みる 반성하다
唆す 부추기다	蘇る 소생하다	憧れる 동경하다	訴える 고소하다, 소송하다

<table><tr><td colspan="3" align="center">복합동사</td></tr></table>

意気込む 분발하다	受け付ける 접수하다	受け継ぐ 계승하다
受け入れる 받아들이다	受け止める 받아내다	打ち切る 자르다, 중단하다
打ち込む 두드려 박다	打ち明ける 털어놓다	使いこなす 구사하다
出くわす 맞닥뜨리다	照り返す 반사하다	売り出す 발매하다, 팔다
上回る 웃돌다	落ち込む 빠지다	押し込む 밀어 넣다
押し寄せる 밀려오다	押し切る 무릅쓰고 나아가다	折り返す 반복하다
書き取る 받아쓰다	恐れ入る 죄송해하다	掻き回す 휘젓다
噛みきる 물어 끊다	傷付く 다치다	傷付ける 다치게 하다

切り替える 전환하다	着飾る 옷을 화려하게 차려입다	組み込む 짜넣다
組み合わせる 짜맞추다	口ずさむ 흥얼거리다	差し掛かる 다다르다
差し控える 삼가다, 보류하다	差し支える 방해가 되다	仕向ける 작용하다, 발송하다
仕組む 조립하다	仕上げる 완성하다	仕入れる 사들이다
仕掛ける 장치하다	仕切る 구분하다	仕立てる 옷을 짓다
仕出す 시작하다	仕組む 조립하다	立ち去る 떠나가다
立ち寄る 다가서다	立て替える 대금을 대신 치르다	付け加える 덧붙이다
突っ張る 버티다	手がける 직접 하다	問い合わせる 문의하다
据え付ける 설치하다	取り替える 바꾸다	取り扱う 다루다
取り締まる 단속하다	取り調べる 조사하다	取り組む 맞붙다
取り次ぐ (전화의 호출) 전하다	取り立てる 징수하다	取り付ける 장치하다
取り除く 제거하다	取り巻く 둘러싸다	取り混ぜる 혼합하다
取り寄せる 주문해서 가져오게 하다	取り戻す 회복하다	取り消す 취소하다
投げ出す 내던지다	抜け出す 빠져나가다	成り立つ 성립되다
名付ける 이름 짓다	逃げ出す 도망치다	乗り込む 올라타다
乗っ取る 납치하다	引っ掻く 할퀴다	引き起こす 일으키다
引き下げる 낮추다	引きずる 질질 끌다	引き取る 물러나다
引き上げる 인양하다, 인상하다	踏み込む 발을 내딛다	放り込む 집어넣다
放り出す 던져내다	読み上げる 낭독하다	結び付ける 묶다
結び付く 맺어지다	目覚める 깨어나다	申し入れる 신청하다
申し出る 자청하다	指さす 가리키다	割り込む 끼어들다
呼び止める 불러 세우다	寄り掛かる 기대다	待ち望む 기다리고 기다리다
飲み込む 삼키다	遠ざかる 멀어지다	振り返る 뒤돌아보다
見合う 균형이 맞다	見落とす 간과하다	見掛ける 눈에 띄다
見習う 보고 익히다	見逃す 간과하다	見渡す 조망하다
見計らう 가늠하다	食い違う 어긋나다	見積もる 어림잡다
見込む 예상하다	見せびらかす 과시하다	見入る 열심히 보다
見なす 간주하다	見直す 다시 보다	見つめる 응시하다
見送る 배웅하다, 보류하다	見合わせる 마주보다, 보류하다	見慣れる 낯익다

見つける 발견하다	見通す 조망하다	食み出す 초과하다
切り詰める 절약하다, 줄이다	見舞う 닥쳐오다, 문병하다	払い込む 불입하다
立て込む 붐비다	追い抜く 추월하다	押し付ける 강요하다
打ち合わせる 협의하다	持ち直す 회복하다	引き付ける 마음을 끌다
引き受ける 떠맡다	差し出す 내밀다	言い付ける 명령하다
振り出す 발행하다, 흔들어 뽑다	込み上げる 치밀어 오르다	似通う 비슷하다
蹴飛ばす 차내다	引き揚げる 철수하다	明け暮れる 몰두하다, 세월이 흐르다
巻き込む 말려들게 하다	張り合う 겨루다	思い止まる 단념하다
思い余る 갈팡질팡하다	待ち兼ねる 학수고대하다	乗り越える 극복하다
付き合う 사귀다	話し合う 서로 이야기하다	呼び出す 불러내다
振り撒く 흩뿌리다	乗り出す 적극적으로 나서다	踏み切る 결단하다
振り替える 대체하다	受け持つ 담당하다	着流す 약식 차림하다
気崩す 헌 옷이 되게 하다	掛け合う 교섭하다	張り切る 긴장하다
押し出す 내세우다	押し分ける 밀어 헤치다	押し入る 침입하다
押し黙る 침묵을 지키다	備え付ける 비치하다	落ち着く 안정되다
落ち込む 빠지다	立ち上がる 일어서다	立ち止まる 멈추어 서다
立ち寄る 들르다	立ち去る 떠나가다	立ち竦む 우뚝 멈춰 서다
成り済ます ~인 체하다	成り上がる 갑자기 출세하다	成り行く 점차 되어가다
立ち直る 회복하다	付け込む 허점을 이용하다	飛び込む 뛰어들다
駆け込む 뛰어들다	放り出す 내버려 두다	引っ張る 잡아당기다
引っ越す 이사하다	突き当たる 막다르다, 부딪치다	追い付く 따라잡다
追い込む 몰아넣다	追い出す 몰아내다	追い越す 추월하다
思い付く 생각나다	座り込む 농성하다	申し込む 신청하다
差し引く 빼다	出会う 우연히 만나다	心得る 이해하다
心掛ける 마음을 쓰다	心付く 깨닫다	繰り上げる 예정을 앞당기다

1. ポップコーンを______ながら映画をみました。

   (A) 食べる (B) 食べ (C) 食べた (D) 食べよう

2. 壁にかわいい時計が______ある。

   (A) かけた (B) かけて (C) かかった (D) かかって

3. 現地の人との交流により、だんだん英語が______ようになりました。

   (A) 話す (B) 話そう (C) 話せる (D) 話される

4. テーブルの上にあった読み______の雑誌を母が捨ててしまった。

   (A) つつ (B) かけ (C) ながら (D) ちゅう

5. 祭り当日は、みんないてもたっても______。

   (A) いられない (B) なりえない (C) おわらない (D) とまらない

6. この商品は当店では______しておりません。

   (A) 取り隠し (B) 取り消し (C) 取り扱い (D) 取り入れ

7. ゲームソフトの発売日には、店の前にたくさんの人が______います。

   (A) ならび (B) ならんで (C) ならべ (D) ならべて

8. フルマラソンに出場するからには、何がなんでも42.195kmを______。

   (A) 走るまい (B) 走りがたい (C) 走りかねない (D) 走りぬきたい

9. たとえお客様でも、営業時間外は対応し______。

   (A) かねません (B) がたいです (C) かねます (D) かけます

10. ここではたばこを______はいけません。

   (A) すう (B) すって (C) すった (D) すおう

11. 彼の行動はすごいとしか＿＿＿＿＿ようがない。

(A) 言う (B) 言って (C) 言った (D) 言い

12. 休日の遊園地には、数え＿＿＿＿＿ほどの人が来る。

(A) かねない (B) きれない (C) おえる (D) あげない

13. 母は外に出る時はいつも帽子を＿＿＿＿＿います。

(A) して (B) かぶって (C) かけて (D) 着て

14. 雨がこんなに降っているのに、あの人はかさを＿＿＿＿＿歩いています。

(A) さして (B) さしながら (C) ささずに (D) ささなくて

15. ズボンを買う時は、買う前に一度履いて＿＿＿＿＿。

(A) みます (B) します (C) あります (D) はじめます

16. 最近は、簡単な漢字も書けない人が増えて＿＿＿＿＿。

(A) いきます (B) いきました (C) きます (D) きました

17. この草、なんか変なにおいが＿＿＿＿＿。

(A) する (B) 出る (C) 来る (D) やる

18. もう大人なんだから、自己管理をしっかり＿＿＿＿＿ねばならない。

(A) し (B) せ (C) する (D) す

19. 田中は席をはずしておりますので、戻り＿＿＿＿＿ご連絡さしあげます。

(A) 次第 (B) とたん (C) やいなや (D) 同時に

20. 象は早くくれと＿＿＿＿＿んばかりに、鼻を伸ばして餌を欲しがる。

(A) 言う (B) 言わ (C) 言い (D) 言おう

[오문정정]

21. 人身事故により、電車が遅れていたため、いつもの地下鉄ではないでタクシーで会社に行きま
　　　　　　A　　　　　　　　B　　　　　　　　C　　　　　　　　D
した。

22. 人気の動物園に行ったのだが、人が多いすぎて動物より人を見に行ったようなものだった。
　　　　　　　　A　　　　　　　　　B　　　　　　C　　　　　　　　　D

23. 受付でご用件を伺って、担当の者にお取り付きいたします。
　　　　A　　　B　　　　　C　　D

24. ろくに努力もしずに、簡単に成功できるなんて勘違いにもほどがある。
　　　A　　　B　　　　　　　　　C　　　　　D

25. いたずら好きのうちの犬なら、やる かねない。
　　　A　　　　　　　B　　C　D

제5장 조건 · 가정의 표현

조건 · 가정의 표현법에는 「と、ば、たら、なら」의 4가지가 있다. 모두 우리말로 「~라면, ~한다면」으로 해석되기 때문에, 각각 접속 방법과 쓰임새를 확실히 알아두어야 한다.

1 と

02-05-01

1 의미

앞의 조건이 성립하면 반드시 뒤의 일이 성립되는 상황을 말한다. 즉, 「A하면 반드시 B한다」는 뜻이다.

① 자연 현상(반복적인 사실)

・春になると桜が咲く。 봄이 되면 벚꽃이 핀다.

② 논리적인 수 계산

・1に1を足すと、2になる。 1에 1을 더하면 2가 된다.

③ 일반적인 상식

・このボタンを押すと、ドアが開きます。 이 버튼을 누르면 문이 열립니다.

④ 습관적이며 반복적인 사실

・私はお酒を飲むと、いつも手がしびれる。

　나는 술을 마시면 언제나 손이 저린다.

⑤ 지리적인 설명

・ここをまっすぐ行くと、デパートがあります。

　이곳을 똑바로 가면 백화점이 있습니다.

「と」는 기본적으로 반복적이고 습관적 사실을 나타내는 말이므로 다음과 같은 표현은 올 수 없다.

① 뒤에 권유, 허가, 명령, 의뢰, 의지의 표현은 올 수 없다.

- 桜が咲くと、花見に行け/ 行こう /行かないか/ 行きたい (×)

  벚꽃이 피면 꽃구경 가/ 가자 / 가지 않을래 / 가고 싶다

② 1회에 한정된 내용은 사용하지 않는다.

- 今年は冬休みになると、カナダへ行きます。(×)

  올해는 겨울방학이 되면 캐나다에 갑니다.

3 접속 형태

품사	접속 형태	예
동사	기본형 + と	春が来ると 봄이 오면
い형용사	기본형 + と	気温が低いと 기온이 낮으면
な형용사	기본형 + と	生活が便利だと 생활이 편리하면

2 ば

02-05-02

1 의미

전형적인 조건 표현. 뒤의 일보다 앞의 일을 중시한다.

① 일반적 반복적인 인과관계 (=と)

- 春になれば桜が咲く。 봄이 되면 벚꽃이 핀다.
- 先生は東京に行けば(いつも)あの店に寄る。

  선생님은 동경에 가면 (언제나) 저 가게에 들른다.

② 개별의 사항. 뒤의 조건에는 후자의 의지를 나타내는 경우도 가능

- 安ければ買おう。 싸면 사자.
- お金があれば買いたい。 돈이 있으면 사고 싶다.

① 앞의 문장이 동작성이면 뒤에 오는 표현이 제한된다.

즉, 「동작동사 + ば」 뒤에는 의지, 명령, 의뢰, 바람의 표현을 쓸 수 없다.

- 東京へ行けば、先輩のところへ行こう。(×)

동경에 가면 선배가 있는 곳에 가자.

따라서 이때에는 일반적으로 「たら」를 사용한다.

- 東京へ行たら、先輩のところへ行こう。(○)

② 앞의 문장이 상태성이면 뒤에 오는 표현은 제한되지 않는다.

- 気分が悪ければ、帰った方がいい。 기분이 나쁘면 돌아가는 편이 좋아.

☞ 「ば」에는 「그렇지 않으면」이라는 뜻이 숨어 있다.

この薬を飲めば、すぐ治ります。

이 약을 먹으면 금방 낫습니다.(=이 약을 먹지 않으면 금방 낫지 않습니다.)

③ 「ば」를 이용한 문법 표현

① ～なければならない : ～해야만 한다

- もう少し頑張らなければならない。 좀 더 분발해야만 한다.

② ～ば～ほど : ～하면 ～할수록

- 練習すればするほどますます強くなる。

연습하면 할수록 점점 강해진다.

③ ～さえ～ば : ～만 ～하면

- あなたさえよければ、わたしはかまいません。

당신만 좋으면 나는 상관없습니다.

④ ～も～ば～も : ～도 ～하고 ～도

- 世の中には、いい人もいれば悪い人もいる。

세상에는 좋은 사람도 있고 나쁜 사람도 있다.

⑤ ～ばそれまでだ : ～면 (그걸로) 끝이다

- いくらお金があっても、死ねばそれまでだ。

아무리 돈이 있어도 죽으면 끝이다.

품사	접속 형태	예
명사	なら + ば	学生ならば 학생이라면
동사	가정형 + ば	暇さえあれば 여유만 있으면
い형용사	가정형(けれ) + ば	天気が悪ければ 날씨가 나쁘면
な형용사	가정형 (なら)+ ば	静かならば 조용하면

3 たら

02-05-03

1 의미

개별적, 1회적, 우연적인 사건 또는 시간이 경과되면 성립되는 상황을 말한다.

- 入学試験に受かったら、海外旅行に行くつもりです。

  입학시험에 합격하면 해외여행을 하러 갈 예정입니다.

- 万が一雨が降ったら、試合は中止です。 만일 비가 내리면 시합은 중지입니다.
- お湯が煮え立ったら、麺を入れてください。 물이 끓으면 면을 넣어 주세요.
- そんなにたくさん食べたら、お腹を壊しますよ。 그렇게 많이 먹으면 배탈납니다.

2 제한

특별히 제한은 없다.

3 접속 형태

품사	접속 형태	예
명사	だっ + たら	雨だったら 비면
동사	て형 + たら	雨が降ったら 비가 내리면
い형용사	た형 + たら	高かったら 비싸면
な형용사	だっ + たら	楽だったら 편안하면

1 의미

어떤 상황의 성립을 전제로 해서 그 상황이 일어나기 이전의 말하는 사람의 판단, 의지를 나타낸다.

- **あなたが行くなら、わたしも行きます。** 당신이 간다면 저도 갑니다.

☞ 「なら」에서는 뒤의 일이 앞의 일보다도 시간적으로 먼저 행해지기도 하지만 「と、ば、たら」에는 이런 용법이 없다.

<u>東京へ行くなら</u>、<u>新幹線で行きます。</u>
　　（後）　　　　　　　（前）

2 제한

① 앞의 일은 '새롭게 안 것' 이외는 불가하다.

- **春になるなら、桜が咲く。** 봄이 되면 벚꽃이 핀다.（×） - 앞의 일이 확실히 일어나는 것
- **あした雨が降るなら、試合は延期する。**（×） - 아직 모름
  내일 비가 내리면 시합은 연기된다.

② 뒤의 일은 말하는 사람의 판단, 의지이기 때문에 과거형이나 객관적인 내용은 불가하다.

- **辞書を見るなら、分かりました。** 사전을 보면 알았습니다.（×） - 뒤의 일이 과거
- **君が行くなら、太郎も行く。** 네가 가면 타로도 간다.（×） - 뒤의 일은 말하는 사람과 무관계

3 접속 형태

품사	접속 형태	예
명사	＋なら	風邪なら 감기라면
동사	기본형 ＋なら	靴を買うなら 구두를 사면
い형용사	기본형 ＋なら	痛いなら 아프면
な형용사	어간 ＋なら	嫌いなら 싫으면

☞ 「なら」와 「たら」의 전후 조건의 시간적 관계

A. 国に帰るなら、連絡してください。 고국에 돌아갈 거라면 (미리) 연락해 주세요.

B. 国に帰ったら、連絡してください。 고국에 돌아가면 (도착한 뒤) 연락해 주세요.

즉, 「なら」는 전후 조건의 시간 관계가 반대이고, 「たら」는 전후 조건의 시간 관계가 순차적이다.

1. 旅行へ＿＿＿、必ず記念品を買う。

    (A) 行けば   (B) 行くと   (C) 行くなら   (D) 行くほど

2. 空港に＿＿＿電話してください。

    (A) 着けば   (B) 着くと   (C) 着いたら   (D) 着くなら

3. 旅行＿＿＿やっぱり京都がいいと思います。

    (A) すると   (B) したら   (C) すれば   (D) するなら

4. ふすまを開ける＿＿＿、妻はアイロンをかけているところだった。

    (A) なら   (B) たら   (C) と   (D) ば

5. お金を入れてボタンを＿＿＿と、下からジュースが出てきます。

    (A) 押す   (B) 押して   (C) 押した   (D) 押そう

6. 「僕はもう帰るけど、君はどうする？」「そうね。田中君が＿＿＿、私も帰るわ。」

    (A) 帰ると   (B) 帰ったら   (C) 帰れば   (D) 帰るなら

7. 子供の将来を＿＿＿こそ、子どもに厳しくしすぎてしまう事もある。

    (A) 思えば   (B) 思うと   (C) 思ったら   (D) 思うなら

8. この子と＿＿＿5年生にもなって、こんな簡単な計算も出来ないんですよ。

    (A) したら   (B) きたら   (C) いったら   (D) いうと

9. あした、大雪が＿＿＿電車が止まるかもしれない。

    (A) 降るならば   (B) 降るなら   (C) 降ったら   (D) 降ると

10. 今は手が離せないので、1時に＿＿＿来てください。

    (A) なれば   (B) なったら   (C) なると   (D) なるなら

11. 風がやみ＿＿＿＿すれば、野球ができるのに。

(A) も   (B) さえ   (C) だけ   (D) ながら

12. 趣味もいろいろある。掃除が趣味という人も＿＿＿＿、洗濯が趣味という人もいる。

(A) いても   (B) いたら   (C) いると   (D) いれば

13. 旅行中、雨＿＿＿＿降らなければいいのだけれど。

(A) さえ   (B) すら   (C) しか   (D) ばかり

14. 考えれば考える＿＿＿＿、どうしたらいいのかわからなくなる。

(A) より   (B) ほど   (C) かぎり   (D) ことに

15. 語学は奥が深く、勉強すれば＿＿＿＿ほど難しくなるような気がする。

(A) した   (B) する   (C) して   (D) すれ

16. いくら利益を上げたとしても、投資に＿＿＿＿それまでだ。

(A) 収まらなければ   (B) 見合わなければ   (C) 鍛えなければ   (D) 滞びらければ

17. 銀行へ＿＿＿＿、バスで行くのが便利です。

(A) 行くと   (B) 行ったら   (C) 行けば   (D) 行くなら

18. 「自分の足に合う靴がほしいです。」「靴を＿＿＿＿この店がいいよ。」

(A) 買うと   (B) 買うなら   (C) 買えば   (D) 買っても

19. 明日、体調が＿＿＿＿ば、スポーツジムにでも行こうか。

(A) よかれ   (B) よけれ   (C) よく   (D) よけ

20. アメリカに＿＿＿＿、空港ですぐ電話をしてください。

(A) つけば   (B) ついたら   (C) つくなら   (D) つくと

[오문정정]

21. 田中さんと<u>ときたら</u>、他県へ行く<u>と</u>新幹線に<u>乗る事</u><u>すら</u>知らない。
            A   B   C   D

22. 今月初旬<u>に</u>引っ越し<u>するなら</u>、そろそろ<u>挨拶</u>に来てもいい<u>はずだ</u>。
        A   B   C   D

23. <u>この</u>野菜ジュースを<u>飲めば</u>、もっと<u>きれい</u>に<u>しますよ</u>。
  A   B   C   D

24. テレビに子どもの<u>顔さえ</u> <u>出さなければ</u>、<u>心配する</u><u>だろう</u>。
  A   B   C   D

25. <u>油っぽい</u>ものをたくさん<u>食べるなら</u>、<u>胸焼け</u>を<u>起こし</u>やすいので、<u>気を付ける</u> ように。
   A   B   C   D

제6장 연체사(連体詞)

활용이 없는 자립어로서 체언만을 수식하는 품사이다. 우리나라의 관형사와 비슷하다.

❶ 연체사의 성질

02-06-01

- この学校はとても有名です。 이 학교는 매우 유명합니다.
- たった一人しかいません。 겨우 한 사람밖에 없습니다.
- 大きな失敗をしてしまった。 큰 실패를 해 버렸다.

① 자립어이다.

② 활용이 없다.

③ 체언을 수식한다.

❷ 연체사의 종류

02-06-02

① 「の・が」로 끝나는 연체사

この人 이 사람　どの家 어느 집　その時 그 때　ほんのつまらないもの 그저 보잘것없는 것

わが国 우리나라

② 「な」로 끝나는 연체사

大きな熊 큰 곰　　小さな虫 작은 벌레　　おかしな歩き方 이상한 걸음걸이

いろんな 여러 가지

③ 「る」로 끝나는 연체사

ある日 어느 날　　さる五日の朝 지난 5일 아침　　あくる日 다음날

きたる3月3日 오는 3월 3일　　いわゆる野心家だ 이른바 야심가다

いかなる時でも 어떤 때라도　　あらゆる本 모든 책　　たんなる事故 단순한 사고

④ 「た·だ」로 끝나는 연체사

たった三日間 단 3일간　　たいしたもの 소중한 물건　　とんだあやまち 돌이킬 수 없는 실수

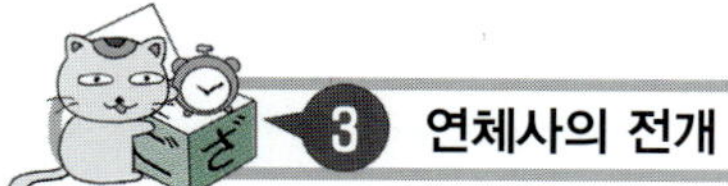

3　연체사의 전개

1　혼동하기 쉬운 연체사

① 대명사(これ·それ·あれ·どれ)와 연체사(この·その·あの·どの)

- <u>これ</u>は白いです。 이것은 하얗습니다. – 주어가 된다.
  대명사

- <u>この</u>紙は白いです。 이 종이는 하얗습니다. – 주어가 되지 못한다.
  연체사

② 동사와 연체사

- つくえの下に<u>ある</u>のは何ですか。 책상 아래에 있는 것은 무엇입니까?
  동사

- <u>ある</u>日のことであった。 어느 날이였습니다.
  연체사

③ い형용사와 연체사

- 大きい家 큰 집 – い형용사(い형용사의 연체형)

- 大きな家 큰 집 – 연체사

- 小さい家 작은 집 – い형용사(い형용사의 연체형)

- 小さな家 작은 집 – 연체사

大きな / 小さな / おかしな

▶ 「大きな、小さな、おかしな」는 な형용사의 연체형으로 잘못 보기 쉬우므로 주의해야 한다.

▶ 「ある、さる」 등은 모두 문어(文語 ; 古語)에서 전해진 말이다. 「ある、さる」는 구어(口語 ; 현대어)에서도 1그룹동사 활용이 되는 것이지만 오늘날에는 동사의 의미가 없어졌기 때문에 연체사(連体詞)로 본다. 「いわゆる」 등도 모두 같다.

2 연체사(連体詞)와 연체수식어(連体修飾語)

체언을 수식하는 것이 모두 연체사인 것은 아니다. 연체사라는 것은 품사상의 이름이고 연체수식어라는 것은 문(文)의 구조상(構造上)의 이름이다.

① い형용사

・白い 花が 咲いた。 흰 꽃이 피었다.
　연체수식어 주어　 술어

② 동사 + 조동사

・きのう咲いた 花が 散った。 어제 피었던 꽃이 졌다.
　　연체수식어 주어　 술어

③ 명사 + 조사

・ぼくの 本が なくなった。 내 책이 없어졌다.
　연체수식어 주어　 술어

제7장 부사(副詞)

동사·형용사·다른 부사를 수식하는 말로, 활용하지 않는 자립어를 말한다.

1 부사의 성질

02-07-01

- 彼は必ず来る。 그는 반드시 온다.
- この料理はとても辛い。 이 요리는 정말 맵다.
- その言動はまったく失礼だ。 그 언동은 정말로 실례다.
- 海の向こうまではっきり見える。 바다 건너편까지 확실히 보인다.

① 자립어이다.
② 용언을 수식한다.
③ 활용이 없다.

2 부사의 종류

02-07-02/1

1 상태부사(정태부사)

동사를 수식하는데 그 동작의 상태를 한정하는 역할을 하는 부사를 말한다.

いきなり 느닷없이	ますます 점점 더	しばらく 잠깐	やがて 머지않아
わざわざ 일부러	ゆっくり(と) 천천히	まだ 아직	せいぜい 열심히
はっきりと 확실히	たちまち 홀연히	直ちに 곧, 즉시	すでに 이미
しばしば 자주	予め 미리	予て 미리	じっと 물끄러미
そっと 살짝	ついに 드디어	こっそり(と) 몰래	じきに 곧
すぐに 즉시	すべて 전부	再び 재차	たいへん 매우
特に 특히	ふと 문득	やっと 겨우	うまく 잘
ときどき 가끔	さっそく 즉시	さらに 한층 더	たしかに 확실히
とつぜん 갑자기	やはり 역시	いつも 언제나	すっかり 완전히
せっかく 모처럼	むしろ 오히려	さすが(に) 과연	しっかり 단단히

2 **정도부사**

동사, 형용사, 다른 부사를 수식하여 동작과 상태의 정도를 나타내는 부사를 말한다.

もっと 좀더	たいそう 매우	もう 더	ずっと 훨씬
ほとんど 거의	なかなか 꽤	ただ 단지	すぐ 바로
ひたすら 오로지	いっそう 한층 더	もっとも 더욱더	すっかり 완전히
大分 꽤	すこぶる 대단히	ごく 극히	やや 약간
いささか 조금	わずか 불과	とても 매우	たいへん 대단히
ずいぶん 상당히	あまり 너무나	ちょっと 조금	少し 조금
非常に 매우	かなり 꽤	きわめて 극히	ちっとも 조금도
ちょうど 정확히	多少 다소	いくぶん 어느 정도	たった 단지
そろそろ 슬슬	ようやく 차츰	まったく 아주	よく 잘

3 **진술부사(서술부사)**　　　　　　　　　　　🎧 02-07-02/2

술어의 진술 표현 형식에 호응하는 부사를 말한다.

(1) 부정

あまり 그다지	強ち 반드시	いささかも 조금도	一概に 일률적으로
一向に 전혀	一切 일절, 전혀	一斉に 일제히	未だ 아직(도)

必^{かなら}ずしも 반드시	決^{けっ}して 결코	さして 그다지	さらさら 결코
然程^{さ ほど} 그다지	さっぱり 전혀	少^{すこ}しも 조금도	ぜったい 절대로
全然^{ぜんぜん} 전혀	それほど 그다지	大^{たい}して 그다지	断^{だん}じて 결단코
ちっとも 전혀	到底^{とうてい} 도저히	どうにも 아무리 해도	とても 도저히
ついぞ 여태까지	つゆほども 추호도	なかなか 좀처럼	二度^{に ど}も 다시는
別^{べっ}に 그다지	まさか 설마	まるっきり 전혀	まるで 전혀
全^{まった}く 전혀	満更^{まんざら} 그다지	みじんも 조금도	滅多^{めった}に 좀처럼
毛頭^{もうとう} 털끝만큼도	ろくに 제대로	よもや 설마	なんら 조금도

01 未^{いま}だ 아직도

• 犯人^{はんにん}は未^{いま}だわからないままだ。 범인은 아직도 모르는 상태다.

02 まさか 설마

• まさかうちの子^こがそんな事^{こと}をするはずがありません。

　설마 우리 아이가 그런 일을 할 리가 없습니다.

03 よもや 설마

• これだけ勉強^{べんきょう}して、よもや0点^{てん}はないだろう。

　이만큼이나 공부했는데 설마 0점은 아니겠지?

04 全然^{ぜんぜん} 전혀

• この小説^{しょうせつ}は全然^{ぜんぜん}おもしろくない。 이 소설은 전혀 재미있지 않다.

05 まるで 전혀

• 昔^{むかし}は料理^{りょうり}も裁縫^{さいほう}もまるでだめだった。 옛날에는 요리도 재봉도 전혀 형편없었다.

06 さっぱり 전혀

• 頭^{あたま}のいい彼^{かれ}でも、芸能人^{げいのうじん}の事^{こと}はさっぱりわからないらしい。

　머리가 좋은 그도 연예인의 일은 전혀 모트는 것 같다.

07 満更 반드시 ~인 것만은 아니다

・かなり謙遜していたけれど、あの顔は満更でもない様子だった。

꽤 겸손해 있었지만 그 얼굴은 전혀 그런 모습이 아니었다.

08 然程 그다지

・天気予報では寒くなると言っていたが、然程寒くないな。

일기예보에서는 추워진다고 했지만, 그다지 춥지 않네.

09 大して 그다지

・大して好きでもない人と、どうして付き合ってるの。

그다지 좋아하지도 않는 사람과 왜 사귀고 있어?

10 さして 그다지

・彼は陸上選手だが、足はさして速くはない。

그는 육상선수지만 발은 그다지 빠르지는 않다.

11 あまり 그다지

・誰に何を言われても、私はあまり気にしない。

누구에게 무엇을 들어도 나는 그다지 신경 쓰지 않는다.

12 それほど 그다지

・この問題はそれほど難しくないですよ。 이 문제는 그다지 어렵지 않아요.

13 別に 그다지, 별로

・私には別に関係ない。 나와는 그다지 관계없다.

14 少しも 조금도

・自分は少しも悪くないと思っているのですか。

자신은 조금도 나쁘지 않다고 생각하고 있습니까?

⑮ ちっとも　전혀

• 彼が入院していたなんて、ちっとも知らなかった。그가 입원했었다니 전혀 몰랐다.

⑯ 毛頭　털끝만큼도

• 証拠を隠すつもりは毛頭なかった。증거를 숨길 계획은 털끝만큼도 없었다.

⑰ みじんも　조금도, 추호도

• 思いやりの気持ちがみじんも感じられない。

배려의 기분을 조금도 느낄 수 없다.

⑱ まるっきり　전혀

• 演技をしている時の彼女は、まるっきり違う人だ。

연기를 하고 있을 때의 그녀는 전혀 다른 사람이다.

⑲ 一向に　전혀

• たまった宿題は一向に終わる気配がない。밀린 숙제는 전혀 끝날 기미가 없다.

⑳ 全く　전혀

• 英語は全く話せない。영어는 전혀 말할 수 없다.

㉑ いささかも　조금도

• まじめに働いていれば、信頼はいささかも崩れることはない。

착실하게 일하면 신뢰는 조금도 무너지는 일이 없다.

㉒ つゆほども　추호도

• 私が病気になっても、彼はつゆほども心配しなかった。

내가 병이 들어도 그는 조금도 걱정하지 않았다.

㉓ 決して　결코

• うそは決してついてはいけない。거짓말은 결코 해서는 안 된다.

㉔ 必ずしも 반드시

• お金持ちが必ずしも幸せだとはかぎらない。 부자가 반드시 행복하다고는 할 수 없다.

㉕ 強ち 반드시

• よく考えてみれば、この見合いも強ち悪くない。

잘 생각해 보면 이 맞선도 반드시 나쁘지 않다.

㉖ 到底 도저히

• 彼が学級委員長だなんて到底無理だ。 그가 학급위원장이라니 도저히 무리다.

㉗ とても 도저히

• そんな悲しい映画は、私にはとても観られない。

그런 슬픈 영화는 나는 도저히 볼 수 없다.

㉘ 滅多に 좀처럼

• 息子が１００点をとることなんて、滅多にない。

아들이 100점을 받는 일 따위 좀처럼 없다.

㉙ 碌に 제대로

• 一人暮らしで、食事も碌にとっていない。

독신 생활을 하고 있어서 식사도 제대로 하고 있지 않다.

㉚ ついぞ 여태까지

• 最近、となりの人をついぞ見かけない。 최근 이웃 사람을 여태까지 못 봤다.

㉛ どうにも 아무리 해도

• この問題だけは、どうにも解けない。 이 문제만은 아무리 해도 풀 수 없다.

㉜ 一概に 일률적으로, 한 마디로

• これに関しては一概に悪いとは言えない。

이것에 관해서는 한 마디로 나쁘다고만 할 수는 없다.

(2) 추량

もしかしたら 어쩌면	おそらく 아마	かならずや 반드시
さぞ 필시	多分 아마	どうも 아무래도
とても 도저히	まさか 설마	よもや 설마

01 もしかしたら 어쩌면

- 明日はもしかしたら雨かもしれない。 내일은 어쩌면 비가 올지도 모른다.

02 さぞ 필시, 틀림없이

- 修学旅行はさぞ楽しいでしょうね。 수학여행은 틀림없이 즐겁겠죠.

03 まさか 설마

- まさかこの会社に入れるとは思わなかった。

  설마 이 회사에 들어올 수 있다고는 생각지도 못했다.

(3) 희망

ぐれぐれも 부디	ぜひ 꼭	どうぞ 부디, 제발
どうか 아무쪼록	なにとぞ 제발	どうしても 반드시, 꼭

01 どうぞ 부디, 제발

- どうぞよろしくおねがいします。 아무쪼록 잘 부탁합니다.

02 どうか 아무쪼록

- どうか合格できますように。 아두쪼록 합격할 수 있도록.

03 なにとぞ 제발

- なにとぞ、よろしく。　 제발, 잘 부탁합니다.

(4) 비유

あたかも 흡사	さも 정말, 아주	さながら 마치
ちょうど 마치, 꼭	まるで 마치	

01 あたかも　흡사, 마치

- あたかも、宝くじに当たったかのようにふるまう。
  마치 복권에 당첨된 것처럼 행동하다.

02 さも　정말, 아주

- 良い点をとったぐらいで、自分はさもすごい人のように自慢をする。
  좋은 점수를 딴 정도로 자신은 아주 굉장한 사람인 것처럼 자랑을 한다.

03 まるで　마치

- 彼女はまるで蝶のようだ。 그녀는 마치 나비와 같다.

(5) 가정

いかに 아무리	仮に 만약에	たとい 설사, 가령
たとえ 설사, 가령	万一 만약	もし 만약

01 たとえ　설사, 가령

- 彼はたとえ成功しても、決して自慢をしない謙虚な人だ。
  그는 설사 성공해도 결코 자랑하지 않는 겸허한 사람이다.

02 万一 만약

- 万一、道に迷ったらここに連絡してください。 만약 길을 잃으면 여기로 연락 주세요.

03 もし 만약

- もし雨が降ったら、ピクニックは中止だ。
  만약 비가 내리면 소풍은 중지다.

(6) 의문 · 반어(반문)

いかに 어떻게	一体（いったい） 도다체	どうして 어떻게
なぜ 왜	なにゆえ 왜	果して（はた） 과연

01　いかに　어떻게

・いかに読者（どくしゃ）をひきつけるか、それが小説家（しょうせつか）の仕事（しごと）だと思（おも）う。

어떻게 독자를 끌어당길까, 그것이 소설가의 일이라고 생각한다.

02　果して（はた）　과연

・この事件（じけん）の犯人（はんにん）は果して（はた）誰（だれ）なのか。

이 사건의 범인은 과연 누구인가?

03　なぜ　왜

・この季節（きせつ）になぜ雪（ゆき）が降（ふ）るのだろう。　이 계절에 왜 눈이 내리는 것일까.

04　どうして　어째서

・どうして何（なに）も言（い）わないんだ。　어째서 아무런 말도 하지 않니?

05　一体（いったい）　도대체

・何（なん）だか騒々（そうぞう）しいけど、一体（いったいなん）何の騒（さわ）ぎかしら。

뭔가 시끄러운데 도대체 무슨 소동일까?

(7) 단정

必ず（かなら） 반드시, 꼭	きっと 꼭	さすが 과연
ぜひ 꼭	絶対に（ぜったい） 절대로	つまり 결국
もちろん 물론	もっとも 가장, 제일	やはり 역시, 결국

01　絶対に（ぜったい）　절대로

・父（ちち）は絶対に（ぜったい）嘘（うそ）をつくような人（ひと）じゃない。

아버지는 절대로 거짓말을 할 것 같은 사람이 아니다.

・彼の結婚式には、もちろん出席します。

그의 결혼식에는 물론 참석하겠습니다.

・このクラスは欠席者がもっとも多い。

이 반은 결석자가 제일 많다.

(8) 강조

さすが 역시	やはり 역시	必ず 반드시
いやしくも 적어도	もちろん 물론	とりわけ 특히

・彼はやはり大阪に住んでいた。

그는 예상대로 오사카에 살고 있었다.

・さすが大学教授ですね。何でもよくご存じでいらっしゃる。

역시 대학교수네요. 뭐든지 잘 알고 계셔.

(9) 금지

決して 결코	断じて 단연코	絶対 절대로

・断じてそんなことはない。

단연코 그런 일은 없다.

3 부사의 다양한 의미별 분류

1 정도

01 もっと 더욱

・明日は今日よりもっと暑いらしい。 내일은 오늘보다 더 덥다고 한다.

02 大分 꽤, 상당히

・髪を切って大分印象が良くなった。 머리를 잘라서 꽤 인상이 좋아졌다.

03 かなり 꽤, 상당히

・今年の冬はかなり寒い。 올해의 겨울은 꽤 춥다.

04 さらに 더욱더

・彼女は痩せてさらにきれいになった。 그녀는 살이 빠져 더욱 예뻐졌다.

05 なお 더욱, 한층

・提出は早ければなお良い。 제출은 빠르면 더욱 좋다.

06 いっそ 차라리

・あんな恥ずかしい思いをして、いっそ死んでしまいたい。
그런 부끄러운 경험을 해서 차라리 죽어 버리고 싶다.

07 ますます 점점

・あの店は有名になってから、ますます客が増えた。
저 가게는 유명해지고 나서 점점 손님이 늘었다.

08 相当 꽤, 제법

・けがを見る限り、相当ひどいけんかだったようだ。
상처를 본 바로는 꽤 심한 싸움인 것 같았다.

09　なかなか　꽤, 상당히

・今回の作品はなかなかうまく描けた。　이번 작품은 상당히 잘 그렸다.

10　尚更　더욱더

・手術をしたのに、病状は尚更悪くなった。　수술을 했는데 병 상태는 더욱 나빠졌다.

11　よほど　상당히, 무척

・彼はよほど彼女のことが好きみたいだ。　그는 무척 그녀를 좋아하는 것 같다.

12　むしろ　오히려, 차라리

・彼は教師というより、むしろ学者だ。　그는 교사라기보다 오히려 학자다.

13　かえって　오히려

・お金を持ちすぎると、かえってよくない。　돈이 너무 많으면 오히려 좋지 않다.

2　순서

01　まず　우선

・まずデパートに行ってから食事にしよう。

우선 백화점에 가고 나서 식사를 하자.

02　さきに　먼저

・私がさきに行きます。　제가 먼저 가겠습니다.

03　予め　미리

・出かける時は予め両親に言っておく。

외출할 때는 미리 부모님에게 말해 둔다.

04　前もって　미리

・遠足の準備は前もってやっておく。　소풍 준비는 미리 해 둔다.

05 あとで 나중에

・その新聞はあとで読むので捨てないでください。

그 신문은 나중에 읽으니까 버리지 마세요.

06 のちほど 나중에, 뒤에

・その件についてはのちほどご連絡します。 그 건에 관해서는 나중에 연락하겠습니다.

3 습관·빈도

01 いつも 항상

・父はいつも遅くまで仕事をしている。 아버지는 항상 늦게까지 일을 하고 있다.

02 ときどき 가끔

・彼はときどきこの店に来る。 그는 가끔 이 가게에 온다.

03 常に 항상

・親は常に子供の心配をしている。 부모는 항상 아이 걱정을 하고 있다.

04 絶えず 끊임없이, 항상

・社会は絶えず変化している。 사회는 끊임없이 변화하고 있다.

05 しょっちゅう 항상

・妹はしょっちゅう遅刻している。 여동생은 항상 지각하고 있다.

06 しばしば 자주

・東京へはしばしば訪れる。 동경에는 자주 방문한다.

07 度々 자주

・成績について、教師から度々注意される。

성적에 관해서 선생님으로부터 자주 주의받는다.

08 たまに　가끔

- 弟はたまに家の手伝いをする。남동생은 가끔 집안일을 돕는다.

09 始終　항상, 늘

- 彼は酒に酔うと始終笑っている。그는 술에 취하면 항상 웃고 있다.

10 ひっきりなしに　끊임없이

- この道は車がひっきりなしに通る。이 길은 차가 끊임없이 다닌다.

11 次々に　잇달아, 차례로

- 取引先の人が次々に挨拶に来る。거래처 사람이 잇달아 인사하러 온다.

12 常々　평소, 언제나

- お噂は常々うかがっています。말씀은 항상 듣고 있습니다.

4　짧은 시간

01 すぐ　곧, 즉시

- すぐ終わるから、もう少し待っていてくれないか。

  곧 끝나니까 좀더 기다려 줄래?

02 もうすぐ　이제 곧

- バスはもうすぐ来ます。버스는 이제 곧 옵니다.

03 まもなく　머지않아, 이윽고

- 映画はまもなく始まります。영화는 머지않아 시작됩니다.

04 早速　곧, 즉시

- 新しく買った服を早速着てみる。새로 산 옷을 바로 입어본다.

05 直ちに 곧, 즉시

- 直ちにここから出ていきなさい。 즉시 여기서 나가세요.

06 忽ち 곧, 순식간에

- 人気商品は忽ち売り切れてしまった。 인기 상품은 순식간에 다 팔려 버렸다.

07 そのうち 머지않아, 시일 안에

- 心配しなくても、そのうち帰ってくるだろう。

  걱정하지 않아도 머지않아 돌아올 것이다.

08 やがて 이윽고, 머지않아

- やがて二人はどこかへ行ってしまった。 이윽고 두 사람은 어딘가에 가 버렸다.

09 とっさに 순간적으로, 즉시

- とっさに嘘をついてしまった。 순간적으로 거짓말을 해 버렸다.

10 しばらく 잠시, 잠깐

- ここでしばらく待っていてください。 여기서 잠깐 기다려 주세요.

5 과거

01 かつて 일찍이, 이전에

- かつてこの場所には銅像が立っていた。 이전에 이 장소에는 동상이 서 있었다.

02 予て 미리, 전부터

- 彼とは予てからの友人です。 그와는 전부터 친구입니다.

03 さっき 아까, 조금 전

- 大阪にはさっき到着しました。 오사카에는 조금 전 도착했습니다.

04 既に　이미, 벌써

- 着いた時にはコンサートは既に終わっていた。
  도착했을 때 콘서트는 이미 끝나 있었다.

05 たったいま　방금

- 彼はたったいま帰りました。그는 방금 돌아갔습니다.

6 동작　🎧 02-07-03/2

01 せっかく　모처럼

- せっかくだからお茶でも飲んで行こう。모처럼이니까 차라도 마시고 가자.

02 とにかく　여하튼, 아무튼

- とにかく今は宿題を済ませることが先だ。여하튼 지금은 숙제를 끝내는 것이 우선이다.

03 ともかく　어찌 되었든 간에, 좌우지간

- ともかく出発は1日延期だ。좌우지간 출발은 하루 연기다.

04 なるべく　가능한 한

- なるべく早く帰って来てほしい。가능한 한 빨리 돌아왔으면 한다.

05 ついでに　～하는 김에

- 買い物のついでに散歩でもしよう。쇼핑하는 김에 산책이라도 하자.

06 あくまで　끝까지, 어디까지나

- あくまで私は友だちとして言ったまでです。
  어디까지나 저는 친구로서 말한 것뿐입니다.

07 わざと　일부러, 고의로

- わざとあんなことを言ったのか。일부러 그런 걸 말한 거야?

• 遠いところからわざわざお越しいただき、ありがとうございます。
먼 곳에서 일부러 와 주셔서 감사합니다.

7　대략·대강

01　おおよそ　대략, 대강

• 彼の行動を見ていれば、おおよそ見当がつく。
그의 행동을 보고 있으면 대략 짐작이 간다.

02　ざっと　대강, 대충

• いつも新聞はざっと読むだけです。항상 신문은 대충 읽는 것뿐입니다.

03　やく　약

• 一日の客数はやく２００名です。하루의 손님 수는 약 200명입니다.

04　だいたい　대개, 대충

• 仕事はだいたい終わりました。일은 대충 끝났습니다.

05　たいてい　대부분, 대개

• 学校はたいてい４時に終わる。학교는 대부분 4시에 끝난다.

8　수량이 많음

01　すっかり　몽땅

• たくさん残っていた貯金もすっかりなくなってしまった。
많이 남아 있던 저금도 몽땅 없어져 버렸다.

02　すべて　모두

• 今日は、すべての商品が割引らしい。오늘은 모든 상품이 세일인 것 같다.

03 全部　전부

• 残しておいた団子を妹が全部食べた。

남겨 놓았던 경단을 여동생이 전부 먹었다.

04 そっくり　전부, 몽땅

• 銀行のお金がそっくりそのまま盗まれた。

은행 돈이 몽땅 그대로 도둑맞았다.

05 いっぱい　가득

• 冷蔵庫にアイスクリームがいっぱいある。냉장고에 아이스크림이 가득 있다.

06 じゅうぶん　충분히

• じゅうぶん休まれましたか。충분히 쉬셨습니까?

07 たくさん　많음

• たくさんのプレゼントをいただきました。많은 선물을 받았습니다.

08 たっぷり　잔뜩, 듬뿍

• 母はいつも野菜たっぷりのお弁当を作ってくれた。

어머니는 항상 야채가 듬뿍 담긴 도시락을 만들어 주셨다.

09 みっちり　가득, 잔뜩

• 枝にみっちりと実をつける。가지에 잔뜩 열매를 맺다.

10 殆んど　거의

• 弟のかばんの中は殆んどお菓子だ。남동생의 가방 안은 거의 과자다.

11 尽く　모두, 모조리

• 強風で桜の枝が尽く折れた。강풍으로 벚꽃 가지가 모조리 꺾였다.

9 수량이 적음

01 少し 조금, 좀

- お水を少しください。 물을 조금 주세요.

02 ちょっと 조금, 약간

- おでんを食べる時には芥子をちょっとつけるとおいしい。
  오뎅을 먹을 때에는 겨자를 조금 묻히면 맛있다.

10 수량의 한정

01 せいぜい 기껏해야, 고작

- これぐらいの量ならせいぜい三日もあればできます。
  이 정도의 양이면 고작 3일이면 가능합니다.

02 ただ 오직, 단

- ただ一度のチャンスだ。 단 한 번의 찬스다.

03 たった 겨우, 단

- たった百円を落としたぐらいで、そんな大騒ぎするな。
  겨우 백 엔을 잃어버린 정도로 그런 큰 소란은 피우지 마.

04 たかが 기껏, 고작

- たかが一年働いたぐらいで一人前にはなれない。
  기껏 1년 일한 정도로는 제 몫을 할 수 없다.

11 거리 · 방향

01 すぐ 바로, 아주 가까이

- 郵便局はすぐそこです。 우체국은 아주 가까이 있습니다.

02 ずっと 훨씬

- 私の家はずっと向こうにあります。 나의 집은 훨씬 저쪽에 있습니다.

03 はるばる 멀리(거리나 시간이 아주 멀리 떨어져 있는 모양)

- はるばる海を渡って友だちに会いに来た。 멀리 바다를 건너 친구를 만나러 왔다.

04 まっすぐ 똑바로

- この道をまっすぐ行くと駅です。 이 길을 똑바로 가면 역입니다.

12 결과 · 예측

01 結局 결국

- がんばったけど、結局だめだった。 분발했지만 결국 허사였다.

02 やはり 역시, 예상대로

- やはり彼が犯人だった。 역시 그가 범인이었다.

03 いずれ 어쨌든, 결국은

- 嘘をついてもいずればれる。 거짓말을 해도 결국은 들킨다.

04 どうせ 어차피

- どうせするなら今すぐしよう。 어차피 할 거라면 지금 하자.

05 ついに 마침내, 드디어

- ついに宇宙へ出発だ。 드디어 우주로 출발이다.

06 いよいよ 마침내, 드디어

- 待望の小説がいよいよ明日発売される。

  기다리던 소설이 드디어 내일 발매된다.

07 とうとう 마침내

・息子はとうとう海外へ行ってしまった。 아들은 마침내 해외로 가 버렸다.

08 ようやく 겨우, 가까스로, 간신히

・時間をかけてようやく完成した。 시간을 들여 겨우 완성했다.

09 やっと 겨우, 간신히

・これは苦労してやっと稼いだお金だ。 이것은 고생해서 겨우 번 돈이다.

10 どうにか 겨우, 어떻게든

・何か方法を考えて、どうにかするしかない。
뭔가 방법을 생각해서 어떻게든 할 수밖에 없다.

13 예상 외 · 예상대로

01 案外 뜻밖에, 예상 외, 의외로

・厳しい先生も家では案外優しいかもしれない。
엄한 선생님도 집에서는 의외로 상냥할지도 모른다.

02 意外に 의외로

・中学生の問題とは言え、意外に難しいな。 중학생 문제라고는 하나 의외로 어렵네.

03 案の定 생각한 대로, 예상했던 대로

・あの事件には案の定、彼が関係していた。
그 사건에는 예상했던 대로 그가 관계하고 있었다.

14 무의식

01 うっかり 깜빡, 무심코

・うっかり居眠りして降りる駅を乗り過ごしてしまった。
깜빡 졸다가 내리는 역을 지나치고 말았다.

02 つい 무심코, 그만

- 急いでいたので**つい**傘を電車の中に置き忘れてしまった。
  서둘렀기 때문에 그만 우산을 전철 안에 잊고 내려 버렸다.

03 思わず 엉겁결에, 무심코

- 秘密を**思わず**話してしまった。 비밀을 엉겁결에 말해 버렸다.

04 ふと 문득, 우연히

- **ふと**昔を思い出す。 문득, 옛날을 상기하다.

05 いつの間にか 어느 사이엔지

- **いつの間にか**寝てしまった。 어느 사이엔지 잠들어 버렸다.

06 知らず知らず 모르는 사이에, 어느새

- 本を読みながら歩いていたら、**知らず知らず**のうちに隣町まで来ていた。
  책을 읽으면서 걸었더니 어느새 옆 마을까지 와 있었다.

15 강조　　02-07-03/3

01 きわめて 극히, 대단히

- この問題は**きわめて**難しい。 이 문제는 매우 어렵다.

02 おおいに 매우, 많이

- 今日は**おおいに**楽しもう。 오늘은 많이 즐기자.

03 じつに 실로, 매우

- **じつに**すばらしい作品だ。 실로 훌륭한 작품이다.

04 ずいぶん 몹시, 아주

- ここは**ずいぶん**寒いところだ。 여기는 몹시 추운 곳이다.

05 たいへん　매우, 무척

- 彼はたいへん優秀な学生だ。 그는 매우 우수한 학생이다.

06 ひじょうに　대단히

- 彼女の料理はひじょうにおいしい。 그녀의 요리는 대단히 맛있다.

07 散々　심하게, 실컷

- 子供たちは散々あそんで、すぐ眠ってしまった。

  아이들은 실컷 놀고 바로 잠들어 버렸다.

08 甚だ　매우, 대단히

- この記事は甚だおかしい。 이 기사는 매우 이상하다.

09 やたら　몹시

- 最近、やたら忙しい。 최근에 몹시 바쁘다.

10 ごく　극히, 매우

- ごく身近でおそろしい事件が起こった。

  극히 가까운 곳에서 두려운 사건이 일어났다.

11 とりわけ　특히, 유난히

- 今年の夏はとりわけ暑い。 올해의 여름은 유난히 덥다.

12 正に　확실히, 정말로

- 正に彼が言った通りだ。 정말로 그가 말한 대로다.

16　바꿔 말하기

01 つまり　즉

- こちらは母の妹、つまり叔母です。 이쪽은 어머니의 여동생, 즉 이모입니다.

02 要_{よう}するに 요컨대, 결국

- 要_{よう}するに 私_{わたし}たちの負_まけということだ。 결국 우리들이 졌다는 것이다.

17 한 방향

01 もっぱら 오로지

- 休_{やす}みはもっぱら家_{いえ}にいる。 휴일에는 오로지 집에 있다.

02 ひたすら 오직, 오로지

- ひたすら食_たべ続_{つづ}ける。 오로지 계속 먹다.

18 완료

01 とっくに 훨씬 전에

- 仕事_{しごと}はとっくに済_すんだ。 일은 훨씬 전에 끝났다.

02 もう 이미, 벌써

- 準備_{じゅんび}はもうできた。 준비는 벌써 되었다.

19 그 외

01 てっきり 틀림없이, 영락없이

- てっきり彼_{かれ}が犯人_{はんにん}だと思_{おも}った。 틀림없이 그가 범인이라고 생각했다.

02 なにしろ 여하튼, 아무튼

- なにしろ忙_{いそが}しいので、最近_{さいきん}は休_{やす}む暇_{ひま}もない。

  여하튼 바쁘기 때문에 최근에는 쉴 틈도 없다.

03 なにぶん 아무래도

- なにぶん年寄_{としよ}りなので、歩_{ある}く時_{とき}は気_きをつけなければいけない。

  아무래도 나이가 들었기 때문에 걸을 때는 조심하지 않으면 안 된다.

04 せめて　적어도

- せめて半分だけでも私にください。 적어도 반만이라도 나에게 주세요.

05 いっそ　차라리

- いっそ辞めてしまおうか。 차라리 그만둬 버릴까.

06 折り入って　각별히, 긴히

- 折り入ってご相談があります。 긴히 상담이 있습니다.

07 一応　일단

- 一応念のため、コピーを2部ずつ取っておきました。

  일단 만일을 위해 복사를 2부씩 해 두었습니다.

08 取り敢えず　우선, 다른 일은 제쳐놓고 먼저

- 取り敢えず、ご挨拶だけでもしておくべきだ。

  우선, 인사만이라도 해 둬야만 한다.

09 あいにく　공교롭게도

- あいにく父は出かけています。 공교롭게도 아버지는 외출 중입니다.

10 わりと　비교적

- 難しいと思っていたが、わりと簡単だった。

  어렵다고 생각했지만 비교적 간단했다.

11 ひとまず　우선, 일단

- これでひとまず安心だな。 이것으로 우선 안심이다.

12 どうせ　어차피, 이왕에

- どうせ買うなら、高くても良いものを買いなさい。

  어차피 산다면 비싸더라도 좋은 것을 사세요.

13 まして　하물며

- 大人だって緊張するのに、ましてゴどものあの子が緊張しないはずがない。
  어른도 긴장하는데 하물며 어린 저 아이가 긴장하지 않을 리가 없다.

14 少なくとも　최소한

- 少なくとも二千人の客が来ていた。최소한 2천 명의 손님이 왔었다.

15 ついに　마침내, 드디어

- ついに試験の日が来た。마침내 시험 날이 왔다.

16 いずれ　어쨌든, 어차피

- いずれあなたにもわかる事です。어쨌든 당신도 알아야 하는 일입니다.

17 今にも　당장이라도

- 今にも泣きそうな顔をしている。당장이라도 울 것 같은 얼굴을 하고 있다.

18 目下　현재

- 目下準備中です。현재 준비 중입니다.

19 今更　이제 와서

- 今更行っても、もう店は閉まっている。이제 와서 가도 이미 가게는 닫혀 있다.

20 辛うじて　겨우, 간신히

- 辛うじて終電に間に合った。간신히 마지막 전철 시간에 대었다.

21 一斉に　일제히

- カラスが一斉に鳴き始めた。까마귀가 일제히 울기 시작했다.

22 徐々に　천천히

- 徐々に近づいてくる。천천히 다가오다.

㉓ 稀に　드물게

・こういう事件は稀にある。 이러한 사건은 드물게 있다.

㉔ 時折　가끔, 때때로

・その友人からは、時折手紙が来る。 그 친구로부터 가끔 편지가 온다.

㉕ 果たして　과연

・私は果たして就職できるのか。 나는 과연 취직할 수 있을까.

㉖ 一体　도대체

・一体弟はどこへ行ったのか。 도대체 동생은 어디에 간 것일까.

㉗ どうやら　아무래도

・どうやら雨が降りそうだ。 아무래도 비가 내릴 것 같다.

㉘ ひょっとすると　어쩌면

・ひょっとすると明日は雪が降るかもしれない。

어쩌면 내일은 눈이 내릴지도 모른다.

㉙ みるみる　순식간에

・色がみるみる変わっていく。 색이 순식간에 변해 간다.

4 합성의 부사

02-07-04

① 명사 + 명사 → 時 + 時

時々 가끔, 때때로

② 명사 + 조사 → まこと + に

まことに 참으로　仮に 가령　先に 미리　一緒に 함께　別に 별로

③ 동사 + 동사 → くる + 返す

　　繰り返し 반복

④ 동사 + 조사 → 至る + て

　　至って 매우

⑤ 동사 + 조동사 → 思う + ず

　　思わず 엉겁결에

⑥ 부사 + 조사 → どう + か

　　どうか 부디, 아무쪼록

⑦ 같은 동사가 겹쳐진 것 → 見る + 見る

　　見る見る 순식간에

⑧ い형용사어간 + 조사 → 軽軽 + と

　　軽々と 가뿐히, 거뜬히

부사의 명사적 용법

1. 「～だ」의 형으로 술어가 되는 경우가 있다.

　　(後)もう少しだ。 / しばらくですね。 / かなりゆっくりだなあ。

　　이제 조금 남았다. / 오랜간만입니다. / 상당히 느리네.

2. 「～の」의 형으로 명사를 수식하는 것도 있다.

　　せっかくの日曜日 / かなりの長時間 / もしもの話

　　모처럼의 일요일 / 꽤 장시간 / 만약의 이야기

必ず / きっと / ぜひ

1. 必ず 반드시, 틀림없이, 꼭

　　▶예외 없이 그 상황이 성립 – 자연법칙, 객관적인 사항

　　마음을 강하게 결정해서 단호하게 말할 경우에 사용한다.

　　・値段が高いからといって、必ずいい物とは言えない。

　　값이 비싸다고 해서 반드시 좋은 물건이라고는 할 수 없다.

2. きっと 반드시, 꼭, 틀림없이

▶추량의 의지가 강하고 주관적인 판단에 이용.

• この写真を見れば、両親もきっと喜ぶだろう。

이 사진을 보면 부모님도 꼭 기뻐하겠지.

3. ぜひ 꼭, 반드시

▶상대방에게 자신의 희망을 나타냄.

문장 뒤에는「てください、てほしい、たい、う(よう)」표현이 많이 온다.

• 都合がよろしければ、ぜひ遊びに来てください。

형편이 좋으면 꼭 놀러오세요.

5 의성어 · 의태어

1 기분

01 しょんぼり 힘없이 풀이 죽은 모양. 풀 죽은, 기운 없이

• せっかく本屋に来たのに、欲しい本がなくてしょんぼりした。

모처럼 서점에 왔는데 원하는 책이 없어서 풀이 죽었다.

02 ぼんやり 얼빠진 모양. 멍하니, 우두커니

• まだわからない将来の事を、一人ぼんやり考える。

아직 모르는 장래의 일을 혼자서 멍하니 생각한다.

03 わくわく 기쁨, 기대 등으로 마음이 설레는 모양. 두근두근

• わくわくしながら遠足の準備をする。 가슴 설레며 소풍 준비를 하다.

04 どきどき 흥분, 공포, 불안 등으로 두근두근한 모양. 두근두근

• 試験の日は、緊張で胸がどきどきする。

시험 날은 긴장으로 가슴이 두근두근한다.

05 うきうき　신이 나서 마음이 들뜬 모양. 두근두근

- 明日は初デートなので、娘はうきうきしている。

  내일은 첫 데이트이기 때문에 딸은 들떠 있다.

2 자는 모습

01 すやすや　편안히 자는 모양. 새근새근

- 赤ん坊が気持ち良さそうにすやすや寝ている。아기가 기분 좋게 새근새근 자고 있다.

02 うとうと　조는 모양. 꾸벅꾸벅

- あまりにも眠くて、授業中にうとうとしてしまった。

  너무나 졸려서 수업 중에 꾸벅꾸벅 졸아 버렸다.

03 うつらうつら　졸리는 모양. 꾸벅꾸벅

- 席に座りながら、うつらうつらする。자리에 앉자마자 꾸벅꾸벅 졸다.

04 ぐっすり　깊은 잠을 자는 모양. 푹

- 子どもは疲れてぐっすり眠っている。아이는 피곤해서 푹 잠들어 있다.

05 こっくり　졸면서 머리를 꾸벅이는 모양. 꾸벅꾸벅

- 先生の話を聞きながら、ついこっくりしてしまった。

  선생님의 이야기를 들으면서 무심코 꾸벅꾸벅 졸아 버렸다.

3 웃는 모습

01 にこにこ　방긋방긋 웃는 모양. 생글생글

- 先生はいつもにこにこしている。선생님은 항상 생글생글 웃고 있다.

02 げらげら　거리낌 없이 큰 소리로 웃는 모양. 껄껄

- 友達が転んだのを見て、げらげら笑ってしまった。

  친구가 넘어진 것을 보고 껄껄 웃어 버렸다.

03 にやにや 능글맞게 웃는 모양. 히죽히죽

• デート中の友達を偶然見つけて、にやにやしてしまった。

데이트 중인 친구를 우연히 발견해서 히죽히죽거렸다.

04 くすくす 소리 죽여 웃는 모양. 킥킥

• 私が転ぶと、学生たちはくすくす笑った。

내가 넘어지자 학생들은 킥킥 웃었다.

4 우는 모습

01 おいおい 소리를 내어 몹시 우는 소리. 엉엉

• 飼っていた犬が死んでしまい、おいおい泣いた。

기르던 개가 죽어서 엉엉 울었다.

02 しくしく 흐느껴 우는 모양. 훌쩍훌쩍

• どこからか、しくしくと泣く声が聞こえるのは気のせいかな。

어디선가 훌쩍훌쩍 우는 소리가 들리는 것은 기분 탓일까?

03 ひそひそ 작은 소리로 이야기하는 모양. 소곤소곤

• おばさん達がこっちを見ながら、ひそひそと何かを話している。

아주머니들이 이쪽을 보면서 소곤소곤 무언가를 이야기하고 있다.

04 めそめそ 소심하게 우는 모양(울보). 훌쩍훌쩍

• いつまでもめそめそするな。男らしくないぞ。

언제까지나 훌쩍거리지 마. 남자답지 않아.

5 보는 모습

01 じろじろ 실례가 될 정도로 염치없이 쳐다보는 모양. 빤히

• そんなにじろじろ見ないでよ。 그렇게 빤히 쳐다보지 마.

02 きょろきょろ　침착하지 못하고 주위를 둘러보는 모양. 두리번두리번

・都会の真ん中できょろきょろしてると、田舎者だと思われるよ。

도시 한가운데서 두리번거리면 시골 사람이라고 생각될 거야.

03 ちらりと　곁눈으로 힐끔힐끔 쳐다보는 모양. 흘끗흘끗

・試験中、時計をちらりと見る。

시험 중, 시계를 힐끔힐끔 보다.

04 じっと　몸이나 시선 등을 움직이지 않고 있는 모양. 가만히, 꼼짝 않고

・犬は主人の帰りをじっと座って待っている。

개는 주인의 귀가를 꼼짝 않고 앉아서 기다리고 있다.

6　걸음

01 よちよち　어린아이가 걷는 모양. 아장아장

・よちよち歩いている姿を見ると、とてもかわいい。

아장아장 걷고 있는 모습을 보면 너무 귀엽다.

02 ふらふら　휘청휘청, 비틀비틀

・酒に酔ってふらふら歩く。

술에 취해서 비틀비틀 걷다.

03 のしのし　살찌고 큰 사람 혹은 동물이 걷는 모양. 쿵쿵, 육중하게

・白熊がのしのしと、檻の中を行ったり来たりしている。

흰곰이 육중하게 우리 안을 왔다갔다하고 있다.

04 とぼとぼ　기운 없이 걷는 모양. 터벅터벅

・テストで0点を取り、とぼとぼと帰宅した。

시험에서 0점을 받아 터벅터벅 집으로 돌아왔다.

05 すたすた 빠른 걸음으로 걷는 모양. 총총걸음으로

- オフィス街はスーツ姿ですたすた歩いている人がたくさんいる。

  사무실이 많은 거리는 정장 차림을 하고 총총걸음으로 걷고 있는 사람이 많이 있다.

7 더러움, 심함

01 くしゃくしゃ 종이나 얼굴 등이 구겨지거나 주름지는 모양. 꼬깃꼬깃

- 要らないチラシをくしゃくしゃにして捨てる。

  필요 없는 전단지를 꼬깃꼬깃 꾸겨서 버리다.

02 ごちゃごちゃ 정리되어 있지 않는 모양. 너저분하게

- 物が多くて、部屋がごちゃごちゃしている。 물건이 많아서 방이 너저분해 있다.

03 ぼさぼさ 브러시가 필요한 머리카락 모양. 부스스

- そんなぼさぼさの髪で、よく外に出られるな。

  그런 부스스한 머리로 잘도 밖에 다니는군.

04 よれよれ 옷 등이 낡아서 모양이 망가지고 구겨진 모양. 구깃구깃

- 洗濯のしすぎで、服がよれよれになってしまった。

  세탁을 너무해서 옷이 구겨져 버렸다.

05 めちゃめちゃ 엉망진창, 뒤죽박죽

- 震災で、家がめちゃめちゃに壊れてしまった。

  지진으로 인한 재해 때문에 집이 엉망진창 브서져 버렸다.

8 옷을 입음

01 ずるずる 옷자락이 너무 긴 모양. 질질

- 子どもが、大きいぬいぐるみをずるずる引きずって持ってくる。

  아이가 큰 봉제인형을 질질 끌면서 가져 온다.

02 だぶだぶ　양복이나 셔츠 등이 너무 큰 모양. 헐렁헐렁

・Lサイズは大きすぎてだぶだぶだ。 L사이즈는 너무 커서 헐렁헐렁하다.

03 ぶかぶか　신발이나 바지, 모자, 장갑 등이 너무 큰 모양. 헐렁헐렁

・この靴はぶかぶかなので、もっと小さいのをください。

이 구두는 헐렁헐렁하기 때문에 좀더 작은 것을 주세요.

9　만진 느낌

01 ざらざら　모래와 같은 감촉. 꺼슬꺼슬, 까칠까칠

・土足のままで部屋に入って、床が砂でざらざらだ。

흙투성이인 채의 발로 방에 들어가서 마루가 모래로 꺼슬꺼슬하다.

02 つるつる　잘 미끄러지는 모양. 미끈미끈

・スケートリンクはつるつる滑る。 스케이트장은 미끈미끈 미끄러진다.

03 ごつごつ　울퉁불퉁하고 딱딱한 모양. 울퉁불퉁

・岩だらけで、地面がごつごつしている。 바위투성이로 지면이 울퉁불퉁하다.

04 すべすべ　매끈해서 기분이 좋은 모양. 매끈매끈

・赤ちゃんのお肌はすべすべだ。 아기의 피부는 매끈매끈하다.

05 ぶつぶつ　두드러기 같은 것이 많이 돋는 모양. 도톨도톨

・突然、体中に赤いぶつぶつができた。

갑자기 온몸에 붉은 두드러기가 났다.

10　끈적끈적

01 どろどろ　물체가 걸쭉하게 녹아 있는 모양. 질척질척, 걸쭉하게

・チョコがどろどろに溶ける。 초콜릿이 걸쭉하게 녹다.

02 べたべた　끈끈하게 들러붙는 모양. 끈적끈적

・鞄の中で飴が溶けてべたべたになる。

가방 안에서 엿이 녹아서 끈적끈적해지다.

03 ねばねば　끈끈하여 잘 들러붙는 모양. 끈적끈적

・納豆はねばねばしている。 낫또는 끈적끈적하다.

04 ぬるぬる　미끈거리는 모양. 미끈미끈

・せっけんはぬるぬるだ。 비누는 미끈미끈하다.

11 날씨

02-07-05/2

01 びしょびしょ　흠뻑 젖은 모양. 흠뻑

・バケツの水を頭からかぶって、びしょびしょになった。

양동이의 물을 머리에 뒤집어써서 흠뻑 젖었다.

02 じめじめ　불쾌하도록 습기나 수분이 많은 모양. 눅눅히

・梅雨の時期は、湿気が多くじめじめしている。

장마철은 습기가 많아 눅눅하다.

03 ぽかぽか　따스하게 느껴지는 모양. 포근포근

・ぽかぽか暖かい日は昼寝に限る。 포근하게 따뜻한 날은 낮잠이 최고다.

04 むしむし　무더운 모양. 푹푹 찌는

・むしむしした熱帯夜は耐えられない。 푹푹 찌는 열대야는 참을 수 없다.

12 사물의 상태

01 ぼろぼろ　물건이나 옷 등이 형편없이 낡고 해진 모양. 너덜너덜

・同じくつを毎日はいたらすぐぼろぼろになる。

같은 구두를 매일 신으면 금방 너덜너덜해진다.

02 ぎざぎざ (톱날처럼) 깔쭉깔쭉

• 縁にぎざぎざのある硬貨を持っていると幸せになるというジンクスがある。

테두리가 깔쭉깔쭉한 동전을 가지고 있으면 행복해진다는 징크스가 있다.

03 でこぼこ 울퉁불퉁(凸凹)

• でこぼこした道は、自転車では走りにくい。

울퉁불퉁한 길은 자전거로는 다니기 어렵다.

04 とげとげ 가시 돋친 모양. 삐쭉삐쭉

• 茎のとげとげした部分が、この植物の特徴です。

줄기가 삐쭉삐쭉한 부분이 이 식물의 특징입니다.

13 일하는 모습

01 さっさと 동작이 재빠른 모양이나 일을 서둘러 하는 모양. 척척, 재빠르게

• さっさと宿題を終わらせてしまいなさい。

재빠르게 숙제를 끝내 버려라.

02 きびきび (태도 · 언행이) 활동적이고 시원시원한 모양. 팔팔하게

• 新人の彼女は、きびきびとよく働いてくれるよ。

신인인 그녀는 팔팔하게 잘 일해 준다.

03 ばりばり 열심히 하는 모양. 활기 있게

• 海外でばりばり仕事をすることが夢です。

해외에서 열심히 일하는 것이 꿈입니다.

14 무겁고 크고 많음

01 どっしり 무거운 모양. 묵직한

• どっしりと重い石を軽々と持ち上げる。 묵직한 돌을 가볍게 들어 올리다.

02 ずっしり 묵직한 느낌이 드는 모양. 묵직하게

- ダンベルが入った鞄はずっしり重い。 덤벨이 들은 가방은 묵직하다.

03 どっさり 잔뜩

- プレゼントはどっさりあるから、選び放題だぞ。
  선물은 잔뜩 있으니까 마음대로 골라.

04 たっぷり 넘칠 만큼 충분한 모양. 듬뿍

- 牛乳をコップにたっぷり入れる。 우유를 컵에 듬뿍 넣다.

05 ぎっしり 빈틈없이 차 있는 모양. 빽빽이, 꽉

- 来週は予定がぎっしり入っている。 다음 주는 예정이 꽉 차 있다.

15 기분 좋음

01 すっきり 산뜻이

- 要らないものを捨てて、部屋がすっきりした。
  필요 없는 물건을 버려서 방이 산뜻해졌다.

02 さっぱり 기분이 개운한 모양. 시원히, 산뜻이

- お風呂に入ってさっぱりした。 목욕해서 상쾌해졌다.

03 きちんと 정돈되어 흩어지지 않은 모양. 말끔히, 정확히

- 最後まできちんと責任を持って仕事をする。
  마지막까지 정확히 책임을 지고 일하다.

16 마시는 모습

01 ごくごく 목구멍에서 소리를 내며 마시는 모양. 벌컥벌컥

- 喉が乾いていたので、水をごくごくと一気飲みした。
  목이 말라서 물을 벌컥벌컥 단숨에 마셨다.

02 ちびちび 술 등을 조금씩 마시는 모양. 홀짝홀짝

• 焼酎をちびちび飲むのが、母の飲み方だ。

소주를 홀짝홀짝 마시는 것이 엄마가 마시는 법이다.

03 がぶがぶ 물 등을 대량으로 마시는 모양. 벌컥벌컥

• 山の水をがぶがぶ飲む。 산의 물을 벌컥벌컥 마시다.

04 ぐびぐび 술을 물처럼 마시는 모양. 꿀꺽꿀꺽

• 喉を鳴らしながらビールをぐびぐび飲む。

목구멍에서 소리를 내며 맥주를 꿀꺽꿀꺽 마시다.

17 먹는 모습

01 もぐもぐ 입을 벌리지 않고 씹거나 이가 없는 사람이 씹는 모양. 우물우물

• うちで飼っているうさぎはにんじんをもぐもぐ食べる。

집에서 기르고 있는 토끼는 당근을 우물우물 먹는다.

02 がつがつ 동물처럼 먹는 모양. 게걸스럽게

• がつがつ食べるのは行儀悪い。

게걸스럽게 먹는 것은 버릇이 없다.

03 もりもり 원기 왕성하게 먹는 모양. 왕성하게

• 野菜やお肉をもりもり食べて、元気な子に育ってくれたらそれでいい。

야채나 고기를 왕성하게 먹고 건강한 아이로 자라 주면 그것으로 좋다.

18 무서움, 두려움, 안절부절

01 いらいら 안절부절못하는 모양. 안절부절

• 順番がなかなか回ってこず、いらいらする。

순번이 좀처럼 돌아오지 않아 안절부절못하다.

02 ぴりぴり 신경이 곤두서 있는 모양.

・本番前はみんなぴりぴりしている。 본 방송 전에는 모두 신경이 곤두서 있다.

03 おどおど 공포·긴장·불안 등으로 침착하지 못한 모양. 흠칫흠칫

・おどおどしないで、もっと堂々としていなさい。
　흠칫흠칫 하지 말고 좀더 당당히 있어라.

04 おろおろ 당황하는 모양. 허둥지둥

・病人を前にすると、どうしてもおろおろしてしまう。
　아픈 사람을 앞에 두면 아무래도 허둥지둥해진다.

05 もじもじ 주눅이 들거나 수줍어하여 머뭇거리는 모양. 머뭇머뭇

・妹は、初対面の人の前ではいつももじもじしている。
　여동생은 첫 대면 사람 앞에서는 항상 머뭇머뭇한다.

06 ぞくぞく 소름이 끼치는 모양. 오싹오싹

・墓参りに来ると、なぜか背中の辺りがぞくぞくする。
　성묘를 하러 오면 왠지 등 주변이 오싹오싹해진다.

19 · 성격

01 ぐずぐず 결단이나 행동이 느린 모양. 꾸물꾸물

・ぐずぐずしていないで、早く準備して学校へ行きなさい。
　꾸물꾸물거리지 말고 빨리 준비해서 학교에 가거라.

02 てきぱき 일을 능숙하게 처리해 나가는 모양. 척척

・てきぱきと働く。 척척 일한다.

03 きっぱり 단호히, 딱 잘라

・彼とはきっぱり縁を切った。 그와는 단호히 연을 끊었다.

04 のんびり　한가롭고 평온한 모양. 한가로이, 유유히

・今日は日曜日なので、家でのんびり過ごす。

오늘은 일요일이기 때문에 집에서 한가로이 보낸다.

20　말

01 ぺらぺら　외국어를 유창하게 말하는 모양. 술술

・彼女は、英語がぺらぺらだ。

그녀는 영어를 유창하게 말한다.

02 がみがみ　시끄럽게 꾸짖거나 심하게 잔소리하는 모양. 고시랑고시랑

・そういえば私は、親にがみがみ怒られたという記憶がない。

그러고 보니 나는 부모님에게 고시랑고시랑 야단맞은 기억이 없다.

03 わいわい　여럿이 큰소리로 떠들어대는 모양. 왁자지껄

・男の人は、みんなでわいわい騒ぐのが好きだ。

남자는 모두 왁자지껄 떠드는 것을 좋아한다.

21　아픔

01 きりきり　찌르듯이 아픈 모양.

・結婚式のスピーチを明日に控え、胃がきりきり痛む。

결혼식 스피치를 내일로 앞두고 위가 찌르듯이 아프다.

02 ひりひり　피부・점막 등에 날카로운 통증이나 매운 맛이 느껴지는 모양. 따끔따끔

・足を机の角でこすってしまい、そこがいつまでもひりひり痛む。

발을 책상 모서리에 비벼 그곳이 계속 따끔따끔 아프다.

03 ずきずき　쑤시고 아픈 모양. 욱신욱신

・偏頭痛でずきずき痛む。　편두통 때문에 욱신욱신 아프다.

04 がんがん　머리가 쑤시듯이 몹시 아픈 모양. 지끈지끈

- 二日酔いの朝は、頭ががんがんする。 술 마신 다음날 아침은 머리가 지끈지끈하다.

05 ちくちく　바늘이나 가시에 찔리듯이 아픈 모양. 따끔따끔

- このセーターはちくちくする。 이 스웨터는 따끔따끔하다.

06 むかむか　토할 듯이 상태가 안 좋은 모양. 메슥메슥

- お酒の飲み過ぎで、胸がむかむかする。 과음해서 가슴이 메슥메슥하다.

07 くらくら　현기증이 나는 모양. 어질어질

- 貧血で、頭がくらくらする。 빈혈로 머리가 어질어질하다.

08 からから　목이 너무 마른 모양. 칼칼

- 暑すぎて喉がからからになる。 너무 더워서 목이 칼칼하다.

22 반짝반짝　　　　　🎧 02-07-05/3

01 きらきら　계속해서 반짝이는 모양. 반짝반짝

- 水面が太陽の光できらきらしている。 수면이 태양의 빛으로 인하여 반짝반짝하고 있다.

02 ぎらぎら　눈을 쏘듯 강렬하게 빛나는 모양. 쨍쨍

- 夏の太陽がぎらぎらと照り輝いている。 여름 태양이 쨍쨍 찬란하게 빛나고 있다.

03 ぴかぴか　윤이 나며 반짝이는 모양. 반짝반짝

- 車をぴかぴかに磨く。 차를 반짝반짝하게 닦다.

04 さらさら　말라 있는 모양. 보송보송

- 彼女の長くてきれいな黒髪はさらさらだ。
  그녀의 길고 예쁜 검은 머리는 보송보송하다.

05 つやつや　윤이 나는 모양. 반질반질

• このシャンプーを使うと、髪がつやつやになります。
이 샴푸를 사용하면 머리카락이 반질반질해집니다.

23 아슬아슬

01 ぎりぎり　필요한 양이나 시간에 여유가 없는 모양. 아슬아슬

• 最終電車にぎりぎり間に合った。 마지막 전철에 아슬아슬 시간에 대었다.

02 すれすれ　거의 스칠 정도로 가까운 모양. 아슬아슬

• 机から落ちたガラスのコップを、地面すれすれのところでキャッチした。
책상에서 떨어진 유리컵을 지면 아슬아슬한 곳에서 잡았다.

24 회전

01 くるくる　물건이 가볍게 자꾸 도는 모양. 빙글빙글

• バレリーナは爪先でくるくる回る。 발레리나는 발끝으로 빙글빙글 돈다.

02 ぐるぐる　긴 것을 몇 겹이고 감는 모양. 둘둘

• 怪我をした足に包帯をぐるぐる巻く。 상처를 입은 발에 붕대를 둘둘 감다.

03 ころころ　작은 것이 구르는 모양. 데굴데굴

• サイコロをころころ転がす。 주사위를 데굴데굴 굴리다.

25 흔들림

01 ぐらぐら　몹시 흔들리는 모양. 흔들흔들

• 息子の歯がぐらぐらしてもうすぐ抜けそうだ。
아들의 이가 흔들흔들해서 곧 빠질 것 같다.

02 がたがた　단단한 물건이 부딪쳐서 나는 소리. 덜커덩덜커덩

• 強風で窓ががたがたうるさい。 강풍 때문에 창문이 덜커덩덜커덩 시끄럽다.

03 ゆらゆら　비교적 가벼운 것이 천천히 흔들리는 모양. 흔들흔들

・陽炎で道がゆらゆら揺れているように見える。

아지랑이로 길이 흔들흔들 흔들리고 있는 것처럼 보인다.

04 はらはら　나뭇잎・눈물・물방울 등이 잇따라 조용히 떨어지는 모양. 우수수

・秋に紅葉がはらはらと落ちていく光景は、とても風情があって素敵だ。

가을에 단풍이 우수수 떨어지는 광경은 대우 운치가 있어 멋지다.

26　가볍고 얇음

01 ふわふわ　부드럽게 부푼 모양. 푹신푹신

・社長の奥様は、いつもふわふわの毛皮のコートをお召しになっている。

사장님의 부인은 항상 푹신푹신한 모피 코트를 입고 계신다.

02 ひらひら　가볍고 얇은 것이 날리는 모양. 팔랑팔랑

・蝶がひらひらと優雅に飛ぶ姿を猫がじっと見つめている。

나비가 팔랑팔랑 우아하게 나는 모습을 고양이가 물끄러미 응시하고 있다.

03 ひょいひょい　가볍게 이리저리 움직이거나 톡톡 튀어나오는 모양. 휙휙

・相手のパンチをひょいひょいとかわす。

상대의 펀치를 휙휙 피한다.

27　변화

01 ずんずん　빨리 진척되는 모양. 성큼성큼

・ひたすら前へずんずん進んでいく。오로지 앞으로 성큼성큼 나아간다.

02 だんだん　점점

・春が近づき、だんだん暖かくなってきましたね。

봄이 다가와서 점점 따뜻해졌네요.

03 どんどん　점점

• 彼の顔色がどんどん悪くなっていく。 그의 안색이 점점 나빠져 간다.

04 じわじわ　사물이 서서히 조금씩, 그러나 확실히 진행되는 모양. 서서히

• 波がじわじわと押し寄せてきた。 파도가 서서히 밀려왔다.

05 ぐんぐん　힘차게 진행되거나 성장하는 모양. 부쩍부쩍

• 兄と弟の身長差がぐんぐん縮まっていく。

형과 동생의 신장 차는 부쩍부쩍 줄어간다.

06 めきめき　두드러지게 성장하는 모양. 부쩍부쩍

• 子どもたちはめきめき成長していく。 아이들은 부쩍부쩍 성장해 간다.

28　연기

01 めらめら　불길이 널름거리며 타오르는 모양. 활활

• ライバル心をめらめらと燃やす。 라이벌 의식을 활활 불태우다.

02 もくもく　연기・구름 등이 잇달아 피어오르는 모양. 뭉게뭉게

• 煙がもくもくと上がっている。まさか火事じゃないだろうな。

연기가 뭉게뭉게 피어오르고 있다. 설마 화재는 아니겠지.

29　그 외

01 ほっと　긴장이 풀려 마음을 놓는 모양.

• やっと試験が終わって、ほっとした。 겨우 시험이 끝나 한숨을 놓았다.

02 さっぱり　기분이 개운한 모양. 산뜻이, 깨끗이

• 過去の恋は引きずらないで、さっぱり忘れた方がいいよ。

과거의 사랑은 미련을 가지지 말고 깨끗이 잊는 편이 좋다.

03 こっそり 몰래, 살짝

- 会議をこっそり抜け出す。 회의를 살짝 빠져 나가다.

04 ぶるぶる 떠는 모양. 벌벌, 부들부들

- 犬は、体を洗ってもらったら、必ずぶるぶると体を振って水気を飛ばす。

  개는 몸을 씻겨 주면 반드시 부들부들 몸을 흔들어 물기를 날린다.

05 ぴんぴん 건강하여 원기가 넘치는 모양. 팔팔

- 病気は回復して、もうぴんぴんしている。

  병은 회복해서 이제 팔팔하다.

06 ぴったり 어긋나거나 틈이 없이 잘 맞는 모양. 딱 맞음

- 残高がぴったり合う。 잔고가 딱 맞다.

07 がさがさ 표면이 말라서 매끄럽지 않은 모양. 꺼슬꺼슬

- 冬は空気が乾燥して肌ががさがさになる。

  겨울은 공기가 건조해서 피부가 꺼슬꺼슬해진다.

08 がらがら 속이 비어 있는 모양. 텅텅

- 回転寿司を食べに行ったが、お店はがらがらでお客は一人もいなかった。

  회전초밥을 먹으러 갔지만 가게는 텅텅 비어 손님은 한 명도 없었다.

09 すいすい 공중이나 수중을 가볍게 나아가는 모양. 훅훅, 쓱쓱

- かえるのようにすいすい泳ぐ。

  개구리처럼 쓱쓱 헤엄치다.

10 ごろごろ 빈둥빈둥

- 日曜日は家でごろごろするのが一番だ。

  일요일은 집에서 빈둥빈둥하는 것이 제일이다.

1. 医者に出してもらった薬を飲んだが、＿＿＿＿＿＿よくなりません。

   (A) ぜったいに   (B) すこしも   (C) けっして   (D) どうぞ

2. 「私じゃない。」と＿＿＿＿＿＿言っても、誰も信じてくれなかった。

   (A) いかが   (B) そんなに   (C) ちっとも   (D) いくら

3. 人気歌手のコンサートチケットは、＿＿＿＿＿＿売りきれたそうだ。

   (A) たちまち   (B) むしろ   (C) せいぜい   (D) まして

4. 兄は＿＿＿＿＿＿長男らしく、いつも弟たちの喧嘩の仲裁に入ってくれた。

   (A) がくんと   (B) いかにも   (C) しょっちゅう   (D) きっちり

5. 毎朝＿＿＿＿＿＿のコーヒーを飲みますか。

   (A) どちらくらい   (B) どのくらい   (C) どのほど   (D) いくらぐらい

6. A: 再会を祝して、一杯飲みに行きませんか。   B: そうですね。＿＿＿＿＿＿ですから。

   (A) いきなり   (B) せっかく   (C) むしろ   (D) やがて

7. 卒業まで残り＿＿＿＿＿＿となりました。

   (A) わずか   (B) ひそか   (C) まぢか   (D) かすか

8. 医者から＿＿＿＿＿＿これ以上たばこを吸うなと言われた。

   (A) たとえ   (B) 必ずしも   (C) ぜんぜん   (D) ぜったいに

9. この時間は、＿＿＿＿＿＿こっちのルートで行った方が早く着くでしょう。

   (A) あまり   (B) よく   (C) ほとんど   (D) たぶん

10. 遅れてすみません。事故で電車が＿＿＿＿＿＿来なかったんです。

    (A) けっして   (B) ぜったいに   (C) たぶん   (D) なかなか

11. ______がんばっても、彼の実力には勝てない。

 (A) ぜひ   (B) いくら   (C) ずっと   (D) いつか

12. ダイエットだと言って、娘は______食べなかった。

 (A) ちっとも   (B) よく   (C) そんなに   (D) ちょっと

13. 評価の高い映画だと聞いたので、______観たいです。

 (A) ぜひ   (B) たぶん   (C) そんなに   (D) きゅうに

14. 次の選挙では______あの人が選ばれるに違いない。

 (A) ちょうど   (B) どうぞ   (C) かなり   (D) きっと

15. 授業を欠席する場合は、______担当教師に連絡するように。

 (A) ひたすら   (B) すでに   (C) まえもって   (D) ただ

16. ______過去の事をどうこう言われても、私にはどうすることもできない。

 (A) 満更   (B) 今更   (C) 尚更   (D) 殊更

17. 時間は______あるから、落ち着いて問題を解けばいい。

 (A) ほっそり   (B) たっぷり   (C) ぼんやり   (D) のんびり

18. うちの家族はみんな______十時ごろ寝ます。

 (A) 大抵   (B) 大底   (C) 大低   (D) 大挺

19. 母子ともに健康で、みんな______した。

 (A) げらげら   (B) ほっと   (C) くすくす   (D) ほくほく

20. 残業で遅くなったが、______終電に間に合ってよかった。

 (A) 強いて   (B) まして   (C) 辛うじて   (D) もうしかして

[오문정정]

21. バスに揺られて ぐらぐら寝ていると、降りる停留所を過ぎてしまっていた。
 　　　　　　A　　　　B　　　　　　　　　　　　　　C　　　　　D

22. ご両親が有名だからと言って、必ずもその子どもが有名になるとは限らない。
 　A　　　　　　　　　B　　C　　　　　　　　　　　D

23. 彼が、誰よりも動物好きなのは、今から言うまでもない。
 　　　　A　　　　　B　　C　　　D

24. その鞄はとても人気で、入荷してもすぐ売り切れてしまいせいぜい手に入らない。
 　　　　　　A　　　　　　　　　　B　　C　　　　　　D

25. 梅雨ともなると、雨がするする降り、湿気も多く、いらいらしやすい。
 　　　　A　　　　　B　　　　　　C　　D

제8장　접속사(接続詞)

「そして、しかし」와 같이 단어와 단어, 문절과 문절, 문장과 문장을 잇는 품사를 말한다.

1　접속사의 성질

- バイトをくびになってしまいました。それで、新しいバイトを探しています。

  아르바이트를 해고당했습니다. 그래서 새로운 아르바이트를 찾고 있습니다.

- 映画を観ますか。それとも食事にしますか。

  영화를 보겠습니까? 그렇지 않으면 식사를 하시겠습니까?

- ダイエットを始めました。けれどもなかなか痩せません。

  다이어트를 시작했습니다. 그러나 좀처럼 살이 빠지지 않습니다.

① 자립어로 활용이 없다.

② 주어·술어·수식어가 될 수 없다.

③ 단어와 단어, 문절과 문절, 문장과 문장을 접속하는 역할을 한다.

2 접속사의 역할

02-08-02

① 하나의 단어와 단어를 연결한다.

• 今日は数学および英語の補習があります。

오늘은 수학 및 영어 보충수업이 있습니다.

② 대등한 관계에 있는 두 문절을 연결한다.

• 体が健康で、しかも心も健全だ。

몸이 건강하고 게다가 마음도 건전하다.

③ 수식하는 문절과 수식받는 문절을 연결한다.

• 遅刻はしたが、しかし欠席はしなかった。

지각은 했지만 그러나 결석은 하지 않았다.

④ 문장과 문장을 연결한다.

• これはたいへんよい品物です。したがって値段も高いです。

이것은 매우 좋은 상품입니다. 따라서 값도 비쌉니다.

3 접속사의 의미상의 분류

02-08-03

1 요약

01 すなわち 즉

• この小説は私の父の兄、すなわち叔父の作品です。

이 소설은 나의 아버지 형 즉, 큰아버지 작품입니다.

02 ただし 단

• 冷蔵庫のケーキを食べてもいいよ。ただし、手を洗ってからね。

냉장고에 있는 케익을 먹어도 좋아. 단 손을 씻고 나서야.

2 역접

01 しかし 그러나

• ふるさとの町並みはすっかり変わってしまった。しかし、友人たちは少しも変わっていなかった。

고향의 집의 늘어선 모양이 완전히 바뀌어 버렸다. 그러나 친구들은 조금도 변하지 않았다.

02 だが 하지만

- 苦しいこと、悲しいこともたくさんあった。だが、思い出されるのは楽しい

  ことばかりだ。

  괴로운 일, 슬픈 일도 많이 있었다. 하지만 생각나는 것은 즐거운 일뿐이다.

03 ところが 그러나

- 彼女はいつもよく話す。ところが、男性の前では全然話さない。

  그녀는 항상 자주 말한다. 그러나 남성 앞에서는 전혀 말하지 않는다.

04 けれども 하지만

- 勉強はしたくない。けれども、しなければ大学へは行けない。

  공부는 하고 싶지 않다. 그러나 하지 않으면 대학은 갈 수 없다.

05 それなのに 그런데도

- 空は明るい。それなのに、雨が降ってきそうだ。

  하늘은 밝다. 그런데도 비가 내릴 것 같다.

06 とはいえ 그렇다고는 해도

- 娘は二十歳になった。とはいえ、親から見たらまだまだ子どもだ。

  딸은 20살이 되었다. 그렇다고 해도 부모 입장에서 보면 아직 아이다.

3 전환

01 さて 그러면

- さて、そろそろ洗濯でもしようか。

  그러면 슬슬 세탁이라도 할까.

- ところで、君の出身校はどこだ。

그런데 너의 출신 학교는 어디야?

03 なお 또한, 더욱

- なお、説明会は明日行います。

또한 설명회는 내일 거행하겠습니다.

4 병렬

01 および 및

- 高校生および大学生の申し込みはお断りしています。

고등학생 및 대학생의 신청은 거절합니다.

02 また 또

- 一度読んだ本をまた読む。

한 번 읽은 책을 또 읽다.

03 あるいは 혹은, 또는

- 今年の秋は、奈良あるいは京都へ行きたい。

올해의 가을은 나라 혹은 교토에 가고 싶다.

04 ならびに 및

- 卒業生たち、ならびに保護者の方々、ご卒業おめでとうございます。

졸업생들 및 보호자 분, 졸업을 축하드립니다.

05 かつ 또한

- 父は私の親でもあり、かつ上司でもある。

아버지는 나의 부모이기도 하고 또한 상사이기도 하다.

01 しかも　게다가

- この店のラーメンは本当においしい。しかもすごく安い。

이 가게의 라면은 정말 맛있다. 게다가 굉장히 싸다.

02 そのうえ　게다가

- 夕食をごちそうになり、そのうえお土産までいただいてしまった。

저녁을 대접받고 게다가 선물까지 받았다.

03 そして　그리고

- 初任給が出たら、父そして母に何かプレゼントをするつもりだ。

첫 월급이 나오면 아버지 그리고 어머니에게 뭔가 선물을 할 예정이다.

04 それに　게다가

- 最新のカメラはとても軽い。それに画質も良い。

최신 카메라는 매우 가볍다. 게다가 화질도 좋다.

05 それから　그리고 나서

- 夕食を食べて、それから宿題をします。

저녁을 먹고 그리고 나서 숙제를 합니다.

06 おまけに　게다가

- 妹は頑固で、おまけにわがままだ。

여동생은 완고하고 게다가 버릇없다.

6　선택

01 それとも　그렇지 않으면

- あなたは辛いものが好きですか。それとも、甘いものが好きですか。

당신은 매운 것을 좋아합니까? 그렇지 않으면 단 것을 좋아합니까?

02 または　혹은

・<ruby>運動会<rt>うんどうかい</rt></ruby>には<ruby>父<rt>ちち</rt></ruby>または<ruby>母<rt>はは</rt></ruby>が<ruby>来<rt>き</rt></ruby>てくれます。

운동회에는 아버지 혹은 어머니가 와 주십니다.

03 あるいは　혹은

・ご<ruby>感想<rt>かんそう</rt></ruby>はお<ruby>電話<rt>でんわ</rt></ruby>あるいはメールにて<ruby>承<rt>うけたまわ</rt></ruby>っております。

감상은 전화 혹은 메일로 받고 있습니다.

04 もしくは　혹은

・<ruby>日曜日<rt>にちようび</rt></ruby>には<ruby>必<rt>かなら</rt></ruby>ず<ruby>公園<rt>こうえん</rt></ruby>もしくは<ruby>海<rt>うみ</rt></ruby>へ<ruby>散歩<rt>さんぽ</rt></ruby>に<ruby>行<rt>い</rt></ruby>きます。

일요일에는 반드시 공원 혹은 바다로 산책하러 갑니다.

7 순접

01 だから　따라서

・<ruby>彼<rt>かれ</rt></ruby>はいい<ruby>人<rt>ひと</rt></ruby>だ。だから、みんなに<ruby>好<rt>す</rt></ruby>かれる。

그는 좋은 사람이다. 따라서 모두가 좋아한다.

02 したがって　따라서

・この<ruby>服<rt>ふく</rt></ruby>はオーダーメイドだ。したがって、<ruby>値段<rt>ねだん</rt></ruby>が<ruby>高<rt>たか</rt></ruby>い。

이 옷은 주문해서 만든 것이다. 따라서 값이 비싸다.

03 それで　그래서

・<ruby>風邪<rt>かぜ</rt></ruby>を<ruby>引<rt>ひ</rt></ruby>きました。それで、<ruby>今日<rt>きょう</rt></ruby>は<ruby>学校<rt>がっこう</rt></ruby>を<ruby>休<rt>やす</rt></ruby>みました。

감기에 걸렸습니다. 그래서 오늘은 학교를 쉬었습니다.

04 それなら　그렇다면

・<ruby>彼<rt>かれ</rt></ruby>は<ruby>留守<rt>るす</rt></ruby>ですか。それなら、また<ruby>来<rt>き</rt></ruby>ます。

그는 부재중입니까? 그렇다면 또 오겠습니다.

• 私はピアノを習い始めました。すると、妹もいっしょに習い始めました。

나는 피아노를 배우기 시작했습니다. 그러자 여동생도 함께 배우기 시작했습니다.

4 합성의 접속사　02-08-04

① 명사 + 조사 → ところ+が / それ+から / そこ+で / それ+なら / ゆえ+に

　ところが 하지만　それから 그리고　そこで 그래서　それなら 그러면　ゆえに 그러므로

② 동사 + 조사 → したがう+て / する+と / ならぶ+に

　したがって 따라서　すると 그러자　ならびに 및

③ 부사 + 조사 → また+は

　または 또는

④ 조동사 + 조사 → だ+が

　だが 하지만

⑤ 조사 + 조사 → で+も / で+は

　でも 하지만　では 그러면

⑥ 부사 + 조동사 + 조사 → そう+です+が

　そうですが 그렇지만

⑦ 부사 + 동사 + 조사 → そう+する+と

　そうすると 그러자

5 접속사와 혼동하기 쉬운 부사와 조사　02-08-05

접속사 중에는 부사나 조사에서 전성된 것이 있어 부사나 조사로 오인하는 예가 많다.

1 접속사와 부사

부사는 그 위치를 바꾸어도 의미가 통하지만 접속사는 위치를 바꾸면 접속의 기능을 다하지 못한다.

• 私はまた遅刻した。나는 또 지각했다. – 부사

- 母は優しいし、またきれいだ。 - 접속사

  어머니는 상냥하고 그리고 예쁘다.

- 彼もあるいは来るかも知れない。 - 부사

  그도 어쩌면 올지 모른다.

- 今度の週末には、動物園あるいは遊園地に行きます。 - 접속사

  이번 주말에는 동물원 혹은 유원지에 갑니다.

접속사는 앞뒤의 문장 또는 문절을 잇기 때문에 뒤의 문장과 문절의 위에 오지만, 조사는 반드시
앞의 문절 아래에 둔다.

- もう 4 月だが、まだ寒い。 - 조사

  벌써 4월인데 아직 춥다.

- もう 4 月だ。が、まだ寒い。 - 접속사

  벌써 4월이다. 하지만 아직 춥다.

- そんなことをすると、先生にしかられるよ。 - 동사 + 조사

  그런 짓을 하면 선생님에게 야단맞아.

- 欲しいものをたくさん買った。すると、お金がなくなった。 - 접속사

  갖고 싶은 것을 많이 샀다. 그랬더니 돈이 없어졌다.

- 料理の勉強をしたけれども、おいしく作れない。 - 조사

  요리 공부를 했지만 맛있게 만들 수 없다.

- 料理の勉強をした。けれども、おいしく作れない。 - 접속사

  요리 공부를 했다. 하지만 맛있게 만들 수 없다.

そこで / それに / それから / それで

접속사로 혼동하기 쉬운 말에는 다음과 같은 것이 있다. 「명사+조사」가 합성된 접속사「そこで、それに、それから、それで」등이다. 이들은 문장의 처음에 온다고 해서 곧 접속사라고 정할 수 없는 경우가 있다.

そこで	명사 + 조사	駅前で友だちに会った。私たちはそこでおしゃべりをした。 역 앞에서 친구를 만났다. 우리들은 거기에서 잡담했다.
	접속사	道に財布が落ちていた。そこで私はそれを交番に届けた。 길에 지갑이 떨어져 있었다. 그래서 나는 그것을 파출소에 보냈다.
それで	명사 + 조사	おこづかいをもらった。それでお菓子を買った。 용돈을 받았다. 그것으로 과자를 샀다.
	접속사	事故で電車が止まってしまった。それで会社に遅れた。 사고로 전철이 멈춰 버렸다. 그래서 회사에 늦었다.
それに	명사 + 조사	新しいノートを買ってもらった。それに花の絵を描いた。 새 노트를 받았다. 거기에 꽃 그림을 그렸다.
	접속사	雨が降ってきた。それに、風も吹いてきた。 비가 내렸다. 게다가 바람도 불었다.
それから	명사 + 조사	ポケットに手を入れた。それから、五百円玉が出てきた。 주머니에 손을 넣었다. 거기에서 500엔 동전이 나왔다.
	접속사	公園に箱が置いてあった。それから、子犬がひょこっと顔を出した。 공원에 상자가 놓여 있었다. 거기에서 강아지가 불쑥 얼굴을 내밀었다.

ため / その結果 / だから / したがって / ゆえに

1. ため

① 특별한 사항이 일어난 그 원인을 강조

・風邪のため欠席しました。 감기 때문에 결석했습니다.

② 목적

- 合格するために勉強する。

합격하기 위해서 공부하다.

2. その結果

앞의 일이 원인, 이유가 되어 뒤의 결과가 일어난다.

- 二度寝をしてしまった。その結果、遅刻した。

한번 깼다가 다시 자 버렸다. 그 결과 지각했다.

3. だから

앞 사항이 당연한 결과로서 뒤 사항이 일어난다는 말하는 사람의 판단을 나타낸다.

- 昨日は寝ていない。だから、今日はとても眠い。

어제는 자지 않았다. 그래서 오늘은 매우 졸립다.

4. したがって

「だから」와 같은 의미이지만, 이유보다도 결과를 강조한다. (문장어에 사용)

- 彼は校内でたばこを吸った。したがって、停学になった。

그는 교내에서 담배를 피웠다. 따라서 정학 처분되었다.

☞ 뒷 문장에는 의지표현을 사용할 수 없다.

5. ゆえに

원인, 결과를 나타내는 문어적 표현. 수학, 철학, 논문 등에 사용된다.

- 夏は暑いがゆえに、動物園の熊はげんきがない。

여름은 더워서 동물원의 곰은 기운이 없다.

そして / それから / それに / その上 / しかも

1. それから와 そして

① 「それから」는 시간적 순서를 강조하지만, 「そして」는 추가 보충하는 기분이 강하다.

- 宿題をし、明日の準備をして、それから寝ました。

  숙제를 하고 내일의 준비를 하고 그리고 잤습니다.

- 宿題をし、明日の準備をし、そして寝ました。

  숙제를 하고 내일의 준비를 하고 그리고 잤습니다.

② 「それから」는 화제가 바뀔 때에 사용되며, 「そして」는 하나의 화제에 관해서 기술할 때 사용된다.

- 赤くて大きいりんご、それから甘いりんごが食べたい。

  빨갛고 큰 사과 그리고 달콤한 사과를 먹고 싶다.

- 赤くて大きく、そして甘いりんごが食べたい。

  빨갛고 크고 그리고 달콤한 사과를 먹그 싶다.

③ 「そして」는 이유, 결과와 같은 관계도 연결할 수 있지만, 「それから」는 사용할 수 없다.

- 一生懸命練習した。そして優勝した。

  열심히 연습했다. 그래서 우승했다.

2. それに / その上 / しかも

셋 다 주관적인 의지나 명령문에 사용할 수 없다.

- 野菜を食べなさい。それから果物も食べなさい。

  야채를 드세요. 그리고 나서 과일도 드세요.

- バイキングへ行こう。そしておいしいものをいっぱい食べよう。

  뷔페에 가자. 그리고 맛있는 것을 많이 먹자.

- 今日中にこれを仕上げなさい。しかも一人でしなさい。(×)

  오늘 안으로 이것을 완성하세요. 게다가 혼자서 하세요.

1. 参加費は田中くん、______中村くんに渡してください。

    (A) なお   (B) それで   (C) または   (D) しかも

2. 嵐は去った。______安心するにはまだ早い。

    (A) もしくは   (B) したがって   (C) しかしながら   (D) それとも

3. 明日は行楽日和になりそうだ。海に行こうか______山に行こうか。

    (A) それとも   (B) それに   (C) そうして   (D) それでは

4. これはとても珍しいものです。______値段も相当高いです。

    (A) したがって   (B) すなわち   (C) あるいは   (D) および

5. 田中さん、______中村さんに係りをまかせようと思います。

    (A) ならびに   (B) もしくは   (C) およびに   (D) かつ

6. 誕生日にもらった箱を開けてみました。______中から子犬が出てきました。

    (A) すると   (B) それで   (C) それに   (D) それでは

7. ______、今日の練習を始めましょう。

    (A) そして   (B) それから   (C) それに   (D) それでは

8. この部屋は、8人______10人が生活できるくらいの大きさだ。

    (A) つまり   (B) なお   (C) すると   (D) ないし

9. 母の母、______私の祖母は現在80歳です。

    (A) あるいは   (B) すなわち   (C) そのうえ   (D) だって

10. ______、そろそろお迎えの時間ですね。

    (A) おまけに   (B) さて   (C) ところで   (D) すると

11. 最近の携帯電話は無料でテレビが見られ、＿＿＿＿＿＿インターネットもできる。

    (A) しかも   (B) および   (C) しかし   (D) そこで

12. よし、私も投資しよう。＿＿＿＿＿＿、いくつか条件がある。

    (A) ただし   (B) そのうえ   (C) それに   (D) だって

13. A：村田さん、田中さんが見えないのですが。　　B：＿＿＿＿＿＿、今日はまだ会ってないですね。

    (A) だって   (B) なぜなら   (C) それとも   (D) そういえば

14. 物価は上がる一方だ。＿＿＿＿＿＿給料はちっとも上がらない。

    (A) だが   (B) さて   (C) なお   (D) かつ

15. 明日はプレゼンをしてもらいます。＿＿＿＿＿＿、プレゼン終了後、打ち上げパーティーがあります。

    (A) なお   (B) ただ   (C) それに   (D) それは

16. 成績は悪いし、＿＿＿＿＿＿授業中の私語もひどい。

    (A) および   (B) それで   (C) おまけに   (D) もしくは

17. 今すぐ行きますか。＿＿＿＿＿＿もう少しあとにしましょうか。

    (A) すると   (B) それとも   (C) あるいは   (D) および

18. ケーキ＿＿＿＿＿＿果物をお土産に買って行きます。

    (A) あるいは   (B) それとも   (C) とはいえ   (D) ところが

19. 彼の作る料理はおいしい。＿＿＿＿＿＿材料費も安い。

    (A) たとえば   (B) それから   (C) しかも   (D) なぜなら

20. 彼に電話をかけた。＿＿＿＿＿、知らない女性が電話に出た。

(A) すると　　　　　　　　(B) しかも　　　　　　　　(C) なぜなら　　　　　　　　(D) すなわち

[오문정정]

21. 帰宅したら、まず手を洗います。それではうがいをして、おやつを食べます。
　　　　　A　　　　　　　　B　　　C　　　　　　　　　　　　　D

22. 田中くんは自己中心的で、他の人の意見を聞かないらしい。では周りの人は困っている
　　　　　　　　A　　　　　　　　　　　　　　　　　　　　　B　　　C
　ようだ。
　　　D

23. 先にランチを食べに行きますか。それなら、私の買い物に付き合って くれますか。
　　　A　　　　　　　　　　　　　　B　　　　　　　C　　　　D

24. 犯人は今、東京にいるらしい。それから、東京に行けば犯人を逮捕できるというわけだ。
　　　　　　　　A　　B　　　　C　　　　　　　　　D

25. 起業を考えている。さらに、資金が乏しく 困っているんだ。
　　　A　　　　　　　　B　　　　C　　　D

제9장 감동사(感動詞)

무엇인가 보고 느꼈을 때 여러 가지 감정으로 나타내거나, 사람을 부를 때나 응답할 때
에 쓰이는 품사를 말한다.

1 감동사의 성질

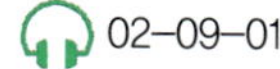

- **ああ**、びっくりした。 아, 깜짝 놀랐다.
- **さあ**、こっちへおいで。 자, 여기로 와.
- **いや**、ぼくではありません。 아니, 제가 아닙니다.

① 자립어로서 활용이 없다.
② 독립성이 있다.
③ 주어 · 술어가 될 수 있다.
④ 감동, 감탄, 권유, 응답, 부름 등의 주관적 · 직관적 의미를 나타낸다.
⑤ 감동사만으로도 하나의 문을 만들 수가 있다.

2 감동사의 종류

1 감동을 나타내는 것

- **あ**、大変だ。 앗! 큰일이다.

- **うーん**、これはしまった。 음! 이것은 실수했다.

- **え**、どうしたんですか。 예! 어찌 된 일입니까?

- **おお**、きれいだ。 오! 아름답다

▶ 이 외에도 감동을 나타내는 것에는 다음과 같은 것들이 있다.
ああ 아아　まあ 어머　おや 어머나　さあ 글쎄　それ 야!　あれ 어!
ねえ 정말　もう 정말　ほら 어머나　はてな 어　やあ 야아　やれやれ 아휴

2 부름을 나타내는 것

- **おい**、ちょっと待って。 이봐, 잠깐 기다려.

- **こら**、あっちへ行け。 이봐, 저쪽으로 가.

- **もしもし**、どうしたんですか。 여보세요, 어떻게 된 것입니까?

▶ 이 외에도 부름을 나타내는 것에는 다음과 같은 것들이 있다.
あのね 저　これ 야　それ 야　やい 야, 애　ほら 이봐

3 응답을 나타내는 것

- **いや**、ぼくではありません。 아니요, 나는 아닙니다.

- **ええ**、行きます。 네, 갑니다.

- **うん**、ぼくもいくよ。 응, 나도 가.

- **はい**、そうです。 네, 그렇습니다.

▶ 이 외에도 응답을 나타내는 것에는 다음과 같은 것들이 있다.
いいえ 아니요　おお 그래　なに 뭐　はあ 네　はっ 네

제10장 　조사 (2)

1 조사의 분류

02-10-01

전형적인 접속과 쓰임		명칭	예
명사에 붙음		격조사	が・を・に・で・から・へ・と・の
명사 등에 붙음		부조사	は・も・こそ・でも・しかだけ・ばかり・まで
명사 대신		준체조사	の
이어짐	단어와 단어	병렬조사	と・か・とか・や
	문장과 문장	접속조사	が・から・けれど・ので・のに・と・たら・ながら
마지막에 붙음	문절의 끝	간투조사	ね・さ・よ
	문장의 끝	종조사	か・な・わ・ぞ・ぜ

2 접속조사

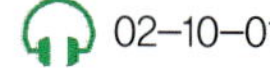

02-10-02

1 접속조사의 성질

① 순접(順接) – ば、と、ので、から

　문장의 앞뒤 관계가 당연한 원인, 결과가 된다.

- 風邪を引いた**ので**、病院へ行きました。 감기에 걸렸기 때문에 병원에 갔습니다.

② 역접(逆接) – ても·でも、けれど(も)、が、のに

문장의 앞뒤 관계가 반대의 내용을 형성한다.

- 4月になった**が**、まだ肌寒い。 4월이 되었지만 아직 쌀쌀하다.

③ 문장의 앞뒤에 어떤 내용이 동시에 일어나는 의미를 가진 관계 – ながら

- 歩き**ながら**話しましょう。 걸으면서 이야기하자.

④ 병렬의 관계 – し、たり·だり

- 雨はさっきから降っ**たり**止ん**だり**している。 비는 아까부터 내렸다 멈췄다 한다.

⑤ 앞뒤 문장을 순서대로 이어주는 관계 – て

- 歌っ**て**、踊っ**て**楽しもう。 노래하고 춤추며 즐기자.

2 접속조사의 종류

01 から

〜하기 때문에, 〜하니까

- この辞書じゃよくわからない**から**先生に聞こう。

이 사전으로는 잘 모르니까 선생님에게 물어보자.

해설
- 원인·이유〈사람의 주관적 느낌이 강하다〉

참고 접속 표현

품사	접속 형태	예
명사	だ + から	春だから 봄이니까
동사	기본형 + から	行くから 갈 테니까
い형용사	기본형 + から	天気がいいから 날씨가 좋으니까
な형용사	기본형 + から	静かだから 조용하니까
기타	た + から	買ったから 샀으니까

02 ので

〜해서

- 風邪をひいた**ので**会社を休みました。

감기에 걸렸기 때문에 회사를 쉬었습니다.

해설
- 원인·이유〈일반적, 객관적〉

품사	접속 형태	예
명사	な+ので	冬なので 겨울이니까
동사	기본형+ので	雨が降るので 비가 오니까
い형용사	기본형+ので	遅いので 늦어서
な형용사	명사수식형+ので	静かなので 조용해서
기타	た+ので	冬が来たので 겨울이 와서

「から」와 「ので」의 차이

1. から

① 조건에 대한 이유나 근거 및 주관적인 기분이 강할 경우.

- もったいないから最後まで使いきろう。 아까우니까 끝까지 다 사용하자.
- 頭が痛いのは、昨日酒を飲みすぎたからです。

  머리가 아픈 것은 어제 술을 과음했기 때문입니다.

② 문말에는 추량·의지·요구·명령 등의 표현이 올 수 있다.

- 雨が降るだろうから傘を持って行きなさい。 비가 올 것이니까 우산을 가지고 가라.
- 寒いから暖房をつけましょう。 추우니까 난방을 켭시다.
- ここは車の往来が激しいから子供たちだけで遊んではいけません。

  여기는 차 왕래가 심하기 때문에 아이들만으로 놀아서는 안 됩니다.

③ 「〜だ · です」의 형태 앞.

- 彼女が倒れたのは栄養が不足していた[からです/のでです(×)]。

  그녀가 쓰러진 것은 영양이 부족했기 때문입니다.

④ 종조사처럼 문말에 사용될 수 있다.

- ただちに書類をお送りします[から/ので(×)]。 즉시 서류를 보낼 테니까.

2. ので

① 어떤 인과관계를 객관적으로 묘사하는 경우.

- 熱があったので、学校を休みました。 열이 있었기 때문에 학교를 쉬었습니다.

• 田中さんはきれいな<u>ので</u>人気があります。 다나카 씨는 예쁘기 때문에 인기가 있습니다.

② 허가 · 의뢰 · 권유 등처럼 정중하게 말하는 경우

• 用があるのでお先に失礼します。 용무가 있어서 먼저 실례하겠습니다.

③ 접속하는 단어 활용의 차이(명사 · な형용사)

• 本だ<u>から</u>(명사 + だ + から)	책이기 때문에
きれいだ<u>から</u>(な형용사 종지형 + から)	예쁘기 때문에 / 깨끗하기 때문에
• 本な<u>ので</u>(명사 + な + ので)	책이므로
きれいな<u>ので</u>(な형용사 연체형 + ので)	예쁘므로 / 깨끗하므로

03 のに　　　　　　　～인데도

• 家が近いのによく遅刻する。

집이 가까운데도 자주 지각한다.

해설
• 역접의 확정 조건

참고 접속 표현

품사	접속 형태	예
명사	な + のに	6月なのに 6월인데
동사	기본형 + のに	雨が降っているのに 비가 내리고 있는데도
い형용사	기본형 + のに	寒いのに 추운데도
な형용사	명사수식형 + のに	上手なのに 잘하는데도
기타	た + のに	食べたのに 먹었는데도

04 し　　　　　　　～하고, ～하니

1. あのレストランは安いし、おいしい。

저 레스토랑은 싸고 맛있다.

2. 暗くなってきたし、そろそろ帰りましょうか。

어두워졌으니 슬슬 돌아갈까요?

해설
1. 병렬

2. 원인 · 이유

참고 접속 표현

품사	접속 형태	예
명사	だ ＋ し	今日は雨だし、오늘은 비도 오고
동사	기본형 ＋ し	タバコも吸うし、담배도 피고
い형용사	기본형 ＋ し	頭もいいし、머리도 좋고
な형용사	기본형 ＋ し	顔もきれいだし、얼굴도 예쁘고
기타	た ＋ し	ボーナスも出たし、보너스도 나왔고

05 て / で
〜하고, 〜해서

1. 明るくて眩しい。 밝아서 눈부시다.
2. 春になって花が咲く。 봄이 되어 꽃이 피다.
3. 雨が降っている。 비가 내리고 있다.

해설

1. 원인·이유
2. 앞뒤를 접속
3. 보조동사에 접속

참고 접속 표현

품사	접속 형태	예
동사	て형 ＋ て·で	食べて 먹고, 먹어서
い형용사	て형(く) ＋ て	太くて丸い 두껍고 둥글다
な형용사	で형(어간) ＋ で	病気で 병으로

06 が
〜이지만, 〜하지만

1. 雪は降るが寒くない。

눈은 내리지만 춥지는 않다.

2. コーヒーは好きだが、ジュースは嫌いだ。

커피는 좋아하지만 주스는 싫다.

3. すみませんが、ここでちょっと待ってください。

죄송합니다만 여기서 좀 기다려 주세요.

해설

1. 역접

2. 대비(＝けれども)

3. 가벼운 접속〈특별한 의미는 없음〉

참고 접속 표현

품사	접속 형태	예
명사	だ + が	学生だが 학생이지만
동사	기본형 + が	雪が降るが 눈이 내리지만
い형용사	기본형 + が	顔も美しいが 얼굴도 예쁘지만
な형용사	기본형 + が	いちごは好きだが 딸기는 좋아하지만
기타	た + が	暑かったが 더웠지만

07 けど / けれど / けれども　　～이지만, ～하지만

해설

1. 3時間待ったけど、彼女は姿を現さなかった。

   3시간 기다렸지만 그녀는 모습을 보이지 않았다.

   1. 역접

2. 盗みはするけど殺しはしない。

   도둑질은 하지만 살인은 하지 않는다.

   2. 대비

3. すみませんけれど、道を教えてください。

   죄송합니다만 길을 가르쳐 주세요.

   3. 완곡(婉曲)

참고 접속 표현

품사	접속 형태	예
동사	기본형 + けれど	行くけれど 가지만
い형용사	기본형 + けれど	面白いけれど 재밌지만
な형용사	기본형 + けれど	下手だけれど 서툴지만
기타	た + けれど	待ったけれど 기다렸지만

08 ながら　　～하면서, ～하면서도, ～ 그대로

해설

1. ご飯を食べながら新聞を読む。

   밥을 먹으면서 신문을 읽는다.

   1. 동작의 동시진행

2. 何もかも知っていながら何も教えてくれない。

전부 알면서도 아무것도 가르쳐 주지 않는다.

3. 被害者は、涙ながらに事件の状況を語った。

피해자는 눈물을 흘리면서 사건의 상황을 말했다.

참고 접속 표현

품사	접속 형태	예
명사	ながら	子供ながら 아이지만
동사	ます형 + ながら	歌を歌いながら 노래를 부르면서
い형용사	기본형 + ながら	小さいながら 작지만
な형용사	어간 + ながら	静かながら 조용하지만

09 ても / でも

～하더라도, ～해도

1. 雨が降っても、出かける。 비가 내려도 외출한다.

2. どんなに読んでも意味が分からなかった。

아무리 읽어도 의미를 알 수 없었다.

참고 접속 표현

품사	접속 형태	예
명사	+ でも	病気でも 아파도
동사	て형 + ても·でも	国へ帰っても 고향에 돌아가도
い형용사	て형(く) + ても	風が冷たくても 바람이 차도
な형용사	で형(어간) + でも	体が丈夫でも 몸이 튼튼해도

10 たり

～하기도 하고

• 飲んだり、食べたりする。 마시거나 먹거나 한다.

 접속 표현

품사	접속 형태	예
명사	だっ + たり	彼の絵のモチーフは鳥だったり人だったりします。 그의 그림 모티브는 새이기도하고 사람이기도 합니다.
동사	て형 + たり	晴れたり曇ったりの天気　맑거나 흐리거나 한 날씨
い형용사	た형 + たり	寒かったり暑かったりする　춥거나 덥거나 한다.
な형용사	た형 + たり	元気だったり、元気じゃなかったりする 건강하거나 건강하지 않거나 한다.

❸ 부조사

02-10-03/1

1 부조사의 성질

① 자립어와 다른 말과의 관계를 나타낸다.

② 자립어에 대한 일정한 의미를 더한다.

③ 부조사는 격조사를 대신할 수도 있다.

2 부조사의 종류

01 は　　　　　　　　　　　　～은, ～는

1. 大阪は人が多い。 오사카는 사람이 많다.

2. 日本語は上手だが、英語は下手だ。
일본어는 잘하지만 영어는 못한다.

해설

1. 서술상의 주체, 문의 주제

2. 대비

check 「は」와 「が」의 비교

① 의문사, 의문문

• (〜は…Q?) 昨日、早引きしたのは誰ですか。 어제 조퇴한 사람은 누구입니까?

• (Qが 〜?) 誰が来ましたか。 누가 왔습니까?

② 「は」는 관념적 서술 「が」는 현장적 서술

    A. 桜はきれいだ。 벚꽃은 예쁘다. (원래의 속성이 예쁘다)

    B. 桜がきれいだ。 벚꽃이 예쁘다. (눈앞에 예쁘게 피어 있는 사실)

③ 대조, 대비

• 父はビールは飲みますが、焼酎は飲みません。

아버지는 맥주는 마시지만 소주는 마시지 않습니다.

④ 특정 주어와 불특정 주어

    A. 昨夜コンビニで見たその人は黒いスーツを着ていた。 (특정 주어)

어젯밤 편의점에서 본 그 사람은 검은 양복을 입고 있었다.

    B. 公演のチケットを手に持った大勢の人たちがドームの前に列を作っている。

공연 입장권을 손에 쥔 많은 사람들이 돔 앞에 줄을 서고 있다.   (불특정 주어)

⑤ 현상문(뭔가 알아차렸을 때)

• あっ、雪が(×は)積もっている。 앗, 눈이 쌓여 있다.

⑥ 부정문(부정문에서는 「は」가 사용되는 경우가 많다)

    Q：机の上にえんぴつがありますか。 책상 위에 연필이 있습니까?

    A：いいえ、えんぴつはありません。 아니요, 연필은 없습니다.

    (あっ、私のえんぴつがありません。 앗, 나의 연필이 없습니다. ― 현상문)

⑦ 「は」는 既知(구정보) 「が」는 未知(신정보)

• 原さんはどの方ですか。 하라 씨는 어느 분입니까?

• どなたが原さんですか。 어느 분이 하라 씨입니까?

---

02   も   ~도, ~이나, ~정도

1. 今日も雨だ。 오늘도 비다.

2. 1時間も待たされた。 한 시간이나 기다렸다.

3. 泣きも笑いもしない。 울지도 웃지도 않는다.

4. 机の上には何もありません。 책상 위에는 아무것도 없습니다.

해설

1. 문의 주제〈첨가〉

2. 수사 · 조수사 + も : ~이나 〈강조의 의미〉. 양이 많은 것을 시사

3. 병렬

4. 전혀 없다〈뒤에 부정 표현이 온다〉

03 こそ　　　　　　　　　　　　　　　　　　　〜이야말로

1. 「よろしくお願いします。」「こちらこそよろしく。」
   잘 부탁합니다. 저야말로 잘 부탁합니다.

2. 日本にいるからこそ、日本人の友だちを作ることができるのだ。
   일본에 있기 때문에 일본인 친구를 만들 수 있는 것이다.

3. あなたを信頼していればこそ、お願いするのですよ。
   당신을 믿기 때문에 부탁하는 것입니다.

해설

1. 앞에 오는 말의 의미를 강조

2. 〜からこそ : 〜이기 때문에〈이유 · 원인의 강조〉

3. 〜ばこそ : 〜이기 때문에〈이유 강조〉

04 さえ　　　　　　　　　　　　　　　　　〜조차, 〜만 〜하면

1. そんなことは小学生でさえ知っているよ。
   그런 것은 초등학생조차도 알고 있어요.

2. お金さえあれば何でもできる。
   돈만 있으면 무엇이든 할 수 있다.

3. 雨だけでなく雷さえ鳴り出した。
   비뿐만 아니라 천둥마저 치기 시작했다.

해설

1. 극단적인 예를 증거로 내세워서 다른 것도 그와 비슷하다는 것을 나타냄.

2. さえ+ば(가정) : 그것만으로 충분하다〈필요조건(=だけ)〉

3. 첨가

05 でも　　　　　　　　　　　　　　　　　　〜라도, 〜든지

1. お茶でも飲みませんか。　차라도 마시지 않겠습니까?

2. 誰でも知っている。　누구라도 알고 있다.

해설

1. 대표적인 한 가지의 예

2. 전부(의문사+でも)

06 しか　　　　　　　　　　　　　　　　　　　〜밖에

• 三人しかこない。　3명밖에 오지 않다.

笑うしか方法がない。　웃을 수밖에 없다.

해설

• 양이 적은 것을 시사〈뒷 문장에는 반드시 부정이 온다.〉

1. 子供だって知っている。 아이라도 알고 있다.
2. どこにだって行く。 어디에라도 간다.

해설
1. 작은 것을 예를 들어 큰 것을 유추
2. 전부(의문사 + だって)

1. 月曜から金曜まで働く。
   월요일부터 금요일까지 일한다.
2. 子供にまで馬鹿にされる。
   아이에게까지 바보취급 당했다.
3. そんなことは言うまでもない。
   그런 것은 말할 필요도 없다.
4. 昨日は夜１２時まで勉強しました。
   어제는 밤 12시까지 공부했습니다.
5. 昨日弟の家まで行きました。
   어제 남동생 집까지 갔습니다.
6. 全部直したら、私まで連絡してください。
   전부 고치면 나에게 연락 주세요.
7. この遊園地は二人までなら無料です。
   이 유원지는 두 사람이라면 무료입니다.

해설
1. 시간 · 거리의 도달점
2. 극단적인 예를 들어「다른 것도 전부」라는 것을 암시
3. ～までもない : ～할 필요도 없다
4. 시간을 나타내는 명사에 붙어「～まで」에서 나타내어지는 시점 이전의 동작 사항이 계속되고 있는 것
5.「行く、来る、歩く、走る、泳ぐ」등의 동사와 함께 사용되어서 이동이 끝나는 장소를 나타낸다.
   「歩く、走る、泳ぐ」는「に」「へ」에 직접 붙지 않는다.
   →公園まで走りましょう。
   [(×) に、へ]
6. 의뢰나 명령문에서 이동의 도착점
7. 극단적인 상태나 정도(한도)

「まで」와「までに」

A. お昼ご飯は２時まで、食べてください。 점심을 2시까지 먹으세요.
B. お昼ご飯は２時までに、食べてください。 점심을 2시까지는 먹으세요.

「まで」는 정해진 시간 동안 그 행위가 계속됨을 나타내고(시간의 한계)
「までに」는 정해진 시간 내에 언제라도 그 행위를 완료할 수 있음을 나타낸다. (최종기한)

09 ほど　　　　　　　　　　　〜가량, 〜쯤, 〜정도, 〜할수록

	해 설
1. 図書館まで 1 時間ほどかかる。 도서관까지 한 시간 정도 걸린다.	1. 약〈대략의 분량〉
2. てんぷらも高いが、すしほどじゃない。 튀김도 비싸지만 초밥만큼은 아니다.	2. 정도 비교
3. 今年の夏は去年ほど暑くない。 올해의 여름은 작년만큼 덥지 않다.	3. ほど〜ない : 〜만큼 〜아니다〈최상급〉
4. 食べれば食べるほど太る。 먹으면 먹을수록 살찐다.	4. 〜ば〜ほど : 〜하면 〜할수록〈비례〉

10 くらい / ぐらい　　　　　　　〜정도, 〜쯤, 〜가량, 〜만큼

	해 설
1. お茶ぐらい飲んでいきませんか。 차 정도는 마시고 가지 않겠습니까?	1. 예시
2. きのうは3時間ぐらい勉強した。 어제는 3시간 정도 공부했다.	2. 대략의 양. 대개
3. コーヒーぐらいゆっくり飲ませてくださいよ。 커피 정도 천천히 마시게 해 주세요.	3. 정도나 양이 대단하지 않은 것

☞ 「この、その、あの、どの」와 용언에는 「くらい」가 붙고, 체언에는 「ぐらい」가 붙음.

check　ごろ / ぐらい / ほど

1. ごろ　약(約), 시점

・明日十時ごろ来てください。 내일 10시쯤 와 주세요.

2. ぐらい

① 대략의 「양」

・きのうは五時間ぐらい勉強した。 어제는 5시간 정도 공부했다.

② 정도나 양이 대수롭지 않음을 나타낸다.

・お茶の一杯ぐらいはゆっくり飲ませてくださいよ。

　차 한 잔 정도는 느긋하게 마시게 해 주세요.

③ 비교의 기준

- あなた<u>ぐらい</u>面倒くさがりな人も珍しい。 당신처럼 몹시 귀찮아하는 사람도 드물다.

3. ほど

① 정도의 비교(= ぐらい 단, 「～ほどではない」의 경우는 불가)

- 寿司も高いがふぐ<u>ほど</u>ではない。 초밥도 비싸지만 복어만큼은 아니다.

② 대략의 양(= ぐらい、ばかり)

- すき焼き用の肉を二百グラム<u>ほど</u>ください。 스키야끼용의 고기를 200g 정도 주세요.

③ 비례

- 金持ちな人<u>ほど</u>ケチな人が多い。 부자일수록 구두쇠인 사람이 많다.

---

11 など　　　　　　　　　　　～등, ～따위, ～이라니

해 설

1. 私の弟などお役に立ちません。

   내 남동생 따위 도움이 되지 않습니다.

   1. 겸손

2. あなたの顔など見たくない。

   당신의 얼굴 따위 보고 싶지 않다.

   2. 경멸

3. 私は嘘などつきませんよ。 나는 거짓말 따위 하지 않습니다.

   3. 강조

4. 机の上には皿やコップなどが置いてある。

   책상 위에는 접시나 컵 등이 놓여 있다.

   4. 예시

---

12 きり　　　　　　　　　　　～뿐, ～만, ～한 채

해 설

1. 一度見たきりだ。 한 번 보았을 뿐이다.

   1. 정도

2. 息子は母親と喧嘩して、出て行ったきりで帰ってこない。

   아들은 엄마와 싸우고 나간 채 돌아오지 않는다.

   2. 동사 た형 + きり～ない :
   ～을 마지막으로, ～한 채

3. 彼女は風邪を引いた子供をつきっきりで看病した。

   그녀는 감기에 걸린 아들을 계속 간병했다.

   3. 동사의 ます형에 접속해 그 상태가 계속함을 나타냄〈계속 ～만 할 뿐〉

1. 行くなりやめるなり好きなようにしなさい。
   가든지 그만두든지 좋을 대로 하세요.

2. 私なりに努力はしてみましたが、力が及びませんでした。
   내 나름대로 노력은 해봤지만 힘이 미치지 못했습니다.

3. 家に帰るなり自分の部屋に閉じこもって出てこない。
   집에 돌아가자마자 자신의 방에 틀어 박혀서 나오지 않는다.

4. 子供は朝早く家を出たなり、まだ帰ってこない。
   아이는 아침 일찍 집을 나간 채 아직 돌아오지 않는다.

해설

1. ～든지, ～든지〈둘 이상에서 하나를 선택하거나 예시〉

2. ～나름대로

3. ～하자마자〈동작을 나타내는 동사에 붙여서 '그 동작의 직후에'〉
   ＝ ～したとたんに
   　　～するやいなや

4. 동사 た형에 접속해 '～한 채로'라는 의미를 나타냄.

동사 과거형 + きり · まま · なり

1. 동사 た형 + きり～ない　　～한 채 ～ 않는다

   「～한 것이 마지막으로, 그 후 계속 ～않는다」는 의미로, 불안, 걱정, 실망의 감정이 「～たまま」보다 강하다.
   ・あの方とは一度お会いしたきり(で)、その後、会っていません。
   　저분과는 딱 한번 만난 뒤 그 후 만난 적이 없습니다.

2. 동사 た형 + まま　　　～한 채

   「～의 상태를 바꾸지 않는다」는 의미이다.
   ・座ったまま話す。앉은 채 이야기하다.
   ・母は一時ごろから買い物に出かけたままだ。
   　엄마는 한 시경부터 쇼핑을 간 채 돌아오지 않는다.

3. 동사 た형 + なり　　　～한 채

   「まま」와 같은 뜻이다.
   ・うつむいたなり黙りこんでいる。고개를 숙인 채 아무말도 않고 있다.

해 설

1. <ruby>何<rt>なに</rt></ruby>やら<ruby>騒<rt>さわ</rt></ruby>がしいと<ruby>思<rt>おも</rt></ruby>ったら、<ruby>近所<rt>きんじょ</rt></ruby>が<ruby>火事<rt>か じ</rt></ruby>だった。

　무엇인지 시끄럽다고 생각했더니 이웃집이 화재였다.

2. <ruby>来週<rt>らいしゅう</rt></ruby>はレポートやら<ruby>試験<rt>し けん</rt></ruby>やらでひどく<ruby>忙<rt>いそが</rt></ruby>しくなりそうだ。

　다음 주는 리포트와 시험 등으로 아주 바빠질 것 같다.

3. これからどんなことが<ruby>起<rt>おこ</rt></ruby>るやら。

　앞으로 어떤 일이 일어날 것인지.

1. ～인가, ～인지〈불확실함. 「なに / どこ」 등의 의문사에 붙어 확실히 그것이라고는 가리키지 않은 것을 나타냄〉
2. ～와 ～와〈병렬 · 열거〉 = とか
3. ～인지〈문장의 끝 부분에 접속해 불확실한 의문을 나타내는 종조사로 쓰임〉

해 설

1. <ruby>行<rt>い</rt></ruby>くか<ruby>行<rt>い</rt></ruby>かないかわからない。

　갈지 안 갈지 모른다.

2. <ruby>誰<rt>だれ</rt></ruby>かいませんか。

　누군가 없습니까?

3. <ruby>僕<rt>ぼく</rt></ruby>は<ruby>彼女<rt>かのじょ</rt></ruby>に<ruby>三回<rt>さんかい</rt></ruby>か<ruby>四回<rt>よんかい</rt></ruby><ruby>会<rt>あ</rt></ruby>った。

　나는 그녀를 3번인가 4번 만났다.

4. あの<ruby>人<rt>ひと</rt></ruby>が<ruby>来<rt>く</rt></ruby>るかどうか<ruby>知<rt>し</rt></ruby>っていますか。

　저 사람이 오는지 안 오는지 알고 있습니까?

1. 선택

2. 불확실함

3. 대강의 수량〈수량을 나타내는 말에 붙음〉

4. ～인지 아닌지〈일의 실현 여부 · 적합성 여부〉

1. お母さん、これは私______のプレゼントです。

  (A) へ　　　　　　(B) に　　　　　　(C) から　　　　　　(D) まで

2. 明日は何も予定がない______、ドライブでもしようか。

  (A) のに　　　　　(B) ので　　　　　(C) でも　　　　　(D) のも

3. 木村さんは足の骨にひびが入っている______、サッカーの試合に出ています。

  (A) のに　　　　　(B) ても　　　　　(C) より　　　　　(D) なら

4. 田中さんはピアノも引ける______バイオリンも上手です。

  (A) で　　　　　　(B) と　　　　　　(C) し　　　　　　(D) も

5. 東京には大学が100校以上______あります。

  (A) も　　　　　　(B) から　　　　　(C) が　　　　　　(D) に

6. 体が健康だから______、どんなつらい仕事もやり通せる。

  (A) から　　　　　(B) ため　　　　　(C) すら　　　　　(D) こそ

7. 教授______分からない問題を、学生が解けるはずがない。

  (A) だけが　　　　(B) なら　　　　　(C) だから　　　　(D) でさえ

8. いっぱい歩いて喉も乾いたし、このへんでお茶______どうですか。

  (A) でも　　　　　(B) か　　　　　　(C) が　　　　　　(D) なら

9. この動物は、日本にはたった二匹______いません。

  (A) だけ　　　　　(B) しか　　　　　(C) が　　　　　　(D) ほど

10. 明日______例の書類をお持ち致します。

  (A) まで　　　　　(B) までに　　　　(C) うち　　　　　(D) うちに

11. 説明会は何時______終わりますか。

   (A) まで   (B) ずつ   (C) ごろ   (D) ぐらい

12. 彼は読書家で、１週間に１０冊______本を読むそうです。

   (A) ごろ   (B) ぐらい   (C) しか   (D) など

13. 息子は家を飛び出して行った______、もう6年も帰って来ていない。

   (A) きり   (B) 以来   (C) あげく   (D) から

14. おいしい______どうかは、食べてみなければわからない。

   (A) を   (B) が   (C) に   (D) か

15. 学歴______ともかく、その偉そうな態度に問題がある。

   (A) に   (B) を   (C) は   (D) が

16. 学校から帰る______、娘は自分の部屋に閉じこもって出てこない。

   (A) から   (B) あと   (C) なり   (D) まで

17. たとえお金が______、健康でなければ意味がない。

   (A) あれば   (B) あっても   (C) なければ   (D) なくても

18. 苦手な家事も、結婚したからにはやる______ない。

   (A) ばかり   (B) だけに   (C) しか   (D) のみ

19. ７月から８月______かけて、日本は花火大会のシーズンです。

   (A) に   (B) を   (C) まで   (D) で

20. あの人とは１０年前に再会して______、ずっと飲み友達です。

   (A) きり   (B) あげく   (C) こそ   (D) いらい

[오문정정]

21. 仕事が終ってから、いっしょにお茶にも飲みませんか。
        A   B   C   D

22. 昨日がどこにも行きませんでした。家でレポートを書いていましたから。
   A   B   C   D

23. 会社は8時に始まるが、新入社員の私は毎朝7時半まで会社に行っている。
       A   B   C D

24. 一万円の物を買いたいが、財布には五千円しかあります。
       A   B   C D

25. 映画館へ行こうと言われたので、待ち合わせ場所でずっと待っているので誰も来ない。
       A   B   C D

제11장 경어 (2)

🎧 02-11-01

경어표

기본형	정중어	존경어	겸양어
行く 가다	行きます	いらっしゃる / おいでになる 가시다	参る / 伺う / あがる 가다
来る 오다	来ます	いらっしゃる / おいでになる 見える / お見えになる お越しになる 오시다	参る / 伺う / あがる 오다
いる 있다	います	いらっしゃる / おいでになる 계시다	おる 있다
ある 있다	あります		ござる 있다
食べる 먹다	食べます	召し上がる / あがる / 召す 드시다, 잡수시다	いただく ちょうだいする 먹다, 들다
飲む 마시다	飲みます		
言う 말하다	言います	おっしゃる 말씀하시다	申す / 申し上げる 말씀드리다, 아뢰다
見る 보다	見ます	ご覧になる 보시다	拝見する 삼가 보다
聞く 듣다, 묻다	聞きます	お聞きになる 들으시다	伺う / 承る / 拝聴する 삼가 듣다, 경청하다

死ぬ 죽다	死にます	お亡くなりになる 돌아가시다	亡くなる 죽다
訪問する 방문하다	訪問します		伺う / あがる 찾아뵙다
訪ねる 방문하다	訪ねます		
知る 알다	知っています	ご存じだ 알고 계시다	存じ上げる 알고 있다
会う 만나다	会います		お目にかかる 만나 뵙다
見せる 보여주다	見せます		ご覧にいれる お目にかける 보여 드리다
あげる 주다	あげます		さしあげる 드리다
くれる 주다	くれます	くださる 주시다	
もらう 받다	もらいます	お受取りになる 받으시다	いただく / 賜る ちょうだいする 받다
着る 입다	着ます	召す / お召しになる 입으시다	
寝る 자다	寝ます	お休みになる 주무시다	
する 하다	します	なさる 하시다	いたす 삼가다
分かる 알다	分かります		承知する / かしこまる 알다, 이해하다
年を取る 나이를 먹다	年を取ります	お年を召す 나이를 잡수시다	
気に入る 마음에 들다	気に入ります	お気に召す 마음에 드시다	
～です ～입니다		～でいらっしゃいます ～이십니다	～でございます ～입니다
借りる 빌리다	借ります		拝借する 빌리다
思う 생각하다	思います	おぼしめす 생각하시다	存じる 알다
買う 사다	買います	お求めになる 구하시다	

1. お / ご 사용 방법

① 접사를 떼어 버리면 다른 의미가 되는 말

おしぼり 물수건　おかず 반찬　おなか 배　おかげ 덕분　おまけ 할인

② 접사를 떼어도 의미가 변하지 않는 말

お天気 날씨　ご飯 밥　お願い 부탁

2. お / ご 구별

① 순수 일본어에는 보통 お를 붙임

お湯 뜨거운 물　お考え 생각　お皿 접시　お知らせ 알림

② 한자어에는 보통 ご를 붙임

ご意見 의견　ご利用 이용　ご都合 형편　ご招待 초대　ご通知 통지
ご住所 주소　ご質問 질문

③ 일상생활에서 잘 사용되는 단어는 한자어라도 お를 붙임

お料理 요리　お風呂 목욕　お電話 전화　お菓子 과자　お弁当 도시락
お時間 시간　お勉強 공부　お世話 돌봄

3. お / ご를 붙이지 않는 경우

① 긴 단어

~~お~~じゃがいも 감자　ほうれんそう 시금치　こうもり傘 양산

② 자연 현상, 공공물

~~お~~雨 비　雪 눈　学校 학교　駅 역　会社 회사

③ 품위 없는 단어, 경멸의 의미

~~お~~ぐず 굼벵이　ごみ 쓰레기

1. 私の描いた漫画を先生に＿＿＿＿＿＿＿＿。

   (A) お見せしました   (B) ご覧になりました

   (C) 拝見しました   (D) 伺いました

2. A：先生、もうこの本をお読みになりましたか。   B：ええ、＿＿＿＿＿＿＿＿。

   (A) 読まれました   (B) 読みました

   (C) 読ませました   (D) 読めました

3. たくさん作ったので、遠慮せずにどんどん＿＿＿＿＿＿＿＿＿ください。

   (A) 召し上がって   (B) いただいて

   (C) ごちそうになって   (D) ごちそうして

4. 社長には私が伝えて＿＿＿＿＿＿＿＿。

   (A) なさいました   (B) おります

   (C) いたします   (D) まいります

5. 父が先生によろしくと＿＿＿＿＿＿＿＿。

   (A) おっしゃっていました   (B) 伺っていました

   (C) 申していました   (D) たずねていました

6. みなさんにはたいへんご心配をお＿＿＿＿＿＿＿＿して、申し訳ありませんでした。

   (A) かけ   (B) かけさせ   (C) かけられ   (D) かけて

7. 母が「よろしく」と申して＿＿＿＿＿＿＿＿。

   (A) おりました   (B) ございました   (C) ありました   (D) おきました

8. もうすぐ戻って来ると思いますので、お＿＿＿＿＿＿＿＿になってお待ちください。

   (A) はいって   (B) はいらせ   (C) はいられ   (D) はいり

9. 先生はビールをお飲みに_____________か。

   (A) います   (B) します   (C) あります   (D) なります

10. 先生の幼少時代のことは、父から話を聞き、よく_____________。

   (A) 存じます   (B) 存じて上げます   (C) 存じました   (D) 存じ上げております

11. おいしそうなクッキーですね。では、遠慮なく_____________いたします。

   (A) いただき   (B) おあがり   (C) ごちそう   (D) ちょうだい

12. 木村会長の奥様は、紫の和服を_____________方でございます。

   (A) 着させた   (B) お召しの   (C) 召し上がった   (D) 拝見した

13. お母様は、いつこちらに_____________になるんですか。

   (A) お見え   (B) おうかがい   (C) 拝見   (D) おじゃま

14. 昨日、おもしろい物を手に入れたんですよ。先生にもご覧に_____________。

   (A) 差し上げましょうか   (B) なりますか

   (C) いたしましょうか   (D) いれましょうか

15. 先日私が_____________際にお渡しした資料は、読んでいただけたでしょうか。

   (A) 伺った   (B) 承った   (C) お越しになった   (D) いらっしゃった

16. 私は、今月からこちらに配属になりました、田中と申します。
   失礼ですが、山田部長で_____________。

   (A) おりますか   (B) いうっしゃいますか

   (C) なさいますか   (D) ございますか

17. 私のふるさとの美しい山々を、ぜひ先生にも_____________たいものです。

   (A) 拝見し   (B) ご覧になり   (C) お見せし   (D) お目にかかり

18. お気に＿＿＿＿＿＿のがありましたら、お手に取ってご覧ください。

(A) あがった　　　　　(B) めした　　　　　(C) いたした　　　　　(D) なられた

19. この件について、みなさまからのご意見を＿＿＿＿＿＿たいと思います。

(A) お目にかけ　　　　(B) うけたまわり　　　(C) 存じ上げ　　　　　(D) 申し上げ

20. わたしどものために、遠方から＿＿＿＿＿＿誠にありがとうございます。

(A) まいられて　　　　　　　　　　　(B) おまいりになって

(C) お越しいただいて　　　　　　　　(D) おじゃましまして

[오문정정]

21. 紙やティッシュは木材から 作られていることを存じていますか。
　　　　　　A　　　　　　B　　C　　　　　　D

22. もし、よろしければ、私が描いた絵をご覧 いただけたいのですが。
　　A　　　　　　　　　　B　　　C　　　D

23. 今日は、私が作ったケーキを持っていらっしゃいました。みんなで召し上がってください。
　　　　　　A　　　　B　　　　　　　　C　　　　　　　　D

24. 先生に 召し上がる和菓子をどれにしようかなやんでいます。
　　　A　　B　　　　　C　　　　D

25. もうしわけございませんが、その件について、わたしは何も存じ上げます。
　　　　　　　　A　　　　　B　　C　　　　　　　　　D

부 록

1. 가타카나

2. 고어

3. 축약

4. 편지의 서식

5. 신체 관련 관용구

6. JPT · JLPT 관용구 확인문제

7. 정답 및 해설

8. 핵심 문형 · 어휘 찾아보기

1. 가타카나

Eメール 이메일	テレビ 텔레비전	ゲーム 게임	サッカー 축구
スポーツ 스포츠	コンピューター 컴퓨터	デパート 백화점	バス 버스
インターネット 인터넷	コーヒー 커피	パン 빵	ジュース 쥬스
テニス 테니스	キムチ 김치	ホームページ 홈페이지	ノート 노트
タバコ 담배	シャツ 셔츠	ジャズ 재즈	ロック 록
スカート 스커트	タクシー 택시	コピー 복사	ニュース 뉴스
ネクタイ 넥타이	アクセス 액세스	コップ 컵	ドア 문
ハンカチ 손수건	ワープロ 워드프로세서	アイデア 아이디어	アルバイト 아르바이트
バーゲン 바겐세일	ベテラン 베테랑	トイレ 화장실	ビール 맥주
ハンサム 미남	スケジュール 스케줄	チケット 티켓	ユーモア 유머
カロリー 칼로리	チャンス 찬스	サービス 서비스	レポート 보고서
ローン 융자	レシート 영수증	リサイクル 재활용	リスク 위험(risk)
メディア 대중매체	ペット 애완동물	ショッピング 쇼핑	マナー 매너(manner)
ガイド 안내	ミス 실수	ツアー 여행	クイズ 퀴즈
ボーナス 보너스	オフィス 오피스	チャンス 기회	エチケット 에티켓
メニュー 메뉴	パスポート 여권	コンサート 콘서트	アイロン 다리미(iron)
テキスト 교과서	ドライブ 드라이브	エンジン 엔진	スピード 스피드
ハンドル 핸들	ブレーキ 브레이크	メッセージ 메시지	ステージ 무대
チーム 팀	メンバー 멤버	コース 코스	ベンチ 긴 의자
ラッシュアワー 러시아워	ビタミン 비타민	ポスター 포스터	プラン 계획(plan)
テーマ 테마	イメージ 이미지	マンション 맨션	メモ 메모(memo)
スタート 스타트	サラリーマン 샐러리맨	ドラマ 드라마	ダンス 댄스
パーティー 파티	プレゼント 선물	カード 카드	アイドル 우상
ジュニア 주니어(junior)	キャンセル 취소	アンケート 설문조사	ライバル 라이벌
アドバイス 충고	グループ 그룹	メリット 장점(merit)	モラル 도덕(moral)
ケース 경우	ベッド 침대	セオリー 이론	ストライキ 파업
リストラ 정리해고	プログラム 프로그램	スキャンダル 스캔들	サイズ 사이즈

キャッシュ 현금	バランス 균형	グッズ 상품	ブーム 유행(boom)
ユニーク 독특함	ストレス 스트레스	アプローチ 접근	ポイント 포인트
トラブル 문제	ロマンチック 로맨틱	ターゲット 표적	クリーニング 세탁
バランス 균형	シンプル 단순함	リサーチ 조사	マスコミ 매스컴
シーズン 시즌	コンパ 모임	セクハラ 성희롱	エネルギー 에너지
プライバシー 사생활	キャリア 경력(career)	ファッション 패션	アナウンス 방송
ナンセンス 무의미함	トレーニング 트레이닝	レギュラー 정규	クール 산뜻한
アナウンサー 아나운서	オープン 오픈	コンテンツ 내용	コマーシャル 방송 광고
リハーサル 리허설	アップ 올림(up)	エピソード 일화	ニュアンス 뉘앙스
カテゴリー 카테고리	パニック 패닉(panic)	コンセプト 개념	タイミング 타이밍
キャンパス 캠퍼스	コントロール 컨트롤	マスター 마스터	モデル 모델
プレッシャー 압력	キーワード 키워드	オーバー 오버	システム 시스템
ポケット 주머니	マンネリ 매너리즘	カット 컷(cut)	マニュアル 설명서
チェンジ 체인지	カップル 커플	デザイン 디자인	スタイル 스타일
ビジネス 비즈니스	コメント 코멘트	メカニズム 메커니즘	ベテラン 베테랑
ストーカー 스토커	スペシャル 특별	アイテム 품목	データ 데이터
ワンクッション 원 쿠션	サイズ 사이즈	アレルギー 알레르기	ケース 상자(case)
ギャップ 차이	クリア 뚜렷함(clear)	ブランド 상품명	ジャンル 장르
ピーク 최고점(peak)	プライド 자존심	ムード 무드(mood)	リラックス 긴장을 풂
トラウマ 정신적 외상	リード 리드	キャッチ 캐치	メイン 주됨(main)

1 べき

의무나 당연성을 나타냄. 「반드시 ~해야 한다」

(1) 기본문형

① ~べきだ   ~해야 한다, ~할 필요가 있다〈필수적〉
- 学生は勉強する(す)べきだ。 학생은 공부해야 한다.

② ~べきではない   ~해서는 안 된다
- 人を困らせるようなことをすべきではない。

  사람을 곤란하게 하는 일을 해서는 안 된다.

③ ~べき   ~해야 할
- 人生は短く、やるべきことは山ほどある。

  인생은 짧고 해야 할 일은 산더미같이 있다.

(2) 변화문형 – 문장체

① ~べく   ~하기 위하여〈목적, 의지〉
- 電子工学を学ぶべく、アメリカへ来た。 전자공학을 배우기 위해 미국에 왔다.

② ~べし   ~해야 한다〈당연, 명령〉
- 後生おそるべし。 노력에 따라서 장래 어떤 큰 인물이 될지 모르기 때문에 두려워해야 한다.

③ ~べからず   ~하지 말 것〈금지, 불가능〉
- 芝生に入るべからず。 잔디밭에 들어가지 말 것.

④ ~べからざる   ~해서는 안 되는〈금지, 불가능〉
- これは、許すべからざる犯罪だ。 이것은 용서해서는 안 될 범죄다.

  ☞ [유의어] ~あるまじき
  - 酒を飲んで車を運転するなんて警察官にあるまじき行為だ。

    술을 마시고 차를 운전하다니 경찰관으로서 해서는 안 될 행위다.

⑤ ~べくもない   ~할 수도 없다〈불가능〉
- 優勝は望むべくもない。 우승은 바랄 수도 없다.

① 〜のみならず　〜뿐 아니라

・彼女は親切であるのみならず、頭も良い。

그녀는 친절할 뿐만 아니라 머리도 좋다.

② 〜に限らず　〜뿐 아니라

・まんがは、子どもに限らず大人にも人気だ。

만화는 아이뿐만 아니라 어른에게도 인기다.

③ 〜を問わず　〜을 불문하고

・ブランドを問わず気に入った服を買う。

브랜드를 불문하고 마음에 든 옷을 산다.

④ 〜ずにはおかない　반드시 〜하다

・子どもの運動会は行かずにはおかない。

아이의 운동회는 반드시 가야만 한다.

⑤ 〜ずにはすまない　〜하지 않고는 끝나지 않는다

・娘の将来を考えずにはすまない。딸의 장래를 생각하지 않으면 안 된다.

⑥ 〜ずにはいられない　〜하지 않고는 있을 수 없다

・この映画を観れば感動せずにはいられない。

이 영화를 보면 감동하지 않고는 있을 수 없다.

⑦ 〜ざるをえない　〜하지 않을 수 없다

・この道を通らざるをえない。이 길을 통과하지 않을 수 없다.

⑧ 〜ねばならない　〜하지 않으면 안 된다

・何があっても合格せねばならない。무슨 일이 있어도 합격해야 한다.

⑨ 〜もかまわず　〜도 아랑곳하지 않고

・人の目もかまわず好きな服を着る。남의 눈도 아랑곳하지 않고 좋아하는 옷을 입다.

⑩ 〜やむを得ず　〜어쩔 수 없이

・インフルエンザにかかり、やむを得ず試合を辞退した。

유행성 감기에 걸려 어쩔 수 없이 시합을 사퇴했다.

1 「は」와 함께 일어나는 축약형

では → じゃ
- 読んでは → 読んじゃ
- 来ては → 来ちゃ

2 「て」와 함께 일어나는 축약형

① ～ている → ～てる
- やっている → やってる
- 見ている → 見てる

② ～ておく → ～とく　　　　～てあげる → ～だげる
- やっておく → やっとく
- 読んであげる → 読んだげる

③ ～てしまう → ～ちゃう / ～ちまう
- 行ってしまった → 行っちゃった / 行っちまった
- 読んでしまった → 読んじゃった / 読んじまった

3 ～らない / ～れない / ～りない → ～んない
- 分からない → 分かんない
- いられない → いらんない
- 足りない → 足んない

4 「～えば」의 축약형
- 行けば → 行きゃ
- 行かなければ → 行かなけりゃ / 行かなきゃ
- 寒ければ → 寒けりゃ

5 인용의 「と」와 함께 일어나는 축약형

と → って

という → ちゅう / つう

6 「の」와 함께 일어나는 축약형

～のだ → ～んだ

～のところ → ～んとこ

～のうち → ～んち

～ものだ → ～もんだ

[예문]

A : 天気予報じゃやっぱり台風が上陸するって。 일기예보에 의하면 역시 태풍이 상륙한대.
　　　　　(＝では)

B : そうなんだ。大したことでなきゃいいけどな。 그렇군. 대단한 것이 아니라면 좋을 텐데.
　　　　　　　　　(＝なければ)

A : 今朝、どこかに財布を落としちゃったみたい。どこにもないんだ。
　　　　　　　　　(＝落してしまった)

오늘 아침 어딘가에서 지갑을 잃어버린 것 같아. 어디에도 없어.

B : 大変ですね。警察に届けましたか。 큰일이네요. 경찰에 신고했어요?

A : こんな長い番号覚えられないよ。すぐ忘れちゃうよ。
　　이런 긴 번호는 외울 수 없어. 바로 잊어버려.　(＝忘れてしまう)

B : じゃ、忘れないようにメモしといて。 그럼. 잊어버리기 전에 메모해 둬.
　　　　　　　　(＝メモしておいて)

A：教授の急用で休講になっちゃったわ。 교수님의 급한 용무로 휴강이 되어 버렸어.
　　　　　　　　　　　（＝なってしまった）

B：時間ができたから、コーヒーでも飲みに行こうか。

시간이 생겼으니까 커피라도 마시러 갈까?

A：携帯をどこかで忘れてきちゃった。 휴대폰을 어딘가에서 잊어버리고 왔어.
　　　　　　　　　　（＝きてしまった）

B：今日行ったところを思い出してみたら。 오늘 간 곳을 생각해 보면 어때?

A：先週、イベントで好きだったタレントと握手しちゃった。
지난주 이벤트에서 좋아했던 탤런트와 악수했어.　　　（＝してしまった）

B：へえ、近くで見てどうだった。 와, 가까이에서 보니까 어땠어?

A：去年の暮れから売り上げが横ばいになったんじゃない。
작년 말부터 매상이 보합상태이지 않니?　　（＝なったのではない）

B：うん。この分じゃボーナスもあまり期待できないな。

응. 이대로라면 보너스도 그다지 기대할 수 없어.

A：料理をしてくれるのはいいんだけど後片付けをしないじゃない。

요리를 해 주는 것은 좋은데 설거지를 안 하잖아.

B：しようと思っていたら、いつも君が先にやっちまうから。

하려고 생각하면 항상 네가 먼저 해 버리니까.　　（＝やってしまう）

1. 두어(頭語)

- 拝啓(はいけい) / 謹啓(きんけい) 삼가 아룁니다

2. 전문(前文) : 안부 인사, 사례 인사

3. 본문(本文) : 용건

- さて / つきまして / じつは 그건 그렇고

4. 말문(末文) : 끝인사

5. 결어(結語)

- 敬具(けいぐ) / 敬白(けいはく) / 再拝(さいはい) 삼가 말씀 드립니다(이만 마칩니다)

6. 첨서(添書) : 추신

7. 날짜(日付) : 편지를 쓴 날짜

8. 서명(署名) : 발송인 서명

9. 수신인 서명(宛名)

☞ [비즈니스 서신]

- 어두 : 前略(ぜんりゃく)
- 결어 : 草々(そうそう)

[편지 용어]

- 요즈음 : 時下(じか)＝このごろ
- 바쁘시리라 생각합니다만 → ご多忙中(たぼうちゅう)とは存(ぞん)じますが。
- 아무쪼록 → くれぐれも
- 건강과 만복을 빎 → ご清栄(せいえい)、ご清祥(せいしょう)

頭 머리

- 頭が上がらない 고개를 들지 못하다. 큰 소리를 칠 수 없다.
- 頭が固い 고지식하다.
- 頭が切れる 두뇌가 명석하다.
- 頭に来る 화가 치밀다.
- 頭を使う 머리를 쓰다.
- 頭ごなし 다짜고짜.
- 一頭地を抜く 한층 뛰어나다.
- 頭隠して尻隠さず 머리만 감추고 꼬리는 내놓는다.

  (죄나 결점의 일부만 감추고는 다 감춘 것으로 여기는 어리석음을 조롱하는 말)

顔 얼굴

- 顔が広い 발이 넓다.
- 顔を出す 참가하다.
- 顔が売れる 유명해지다.
- 顔が立つ 체면이 서다.
- 顔を曇らせる 우울한 얼굴을 하다. 침울한 표정을 짓다.
- 顔を潰す 체면을 손상시키다. 얼굴에 먹칠을 하다.
- 顔を合わせる 얼굴을 대하다. 만나다.
- 浮かぬ顔 근심스런 얼굴.

耳 귀

- 耳にたこができる 귀에 못이 박히다.
- 耳を疑う 귀를 의심하다.
- 耳を傾ける 귀를 기울이다.
- 耳よりな話 솔깃한 이야기.
- 福耳 복귀.
- 初耳 금시초문.
- 地獄耳 한 번 들으면 잊지 않음.
- 耳学問 귀동냥.
- 耳をそばだてる 귀를 쫑긋하고 듣다.
- 耳打ちする 귓속말을 하다.
- 耳を揃える 아귀를 맞추다, 전액을 모자람 없이 준비하다.

眉・目 눈썹・눈

- 眉をひそめる 눈살을 찌푸리다.
- 大目に見る 관대하게 보아 주다.
- 長い目で見る 긴 안목으로 보다.
- 目が高い 안식이 높다.
- 目がない 매우 좋아하다. 사족을 못쓰다.
- 目が回る 매우 바쁘다.
- 目が飛び出る 눈이 튀어나오다(매우 놀라다).
- 目に余る 차마 눈뜨고 볼 수 없다.
- 目に入る 눈에 띄다.

- 目を通す 대충 훑어보다.

- 目を引く 눈을 끌다.

- 目が離せない 눈을 뗄 수 없다. 한눈을 팔 수 없다.

- 目の上の瘤 눈 위의 혹. 눈엣가시.

- 目と鼻の先 아주 가까운 거리. 엎드리면 코 닿을 데.   cf. 目と鼻の間

- 目が覚める (잠에서) 깨다. 눈을 뜨다.

- 目から鱗が落ちる 지금까지 몰랐던 일을 갑자기 깨닫다.

- 酷い目に遭う 지독한 꼴을 당하다(혼나다).

- 目もくれない 거들떠보지도 않다.

- 大目玉を食う 호되게 꾸중듣다.

- 一目置く 한 수 위임을 인정하다.

- 目から鼻へ抜ける 매우 영리하고 빈틈없다.

- 白い目で見る 냉담·증오하는 시선으로 보다.

鼻 코

- 鼻が高い 콧대가 높다.

- 鼻にかける 자랑하다.

- 鼻を鳴らす 응석부리다.

- 鼻っ柱をへし折る 콧대를 꺾다.

- はなもひっかけない 거들떠보지도 않는다.

口 입

- 開いた口が塞がらない 벌어진 입이 다물어지지 않는다. 어처구니없다.

- 口が重い 입이 무겁다. 말수가 적다. 과묵하다.
- 口が堅い 입이 무겁다. 해서 안 될 말은 결코 하지 않는 성질이다.   cf. ↔ 口が軽い
- 口が軽い 입이 가볍다. 해서는 안 될 말을 경솔하게 해 버린다.
- 口が滑る 그만 입을 잘못 놀리다.
- 口に合う 입에 맞다.
- 口を揃える 말을 맞추다.
- 口を出す 말참견하다.

歯・舌 이・혀

- 歯を食いしばる 이를 악물다.
- 歯が立たない 당해 낼 수 없다.
- 舌鼓を打つ 입맛을 다시다.
- 舌を巻く 혀를 내두르다. 감탄하다. 몹시 놀라다.

あご・のど・首 턱・목・머리

- あごで使う 거만한 태도로 부리다.
- あごを出す 몹시 지치다.
- のどから手が出る 몹시 탐이 나다.
- 首にする 해고하다.   cf. 首になる 해고되다
- 首を長くする 애타게 기다리다.

肩・腕 어깨・팔

- 肩を並べる 어깨를 나란히 하다.

・肩を持つ 편들다.
・腕が上がる 솜씨가 늘다.

手 손

・手が空く 한가해지다. 일손이 비다.
・手がかかる 손이 많이 가다.
・手が足りない 일손이 부족하다.
・手が出ない 어떻게 손을 쓸 수가 없다.
・手がない 방법·수단이 없다.
・手が離せない 손을 놓을 수 없다.
・手に余る 힘에 부치다. 당해 낼 수 없다.
・手も足も出ない 어쩔 도리가 없다.
・手を抜く (해야 할 일을 하지 않고) 겉날려서 마치다. 어물어물 넘기다.
・手を焼く 애를 먹다.

胸 가슴

・胸さわぎがする 가슴이 두근거리다.
・胸をなでおろす 안심하다.
・胸を膨らませる 기대나 기쁨으로 가슴을 부풀리다.

腹・へそ・背 배·배꼽·등

・腹が立つ 화가 나다.
・へそを曲げる 기분 나빠하다. 토라지다.

• 背を向ける 등을 돌리다. 무관심한 태도를 취하다.

• 背に腹は代えられない 당면한 중대사를 위해서는 다른 일이 희생되어도 할 수 없음을 비유.

腰 · 尻 허리 · 엉덩이

• 腰を折る 맥을 끊다. 방해를 하다.

• 尻が出る 적자가 나다.

足 발

• 足が棒になる (오래 걷거나 오래 서 있어서) 다리가 뻣뻣해지다.

• 足の踏み場もない 발 디딜 곳도 없다.

• 足を伸ばす (어떤 곳까지) 발길을 뻗치다.

血 · 骨 · 身 피 · 뼈 · 몸

• 血のにじむような 피나는 노력을 하는 모양.

• 骨が折れる 고생이 되다. 힘이 들다.

• 身に付ける ① 입다. 몸에 걸치다.　② (학문 · 기술 등을) 습득하다. 익히다.

• 身を粉にする 몸이 가루가 되도록 열심히 일하다. 분골쇄신하다.

気 기운

• 気が重い 마음이 무겁다. 우울하다.

• 気がつく (눈에 띄거나 하여) 그것에 생각이 디치다. 의식을 회복하다. 정신이 들다.

• 気が強い 기가 세다.

• 気が弱い 성품이 온순하다. 소심하다.

- 気が長い 성미가 느긋하다.
- 気が短い 성질이 급하다.
- 気に入る 마음에 들다.
- 気にする 걱정하다.
- 気を使う 주의하다. 신경을 쓰다.

虫 벌레, 감정, 기분

- 虫が好かない 어쩐지 마음에 안 들다. 주는 것 없이 밉다.
- 虫の居所が悪い 기분이 안 좋아 공연히 화를 내다.
- 虫がいい 뻔뻔스럽다. 염치없다.
- 虫が納まらない 분이 가라앉지 않다.

動・植物 동・식물

- 馬が合う 서로 마음이 맞다.
- 馬の耳に念仏 마이동풍.
- たぬき寝入り 자는 체함. 거짓잠.
- 猫の手も借りたい 매우 바쁨.
- 猫の額 토지나 장소가 매우 좁음.
- 猫を被る 얌전한 체하다. 시치미를 떼다.
- 猫に小判 돼지에 진주.
- 猫も杓子も 어중이떠중이 모두.
- 鰻登り (기온・물가・평가・지위 등이) 자꾸만 올라감.
- 群を抜く 발군이다.

- 雀の涙 새발의 피. 벼룩의 간.
- 芋を洗うよう 좁은 곳에 많은 사람이 모여 복작거리는 모양.

- ごまをする 아부하다.
- 竹を割ったよう 성미가 대쪽같이 곧음.
- 根掘り葉掘り 철저히. 하나에서 열까지. 꼬치꼬치.
- 根も葉もない 아무런 근거도 없다.
- 根に持つ 원한을 잊지 않다. 앙심을 품다.
- 道草を食う (말 등이 길가의 풀을 뜯느라고 좀처럼 가지 않는다) 도중에 다른 일로 시간을 허비하다. 농땡이 치다.

自然 자연

- うわの空 건성.
- 焼け石に水 언 발에 오줌 누기.
- 山をかける 요행수를 노리다. 출제를 예상하고 그 브분만 공부하다.

油 기름

- 油を売る (작업 중에) 잡담을 하거나 하여 게으름을 피우다.
- 油を絞る 호되게 꾸짖다.   cf. 油をしぼられる
- 火に油を注ぐ 타오르는 불에 기름을 붓다. 세찬 것에 다시 부채질하다.
- 水と油 물과 기름. 상극.

道具 도구

- 相槌を打つ 맞장구를 치다.

・釘をさす 못을 박다. 다짐을 두다.

・さじを投げる 포기하다.

・棚にあげる 보류하다.

・箸にも棒にも掛からない 아무짝에도 쓸모가 없다. (능력·정도가 크게 못 미쳐)

・拍車をかける 박차를 가하다.

・バトンを渡す 일을 인계하다. 지위를 물려주다.

・羽目を外す (흥겨운 나머지) 지나친 행동을 하다.

・レールを敷く (일이 순조롭게 진행되도록) 사전 준비를 하다.

사람의 감정이나 행동

・腹の虫がおさまらない 화가 가라앉지 않아서 참을 수 없다.

・腸が煮えくり返る 화를 참을 수 없다.

・後味が悪い (음식이나 일의) 뒷맛이 개운치 않다.

・気にくわない 마음에 들지 않다.

・気に障る 비위에 거슬리다. 불쾌하게 느끼다.

・歯が浮く 아니꼽다.

・鼻に付く 지겨워지다. 싫어지다.

・背筋が寒くなる 등골이 오싹해지다.

・身の毛がよだつ 소름이 끼치다.

・物怖じする 겁을 먹음. 무엇인가를 두려워함.

・肝がつぶれる 간이 콩알만 해지다. 몹시 놀라다.

・肝を冷やす 간담이 서늘해지다. 간이 철렁 내려앉다.

・度肝を抜く 깜짝 놀라게 하다.

・気が済む 마음이 홀가분해지다. 걱정거리가 없어지다.

- 心行くまで 마음껏. 실컷.
- 胸がすく 마음이 후련하다. 기분이 상쾌하다
- 固唾を呑む (긴장을 해서) 마른침을 삼키다. 숨을 죽이다.
- 気が気でない (걱정되어) 조마조마하다.
- 気に掛ける 염려하다. 걱정하다.
- 途方に暮れる 어찌할 바를 모르다.
- 路頭に迷う 생활 수단을 잃고 몹시 곤란을 겪다.
- 肩の荷が下りる 어깨가 가벼워지다.
- 肩の荷を下ろす 어깨의 짐을 내리다. 부담을 덜다.
- 気が休まる 걱정거리도 없이 편안해지다.
- 人心地がつく 불안 · 긴장 등이 없어져 평상시의 기분이 되다.
- 恩に着る 입은 은혜를 고맙게 생각하다.　＝恩に受ける
- 気を落とす 낙심하다.
- 骨身にこたえる 뼈아프게 느끼다.　cf. 骨身に染みる
- 矢も盾もたまらない (어떤 일을 하고 싶어서) 애간장이 타다.
- 聞き耳を立てる 주의를 집중시키다.
- 小耳に挟む 얼핏 듣다.
- 耳を澄ます 귀를 기울이다.
- 一杯食う 속다. 한방 먹다.
- 裏をかく 상대방의 의표를 찌르다. 상대의 예상과는 반대로 나가 상대를 따돌리다.
- 口車に乗る 감언이설에 속다.
- 鯖を読む 이익을 위해 수량을 속이다.
- 鼻を明かす 코를 납작하게 만들다.
- 嘘も方便 거짓말도 방편.

• くちばしを挟む 말참견하다.　*cf.* くちばしを容れる

• 出端をくじく 기선을 제압하다. 상대가 무엇을 시작하려는 기세를 초장에 꺾다.

• 水を差す 방해하다.　*cf.* けちをつける

• 奥歯にものが挟まる 석연치 않음.(어금니에 무엇이 낀 듯함)

• おくびにも出さない 내색도 않다.(깊이 감추고 입 밖으로 내지 않음)

• お茶を濁す (얼버무려) 어물어물 넘기다.

• 歯に衣を着せぬ 생각하는 바를 솔직하게 말을 하다. 입바른 소리를 하다.　*cf.* 歯に衣着せない

• 腹を探る 넌지시 마음을 떠보다.

• 腹を割る 본심을 털어놓다.

• 口裏を合わせる (말하는 내용이) 서로 달라지지 않도록 말을 맞추다.

• 話に乗る 상담의 상대가 되다.

• 肝に銘じる 명심하다.

• 意地を張る 고집을 부리다. 억지를 쓰다.

• へそを曲げる 기분 나빠하다. 토라지다.

• 首をひねる 어쩔까 하고 생각하다. 의심스럽게 여기다.

• 腑に落ちない 납득이 안 가다. 이해가 안 가다.

• げたを預ける (모든 것을 상대편에게 부탁하여 그 처리를) 일임하다.

• ぐうの音も出ない 아무 말도 못 하다. 끽소리도 못 하다.

• 一役買う (자진해서) 한몫을 맡다. 역할 하나를 맡다.

• 糸を引く 배후에서 조종하다.

• 手を回す 이리저리 수단을 강구하다.

• 門前払い 문전박대.

• 言葉に甘える (염치없이) 상대방의 호의에 따르다.

• 猫糞する 나쁜 짓을 하고도 모른 체하다.　*cf.* 猫糞を決める

• 船をこぐ 꾸벅꾸벅 졸다.

• 身を固める 몸차림을 단단히 하다. 결혼을 하여 가정을 이루다.

• 骨身を惜しまず 노고를 아끼지 않고. 고생을 조금도 마다하지 않고.

• 骨身を削る 몸이 여윌 정도로 고생하다. 노력하다.　*cf.* 身を削る

• 図に乗る 우쭐거리다.

• 天狗になる 우쭐대다. 뽐내다.

• 高をくくる 대수롭지 않게 여기다. 우습게 보다. 깔보다.　*cf.* へとも思わない

• 人を食う 남을 업신여기다.　*cf.* 鼻であしらう

• 木で鼻をくくる 무뚝뚝하게 대하다.

• けんもほろろ 남의 부탁 등을 매몰차게 거절하는 도양.

• 取り付く島がない 의지할 데가 없다.

• 腕によりをかける 온갖 솜씨를 다 부리려고 힘을 내다.

• 臆面もない 뻔뻔하다.

• 腰が低い 겸손하다.

• 駄々を捏ねる 떼를 쓰다.

• 煮え切らない 분명하지 않다. 애매하다. 우유부단하다.

• 見栄を張る 허세를 부리다.

그 외

• 怪我の功名 전화위복.

• 棚からぼたもち 굴러들어온 호박.

• 当てが外れる 기대가 빗나가다.　*cf.* ↔ 当てにする

• 弱り目にたたり目 설상가상.　*cf.* 泣き面に蜂 / あぶ蜂取らず

• 朝飯前 식은 죽 먹기.　*cf.* お茶の子さいさい

- 畑違い 전문 분야가 다름.

- 型に嵌まる 틀에 박히다.

- 判で押したよう 판에 박은 듯함.

- 首が回らない 빚에 몰려 옴짝달싹 못하다.

- 火の車 살림이 매우 쪼달리다.

- 脚光を浴びる 각광을 받다.

- 噂をすれば影が差す 호랑이도 제 말 하면 온다.

- 水泡に帰す 지금까지의 노력이 수포로 돌아가다.　　*cf.* 水の泡になる

- 棒に振る 헛되게 쓰다.

- 鶴の一声 권력자의 한 마디.

- 軌道に乗る 궤도에 오르다.

- 埒が明かない 결말이 나지 않다.

- 音沙汰がない 소식이 없다.

- 分がある 승산이 있다.　　*cf.* 分が悪い 불리하다

- 身から出た錆 자업자득.

- 水を打ったよう 일제히 조용해지는 모양. 물을 끼얹은 듯.

- 輪をかける 과장하다.　　*cf.* おひれをつける

- 味気ない 따분하다. 재미없다.

- 隅に置けない 얕볼 수 없다.

- 間が抜ける 가장 요긴한 점이 빠지다. 얼빠지다. 바보같이 보이다.

- 右に出るものがいない 더 나은 이가 없다.

- 虫がいい 뻔뻔스럽다.

- 世話が焼ける 돌보기가 성가시다.(힘들다)

- 水臭い (친한 사람인데도) 남남처럼 서먹하다.

- 身に余る 분에 넘치다. 과분하다.
- 横のものを縦にもしない 손 하나 까딱하지 않는다. 전혀 도와주지 않는다.
- 縁の下の力持ち 보이지 않는 곳에서 모두를 위해 일하고 있는 사람.
- 親のすねをかじる 자식이 어지간한 나이가 되어서도 부모에게 의지하여 살다.
- 三日坊主 작심삼일.
- 元も子もない (원금도 이자도 없어지다는 뜻에서) 깡그리 없어지다.
- 呆気にとられる 어안이 벙벙하다.
- 後ろ髪を引かれる 미련이 남다.
- 逆立ちしても〜 아무리 발버둥쳐도.　cf. 逆立ちしても〜できない
- 背伸びをする 발돋움을 하다. 실력 이상의 일을 하려 하다.
- 苦もなく 힘들이지 않고. 쉽사리.　cf. 苦もなく〜する
- しゃくに障る 부아가 나다. 아니꼽다.
- 音を上げる (감당하기 힘들어) 우는 소리를 하다. 손들다.
- 念を入れる 세심한 주의를 기울이다.
- 念を押す 다짐하다.
- 後の祭り 시기를 놓침. 행차 뒤의 나팔.
- 一から十まで 전부.
- 影も形もない 아무 흔적도 없다.
- 底を突く 시세가 최저로 떨어지다. 저장해 둔 것이 바닥이 나다.
- そっぽを向く 외면하다. 모른 체하다.
- 足しにする 보탬이 되다. 도움이 되다.
- 八方塞がり 손을 쓸 방법이 없음. 어찌할 방도가 없음.
- 非の打ちどころがない 나무랄 데 없다. 결점이 없다.

1. 成人式の日の美容院は、＿＿＿＿＿＿ほど忙しい。

(A) 頭が切れる　　　(B) 目に入る　　　(C) 目が回る　　　(D) 顔を出す

2. ＿＿＿＿＿＿ほど宿題をしろと言われても、弟はテレビに釘付けになっている。

(A) 大目に見る　　　　　　　　　　(B) 耳にたこができる
(C) 目を通す　　　　　　　　　　　(D) 耳を疑う

3. 彼はいつも高学歴を＿＿＿＿＿＿。

(A) 鼻にかけている　　　　　　　　(B) 長い目で見ている
(C) 指をくわえている　　　　　　　(D) 顔を会わせている

4. 明日の会議までに、この企画書に＿＿＿＿＿＿おいてください。

(A) 一目置いて　　　(B) 首にして　　　(C) 手を焼いて　　　(D) 目を通して

5. 借金をしてまでブランド物を買い続ける彼女を見ていると、＿＿＿＿＿＿。

(A) 開いた口が塞がらない　　　　　(B) 足の踏み場もない
(C) ぐうの音も出ない　　　　　　　(D) らちが明かない

6. 私たち二人の問題に、勝手に＿＿＿＿＿＿下さい。

(A) 人を食わないで　　　　　　　　(B) 口を出さないで
(C) 臆面もない　　　　　　　　　　(D) 煮え切らない

7. かれこれ２時間、ずっと山を登り続けているので＿＿＿＿＿＿もう歩けない。

(A) 手を抜いて　　　　　　　　　　(B) 背筋が寒くなって
(C) 胸を下ろして　　　　　　　　　(D) 足が棒になって

8. 父が彼を＿＿＿＿＿＿くれて、本当に良かった。

(A) 腹が立って　　　(B) 気に入って　　　(C) あごで使って　　　(D) 背を向けて

9. この年になって＿＿＿＿＿＿生活している自分が情けない。

  (A) 血のにじむような   (B) 根に持って

  (C) 念を入れて   (D) 親のすねをかじって

10. 彼の＿＿＿＿＿＿話を信じた私が馬鹿だった。

  (A) 火の車   (B) 歯が浮く   (C) たぬき寝入り   (D) 根も葉もない

11. 私のどこが＿＿＿＿＿のか、はっきり言ってくれないとわからないよ。

  (A) 根も葉もない   (B) 手が足りない

  (C) 気にくわない   (D) 背に腹は代えられない

12. 内定が決まっていた会社から、内定取り消しの通知が届き＿＿＿＿＿＿。

  (A) 耳を揃えた   (B) 目が覚めた   (C) げたを預けた   (D) 途方に暮れた

13. せっかく仲直りをした二人に、＿＿＿＿＿ような事を言わないよう言葉を慎もう。

  (A) 腹を割る   (B) 水を差す   (C) 腰が低い   (D) 恩に着る

14. チームのリーダーに＿＿＿＿＿くれないか。

  (A) 鯖を読んで   (B) 駄々をこねて   (C) 一役買って   (D) 隅に置けなくて

15. 彼の＿＿＿＿＿、まんまと騙されてしまった。

  (A) 口車に乗って   (B) 肩の荷を下ろして

  (C) 足を伸ばして   (D) 浮かぬ顔

16. 若いのに地域の清掃活動にも＿＿＿＿＿、自ら進んで参加するとは感心だ。

  (A) 気に入らず   (B) 首が回らず

  (C) 虫が好かず   (D) 骨身を惜しまず

17. その＿＿＿＿＿態度を、いつまで続けるつもりですか。

  (A) 釘をさす   (B) 世話が焼ける   (C) 煮え切らない   (D) 目が鱗が落ちる

18. 「運動もせず家でだらだらしてるから、ぶくぶく太っちゃうのよ。＿＿＿＿＿＿＿ね。」

    (A) 身から出た錆　　　　　　　　　　(B) 朝飯前

    (C) 地獄耳　　　　　　　　　　　　　(D) 目と鼻の先

19. 一時はどうなる事かと思ったが、やっとうちの会社も＿＿＿＿＿＿＿きたな。

    (A) 鼻が高くて　　　　　　　　　　　(B) 羽目を外して

    (C) 話に乗って　　　　　　　　　　　(D) 軌道に乗って

20. 証拠が不十分なまま時効の期限が刻一刻と迫っており、このままでは＿＿＿＿＿＿。

    (A) 歯が立たない　　　　　　　　　　(B) 目もくれない

    (C) らちが明かない　　　　　　　　　(D) 鼻もひっかけない

[오문정정]

21. いつか芸能界に入って、脚光をもらうのが私の夢だ。
　　　　　A　　　　　　　　　　B　　C　　　　D

22. 子どもはいつ何を口に入れるかわからないから、一瞬たりとも 気が遅くない。
　　　　　　　　　　　　A　　　　　　　　　　　　B　　C　　D

23. デパートはボーナス商戦にしのぎを消しているわね。
　　　　A　　　　B　　　　　　C　　　D

24. 転校生の彼女は美人で頭も良く、クラスの女の子達にとっては目の上の鱗だろうね。
　　　A　　　　　　　　　　　　　　B　　　　　　　C　　　　　　D

25. 親の八光りで芸能界入りした有名人は、長続きしないよ。
　　　A　B　　　　　　　C　　　　　　　　D

제 1 부

제1장 **명사**　　　p.36

[기초확인문제]

1. (1) 彼は 学生だ。
   (2) 彼は 学生です。
   (3) 彼は 学生である。
   (4) 彼は 学生だった。
   (5) 彼は 学生でした。
   (6) 彼は 学生で、彼女は 医者だ。
   (7) 彼は 学生ではない。
   (8) 彼は 学生ではないです。
   　　(또는, 彼は 学生ではありません。)
   (9) 彼は 学生ではなかった。
   (10) 彼は 学生ではなかったです。
   　　(또는, 彼は 学生ではありませんでした。)
   (11) 彼は 学生か。
   (12) 彼は 学生ですか。
   (13) 彼は 学生だろう。
   (14) 彼は 学生でしょう。
   (15) 彼は 学生でしょうか。
   (16) 彼は 学生だから 勉強する。
   (17) 彼は 学生なのに 勉強しない。
   (18) 彼が 学生なら(ば)。
   　　(또는, 彼が 学生だったら。)

2. (1) ひとり / ふたり / よにん
   (2) ふたつ / むっつ / やっつ
   (3) さんぼん / ろっぽん / はっぽん

3. (1) いつ
   A : 여행은 언제부터입니까?
   B : 모레입니다.
   (2) だれ

A : 저 책상 위의 가방은 누구의 것입니까?
B : 나의 것입니다.

(3) どこ
   A : 도서관은 어디에 있습니까?
   B : 공원 옆에 있습니다.

(4) どのぐらい
   A : 이번 휴가는 어느 정도입니까?
   B : 3일입니다.

(5) どう
   A : 새 아파트는 어떻습니까?
   B : 넓고 깨끗해서 너무나 좋습니다.

4. (1) 何を
   A : 내일 무엇을 합니까?
   B : 도서관에서 책을 읽습니다.

(2) 何か
   A : 책상 위에 무엇인가 있습니까?
   B : 아니요, 아무것도 없습니다.

(3) 何が
   A : 음료수는 무엇이 좋습니까?
   B : 차를 주세요.

(4) 何を
   A : 일요일은 무엇을 했습니까?
   B : 쇼핑을 했습니다.

[JPT · JLPT 실전확인문제]

1. C 　「이시이 씨. 이쪽은 마이클입니다.」
   　　「처음 뵙겠습니다. 잘 부탁드립니다.」
2. B 　사과는 몇 개 있습니까?
3. A 　커피와 홍차 중 어느 쪽으로 하시겠습니까?
4. A 　연필이 한 자루 있습니다.
5. A 　다시 한 번 해 보세요.
6. A 　오늘은 2일입니다. 일주일 뒤는 9일입니다.
7. D 　매일 아침 어느 정도 연습을 합니까?
8. D 　어떤 프로그램을 봅니까?
9. A 　저 건물은 새 것입니다.
10. A 　어디서 노래를 부릅니까?

11. B 「언제 이를 닦습니까?」
　　「아침밥을 먹은 후에 닦습니다.」

12. C 감기에 걸려 목이 아픕니다.

13. C 그 나라는 일 년 내내 덥습니다.

14. D 편의점 앞에 차가 한 대 서 있습니다.

15. A 춥기 때문에 따뜻한 홍차를 마시고 싶습니다.

16. C 이것은 나의 책상이고, 저것은 여동생의 책상입니다.

17. C 오늘은 6일이니까 모레 8일에 가겠습니다.

18. B 「유원지의 입장료는 얼마입니까?」
　　「어른은 800엔이고, 아이는 500엔입니다.」

19. A 이쪽은 나의 삼촌, 아버지의 남동생입니다.

20. C 매일 한자 연습을 하는 것은 매우 중요한 일이다.

[오문정정]

21. A — のみもの
　　나는 음료수 중에서 주스를 가장 좋아합니다.

22. B — まい
　　이 파랗고 예쁜 손수건 2장과 저 검은 가방을 사고 싶은데요.

23. A — ぴき
　　의자 아래에 고양이가 한 마리 있고, 테이블 위에는 책이 2권,
　　연필이 5자루 있습니다.

24. B — そうじ
　　매일 청소를 하고 있기 때문에 나의 방은 깨끗합니다.

25. D — だれ
　　회사 여행 사진이네요. 기무라 씨의 옆 사람은 누구입니까?

제2장　い형용사　　p.49

[기초확인문제]

1. (1) りんごは おいしい。
　 (2) りんごは おいしいです。
　 (3) おいしい りんご
　 (4) りんごは おいしくない。
　 (5) りんごは おいしくないです。
　　　(또는, りんごは おいしくありません。)
　 (6) りんごは やすくて おいしいです。
　 (7) りんごは おいしかった。
　 (8) りんごは おいしかったです。
　 (9) りんごは おいしくなかった。
　 (10) りんごは おいしくなかったです。
　 (11) りんごを おいしく たべる。
　 (12) りんごは おいしいだろう。
　 (13) りんごは おいしかろう。
　 (14) りんごが おいしければ かう。

2. (1) 安い 싸다　　(2) 低い 낮다
　 (3) 少ない 적다　　(4) 小さい 작다
　 (5) 短い 짧다　　(6) 狭い 좁다
　 (7) 遠い 멀다　　(8) 難しい 어렵다
　 (9) 軽い 가볍다　　(10) 遅い 느리다
　 (11) 浅い 얕다　　(12) 古い 오래되다, 낡다
　 (13) 暗い 어둡다　　(14) 悪い 나쁘다

3. (1) あの りょうりは やすくて おいしいです。
　 (2) 映画は あまり おもしろくなかったです。
　　　(＝おもしろくありませんでした)
　 (3) あなたが 楽しければ 私も 楽しい。
　 (4) 天気が よく なりました。
　 (5) 日本の 刺身は おいしいだろう。

4. (1) 難しく　시험이 어려워졌습니다.
　 (2) いい ＝ よい　내일 날씨도 좋겠지요.
　 (3) おいしく　이 사과는 그다지 맛이 없습니다.
　 (4) 暑く(て)　여름은 덥고 겨울은 춥습니다.
　 (5) 楽しく　어제의 파티는 그다지 즐겁지 않았습니다.

[JPT · JLPT 실전확인문제]

1. A 이 기계는 새 것은 아니지만 편리합니다.

2. C 지난 주는 전혀 덥지 않았습니다.

3. A 밖에서 시원한 바람이 들어옵니다.

4. A 이 안내서는 얇고 가볍습니다.

5. B 차가 식었습니다.

6. A 빨리해 주세요. 이제 출발 시간입니다.

7. C 날씨가 좋아졌습니다.

8. D　오늘은 일찍 잡니다.

9. D　그저께 재밌는 프로그램을 봤습니다.

10. A　김치는 맵습니다.

11. B　어제는 기분이 좋았습니다.

12. C　「아, 위험해요. 지금 전철이 옵니다.」

13. A　이 의자는 크고 무겁습니다.

14. A　내일은 그다지 바쁘지 않습니다.

15. C　오늘 오후는 바람이 세겠지요.

16. D　토마토가 빨갛게 되었습니다.

17. B　어두우니까 창문을 엽시다.

18. D　조금 전 문제는 어렵지 않았습니다.

19. D　이번 노트북은 작고 가볍다.

20. C　조금 전까지 따뜻했지만 지금은 따뜻하지 않습니다.

[오문정정]

21. C — 楽しい

오늘도 매우 즐거운 하루였습니다.

22. D — おもしろくなかったです

（또는, おもしろくありませんでした。）

어제 소풍은 그다지 재미없었습니다.

23. D — 近くに

어릴 때 자주 놀던 공원 근처에 지하철역이 있었습니다.

24. D — 冷たく

이 주스는 냉장고에 들어 있었습니다. 하지만 시원하지 않습니다.

25. A — 強く

내일부터 바람이 강하게 불거나 비가 내리거나 해서 날씨가 나빠질 것입니다.

제3장　な형용사　　　　p.63

[기초확인문제]

1. (1) この 部屋は 静かだ。
   (2) この 部屋は 静かです。
   (3) 静かな 部屋が いい。
   (4) この 部屋は 静かではない。
   (5) この 部屋は 静かではないです。
   　　　　　（또는, 静かではありません）
   (6) この 部屋は 安くて 静かです。
   (7) この 部屋は 静かだった。
   (8) この 部屋は 静かでした。
   (9) この 部屋は 静かではなかった。
   (10) この 部屋は 静かではなかったです。
   　　　　（또는, 静かではありませんでした）
   (11) となりの 部屋が 静かになる。
   (12) この 部屋は 静かだろう。
   (13) となりの 部屋が 静かならば いい。

2. (1) 嫌いだ 싫어하다
   (2) 賑やかだ 떠들썩하다
   (3) 苦手だ 못하다, 서투르다
   (4) 不便だ 불편하다
   (5) 危険だ 위험하다
   (6) 複雑だ 복잡하다

3. (1) 果物は あまり 好きではありません。
   (2) どんな 色が 好きですか。
   (3) この アパートは きれいで、しずかです。
   (4) この まちは にぎやかで、べんりな ところです。
   (5) もう 体は 丈夫に なりました。

4. (1) にぎやか　이 방은 역에서 가깝기 때문에 떠들썩합니다.
   (2) 好きな　많이 있으니까 좋아하는 것을 골라서 드세요.
   (3) 好きでは　스포츠는 그다지 좋아하지 않습니다.
   (4) 静かに　공부 중이니까 조용히 해 주세요.
   (5) きれい　유원지의 꽃은 매우 예뻤습니다.

[JPT · JLPT 실전확인문제]

1. D　아버지는 낚시를 좋아하지 않았습니다.

2. C　나의 여동생은 떠들썩하고 건강한 사람입니다.

3. A　영화관이니까 조용히 해 주세요.

4. B　근처의 공원은 넓고 예쁩니다.

5. D　저 절은 유명하지 않습니다.

6. B 매일 운동을 해서 몸이 튼튼해졌습니다.

7. A 이 학교에서는 여러 나라의 사람이 일본어를 공부하고 있습니다.

8. D 죄송하지만 조금 조용히 해 주세요.

9. B 그는 기타를 잘 못합니다. 하지만 피아노는 잘합니다.

10. B 어머니는 활발하고 재밌는 사람입니다.

11. D 낮부터 한가한데 영화를 보러 가지 않겠습니까?

12. D 술은 좋아하지 않습니다.

13. A 어릴 때 운동을 좋아하지 않았습니다.

14. D 고바야시 씨는 일본 요리를 능숙하게 만듭니다.

15. C 이 비닐봉지는 얇지만 매우 튼튼합니다.

16. D 내일 축제는 틀림없이 떠들썩하겠죠.

17. A 새로운 미술관은 매우 깨끗했다.

18. A 좀더 조용해 주시지 않겠습니까?

19. C 지난 주는 매일 비가 내려서 힘들었습니다.

20. C 내 가방은 기무라 씨 가방과 색이 같습니다.

[오문정정]

21. B — きれいで

그녀는 얼굴도 예쁘고 머리도 좋습니다.

22. C — しずかに

도서관이기 때문에 조용히 해 주세요.

23. A — 同じ

같은 책을 2권 사 버렸다.

24. D — じょうずな

다나카 씨라는 사람은 일본인으로 중국어를 잘하는 영어 선생님입니다.

25. D — なりました

나는 어릴 때 우유를 싫어했지만 점점 좋아졌습니다.

제4장 동사   p.102

[기초확인문제]

1. (1) ます형 → およぎます
       부정형 → およがない
       접속형 → およいで
       의지형 → およごう

가정형 → およげば
명령형 → およげ

(2) ます형 → みます
    부정형 → みない
    접속형 → みて
    의지형 → みよう
    가정형 → みれば
    명령형 → みろ

(3) ます형 → たべます
    부정형 → たべない
    접속형 → たべて
    의지형 → たべよう
    가정형 → たべれば
    명령형 → たべろ

(4) ます형 → あいます
    부정형 → あわない
    접속형 → あって
    의지형 → あおう
    가정형 → あえば
    명령형 → あえ

(5) ます형 → おちます
    부정형 → おちない
    접속형 → おちて
    의지형 → おちよう
    가정형 → おちれば
    명령형 → おちろ

(6) ます형 → おしえます
    부정형 → おしえない
    접속형 → おしえて
    의지형 → おしえよう
    가정형 → おしえれば
    명령형 → おしえろ

(7) ます형 → よみます
    부정형 → よまない
    접속형 → よんで
    의지형 → よもう

가정형 → よめば

명령형 → よめ

(8) ます형 → きます

부정형 → きない

접속형 → きて

의지형 → きよう

가정형 → きれば

명령형 → きろ

(9) ます형 → わすれます

부정형 → わすれない

접속형 → わすれて

의지형 → わすれよう

가정형 → わすれれば

명령형 → わすれろ

2. (1) 歌って　　(2) 聞いて
(3) 暮らして　　(4) 死んで
(5) 走って　　(6) 飛んで
(7) 着て　　(8) 覚えて
(9) 来て　　(10) して

3. (1) 並んでいる　많은 사람들이 줄을 서 있다.
(2) 並べてある　책이 죽 나열되어 있다.
(3) 入っている　주머니에 손수건이 들어 있다.
(4) 入れてある　커피에 설탕이 들어 있다.
(5) 開いている　문이 열려 있다.
(6) 開けてある　뚜껑이 열려 있다.
(7) かかっている　자물쇠가 잠겨 있다.
(8) かけてある　벽에 달력이 걸려 있다.
(9) 止まっている　트럭이 많이 세워져 있다.
(10) 止めてある　집 앞에 차가 세워져 있다.

4. (1) いただきました　나는 선생님에게 일본어를 배웠습니다.
(2) あげました　나는 친구에게 손수건을 사 주었습니다.
(3) くれました　친구가 나에게 수학을 가르쳐 주었습니다.
(4) やりました　나는 개에게 먹이를 주었습니다.
(5) もらいました　그가 역까지 배웅해 주었습니다.

5. (1) あります　창문 밖에 나무가 있습니다.
(2) あります　재미있는 책이 많이 있습니다.

(3) います　미국 사람인 마이클이 있습니다.
(4) いません　여기에는 나밖에 없습니다.
(5) ありません　손 안에는 아무것도 없습니다.

[JPT · JLPT 실전확인문제]

1. A　많은 나비가 하늘을 날고 있습니다.
2. B　버스정류장에서는 사람이 버스를 타거나 내리거나 합니다.
3. B　청소를 하겠습니다. 방을 나가 주세요.
4. B　책을 보고 요리를 만듭니다.
5. D　매일 바빠서 신문은 읽지 않는다.
6. D　나는 선물상자를 열었다.
7. D　맞은편 테이블에 꽃병이 놓여 있습니다.
8. C　손을 씻은 뒤 양치질을 합니다.
9. A　나는 홍차에 우유를 넣어 마십니다.
10. B　내 간식을 먹지 말아 주세요.
11. B　구두를 신고 집을 나갑니다.
12. C　작년에 샀던 가방은 어디에 있습니까?
13. C　나는 대개 자기 전에 텔레비전을 봅니다.
14. E　형은 열심히 우리들을 보살펴 주었다.
15. C　담배는 몸에 나쁘니까 끊으려고 생각하고 있습니다.
16. C　방 창문이 닫혀 있습니다.
17. B　내일은 시험이니까 일찍 학교에 오자.
18. B　이것은 할아버지가 보내 주신 선물입니다.
19. D　포스터가 복도 벽에 붙어 있습니다.
20. A　집 전기가 켜져 있습니다.

[오문정정]

21. B — 買って

매일, 회사 근처 카페에서 커피를 산 후 휴게실에서 그 커피를 마십니다.

22. D — うれている

이것은 어머니가 사 주신 가방으로 모양도 좋고 지금 인기가 있어 잘 팔리고 있는 가방입니다.

23. D — 住んでいます

나는 작년에 시골에 돌아와서 지금 어머니와 함께 아파트에 살고 있습니다.

24. C — 並んで

이 빵집은 오늘도 많은 사람이 줄지어 서 있군요.

25. D — 知っていますか

일본에는 후지산이라는 일본에서 가장 높은 산이 있습니다만, 다나카 씨는 그 산을 알고 있습니까?

제5장 조동사　　　　　　　　p.133

[기초확인문제]

1. (1) 叱られる　　　(2) 呼ばれる
　 (3) 踏まれる　　　(4) ほめられる
　 (5) 捨てられる　　(6) される
　 (7) 来られる

2. (1) 行かせる　　　(2) 作らせる
　 (3) 読ませる　　　(4) 食べさせる
　 (5) 覚えさせる　　(6) させる
　 (7) 来させる

3. (1) 行かれる　　　(2) 読まれる
　 (3) 休まれる　　　(4) 食べられる
　 (5) 出かけられる　(6) される
　 (7) 来られる

4. (1) 書かせられる ＝ 書かされる
　 (2) 行かせられる ＝ 行かされる
　 (3) 歌わせられる ＝ 歌わされる
　 (4) 会わせられる ＝ 会わされる
　 (5) 待たせられる ＝ 待たされる
　 (6) 立たせられる ＝ 立たされる
　 (7) 読ませられる ＝ 読まされる

5. (1) 泳げる ＝ 泳ぐことができる
　 (2) 乗れる ＝ 乗ることができる
　 (3) 洗える ＝ 洗うことができる
　 (4) 着られる ＝ 着ることができる
　 (5) 起きられる ＝ 起きることができる
　 (6) できる ＝ することができる
　 (7) 来られる ＝ 来ることができる

6. (1) おいし　　(2) 静か

(3) 降り　　　(4) 降る
(5) ような　　(6) 女

[JPT · JLPT 실전확인문제]

1. D　길에서 넘어졌는데 주위 사람들이 웃어서 부끄러웠습니다.

2. B　우리 회사에는 청소년을 일하게 해서는 안 된다.

3. D　형이 시켜서 (어쩔 수 없이) 방 청소를 했습니다.

4. C　이 잡지는 멋을 좋아하는 여고생에게 읽혀지고 있습니다.(멋을 좋아하는 여고생들이 이 잡지를 읽고 있습니다.)

5. D　도쿄타워는 1958년에 세워졌습니다.

6. C　어제 어머니가 나의 일기를 읽었습니다.

7. D　어제 돌아오는 길에 비를 맞았습니다.

8. B　싸움해서 또 동생을 울려 버렸다.

9. C　쉬는 날에 손님이 와서 곤란했습니다.

10. B　비쌀 것 같은 여관이었기 때문에 예약을 하지 않았습니다.

11. A　내일은 눈이 올 것 같습니다.

12. D　냉장고 안에 맛있을 것 같은 케익이 있습니다.

13. C　누나는 육상 선수처럼 발이 빠릅니다.

14. A　내일도 또 비가 올 것 같네요.

15. A　뉴스에 의하면 또 무서운 사건이 일어났다고 한다.

16. B　저 개는 사자와 같은 얼굴을 하고 있습니다.

17. A　친구가 괴로워 보였는데 감기에 걸린 것일까.

18. B　두 사람은 마치 친 부자지간 같다.

19. A　그녀는 매우 여자답다.

20. D　아침에 일어나서 창문 밖이 하얀 것을 보니 어젯밤에 눈이 많이 내린 것 같습니다.

[오문정정]

21. C — 見えて

저 구름은 둥근 만두처럼 보여서 맛있을 것 같지 않습니까?

22. C — 飲み

스포츠로 땀을 흘린 뒤는 차가운 주스를 마시고 싶습니다.

23. C — 残される

가족을 위해서 열심히 만든 요리를 남기게 되면 슬픈 기분이 든다.

24. D — そうにない / そうもない / そうにもない

유행성 독감에 걸렸기 때문에 잠시 학교는 갈 수 없을 것 같다.

25. D — そうな

구름이 점점 많아져서 왠지 비가 내릴 듯한 날씨다.

제6장 조사 p.147

[기초확인문제]

1.
(1) に 하루에 몇 번 이를 닦습니까?

(2) に 버스를 타고 시내에 갔습니다.

(3) で 이 요리는 나이프와 포크로 먹습니다.

(4) の 그 빨간 우산은 나의 것입니다.

(5) が 어떤 음악을 좋아합니까?

(6) と 주스와 과자를 먹었습니다.

(7) を 나는 아침 8시에 집을 나옵니다.

(8) は 어제는 비가 내렸습니다만. 오늘은 내리지 않았습니다.

(9) より 오늘은 어제보다 춥네요.

(10) に 백화점에 구두를 사러 갑니다.

(11) と 여동생과 함께 그림을 그렸습니다.

(12) に 나는 친구에게 편지를 받았습니다.

(13) に 형은 경찰관이 되었습니다.

(14) で 일본어로 말해 주세요.

(15) は 방은 덥지만 밖은 춥습니다.

[JPT · JLPT 실전확인문제]

1. A 어느 차가 이노우에 씨의 것입니까?

2. A 먼 곳에서 전철 소리가 들렸다.

3. C 아이가 놀고 있는 것이 보입니다.

4. A 당신은 요리를 잘하는군요.

5. C 남동생은 만화를 좋아합니다.

6. C 다나카 씨는 저 머리가 긴 사람입니다.

7. A 매일 아침 공원을 지나 학교에 갑니다.

8. A 배트로 공을 쳤습니다.

9. A 개는 정원에 있습니다.

10. A 학교는 집에서 어느 정도입니까?

11. C 점심을 먹었습니다. 그리고나서 디저트도 먹었습니다.

12. A 신칸센은 10분 전에 역을 출발했다.

13. A 이 다리를 건너 똑바로 가면 서점입니다.

14. C 아이가 항상 새로운 장난감을 원해서 힘듭니다.

15. D 일주일에 두 번 정도 야구를 합니다.

16. D 수첩은 거기에 놓아 두세요.

17. B 3시가 되었습니다. 간식 시간입니다.

18. A 장래에는 은행에서 근무할 예정입니다.

19. C 처음 뵙겠습니다. 나는 다나카라고 합니다.

20. C 어제는 감기로 학교를 쉬었습니다.

[오문정정]

21. C — に

저 현관 앞에 고양이가 있습니다.

22. A — に

하루에 3번 밥을 먹은 후 약을 먹습니다.

23. A — で

레스토랑에서 만난 친구는 고등학교 시절의 친구였습니다.

24. A — に

큰 나무 아래에 꽃이 많이 피어 있고. 거기서 아이가 놀고 있습니다.

25. C — が

어제 술을 많이 먹어서 오늘은 머리가 아프니까 회사를 쉬고 싶습니다.

제7장 경어 p.153

[기초확인문제]

1.
(1) お飲みになります

(2) お待ちになります

(3) お読みになります

(4) お話しになります

(5) お帰りになります

(6) お起きになります

(7) おかけになります

2.
(1) お待ちします

(2) お持ちします

(3) お話しします

(4) お手伝いします

(5) お伝えします

(6) お届けします

(7) おかけします

[JPT · JLPT 실전확인문제]

1. A　할아버지는 창 측에 앉으시겠습니까?

2. D　커피와 홍차 중 어느 쪽을 드시겠습니까?

3. B　전화는 1층에 있기 때문에 사양하지 말고 사용하세요.

4. B　아버지는 항상 몇 시경에 돌아오십니까?

5. C　안으로 들어오셔서 커피라도 마시지 않겠습니까?

6. A　이것은 옛날 유명한 선생님이 그리신 그림입니다.

7. D　내일 제가 찾아뵙겠습니다.

8. A　피곤하시죠. 이쪽 소파에서 편히 쉬세요.

9. B　「과장님, 보고서를 봐 주시지 않겠습니까?」 「좋아요.」

10. C　「오래 기다리셨습니다. 이쪽으로 오세요.」
　　　「실례하겠습니다.」

11. C　지금 곧 오니까 조금 더 기다려 주세요.

12. D　「지금까지 정말 신세를 많이 졌습니다.」
　　　「또 어딘가에서 만납시다.」

13. B　선생님께서 이제 곧 이쪽으로 도착하십니다.

14. D　죄송합니다만, 내일 회사를 쉬어도 되겠습니까?

15. D　구두를 벗고 들어오세요.

16. C　「선생님, 무거운 짐은 제가 들겠습니다.」

17. C　서류는 제가 들겠습니다.

18. C　나에 대해서 간단히 소개하겠습니다.

19. B　실례합니다. 좀 여쭈어 볼 것이 있습니다만. 역은 어디입니까?

20. B　음료수는 언제쯤 들고 갈까요?

[오문정정]

21. C ─ 休ませて

　　오늘은 몸 상태가 안 좋기 때문에 쉬어도 되겠습니까?

22. D ─ なりますか

　　이 마을은 길을 헤매기 쉽습니다. 지도를 가지고 계십니까?

23. D ─ お待ち

　　오래 기다리셨습니다. 다나카는 이제 곧 오니까 조금만 기다려 주세요.

24. B ─ ご

　　현관의 벽에 걸려 있는 그림은 가족 분 중의 누군가가 그리신 것입니까?

25. D ─ いたします

　　다나카는 지금 자리에 없습니다만. 돌아오면 꼭 이쪽에서 연락을 드리겠습니다.

제 2 부

제1장 명사 (2)　　　　　　　　p.180

[JPT · JLPT 실전확인문제]

1. A　오사카에 있는데도 타코야끼를 먹어 본 적이 없다니 믿을 수 없습니다.

2. B　어릴 때는 매일 밖에서 친구와 놀곤 했습니다.

3. A　전학한 이후 딸은 매우 밝아졌다.

4. B　그녀는 그다지 유명하지 않지만 음악에 대한 재능은 볼 만한 면이 있다.

5. C　슬슬 올 것인데요.

6. B　저 개는 항상 잠만 잔다.

7. A　바쁘신데도 오늘 이렇게 와 주셔서 정말로 감사드립니다.

8. A　오늘은 집에서 케이크를 만들 예정입니다.

9. B　이번에 결혼하게 되었기 때문에 보고 드립니다.

10. A　그가 간다고 말했기 때문에 당신이 갈 필요는 없다.

11. B　놀랍게도 모교에서 올림픽 선수가 탄생했다.

12. C　이제 와서 그를 추적한들 시간에 맞출 수 없다.

13. B　모두가 분발해 준 덕분에 성공했다.

14. B　방이 더워서 현관문을 열어 놓았더니 모기가 많이 들어왔다.

15. B　멀리서 아이의 울음소리가 들립니다.

16. A　왠지 감기 기운이 있는 것 같으니까 조금 쉬자.

17. B　내가 신호를 보내면 시작하세요.

18. B　그녀는 웃고 있었지만 조금 쓸쓸한 듯한 얼굴이었다.

19. A　몸이 안 좋아? 얼굴이 새파래.

20. A　개와 산책할 겸 과일이라도 사러 가자.

[오문정정]

21. A ― ために

살기 위해 자신을 희생하면서까지 필사적으로 계속 일했다.

22. A ― 閉じたまま

눈을 감은 채 이 멜로디를 듣고 있으면 그 때의 일이 생각난다.

23. D ― こと

다른 학생은 숙제가 많다고 항상 불평을 하지만 다나카 군은 전혀 그런 적이 없다.

24. B ― たばかりに

그의 비위에 거슬리는 말을 한 탓에 20년이나 오래된 친구를 잃어버렸다.

25. B ― ことだから

잘 잊어버리는 그이기 때문에 역시 오늘도 숙제를 잊고 오겠지.

제2장　い형용사 (2)　　p.190

[JPT · JLPT 실전확인문제]

1.　D　이 젓가락은 굵은 듯해서 조금 가는 것을 원합니다.

2.　C　이 장식품은 바닥이 덜커덩거리기 때문에 밑이 평평한 것을 주세요.

3.　D　자기 전에 진한 커피를 마셔도 나에게는 효과가 없는 것 같다.

4.　B　연인과 헤어져서 매우 괴롭습니다.

5.　B　대학 선생님이 재밌는 옛날 잡지를 보여 주셨습니다.

6.　C　어린 시절 어머니가 만들어 준 요리의 맛이 그리워서 견딜 수 없습니다.

7.　D　작년 여름은 생각했던 만큼 덥지 않았습니다.

8.　B　자료실이 먼지투성이로 매우 더러운데 언제 청소한 것일까?

9.　D　그 모습 좀 촌스럽지 않니.

10.　B　그날은 종일 끊임없이 비가 계속 내렸다.

11.　B　창업을 생각하고 있지만 본인 자금이 부족해서 실현될 것 같지 않다.

12.　A　최근 조금 살찐 것 때문인지 청바지가 꽉 끼는 느낌이 든다.

13.　B　그녀는 눈물이 많아서 슬픈 프로그램 등을 보면 바로 울기 시작한다.

14.　A　선생님은 수업 중 잡담을 하고 있는 학생에게는 매우 엄했다.

15.　C　이 차는 매우 쓰지만 이것을 마시는 것이 나의 오래 전부터의 일과다.

16.　D　현대인은 바로 새로운 것으로 바꾸며 아직 사용할 수 있는 것을 바로 버린다. 정말로 아깝다.

17.　C　사건 당일 당신의 알리바이를 상세하게 말해 주시지 않겠습니까?

18.　B　이대로라면 그 대학에 합격할 희망은 없다.

19.　A　날씨가 크게 변화하면 몸 상태도 왠지 나른해지는 느낌이 든다.

20.　A　어머, 50엔 부족하네.

[오문정정]

21.　C ― 狭い

여성이기 때문에 직장에서 주눅이 들다니 불공평하다.

22.　D ― 甘くして

그로 말할 것 같으면 "커피에 이렇게도 많이?"라고 말할 만큼 설탕을 넣어 뭐든지 달게 해서 마시는 버릇이 있다.

23.　D ― 良かったです

분발해서 공부한 보람이 있어 이번 시험은 전보다 점수가 좋았습니다.

24.　B ― 面白かった

지난 호가 매우 재미있었기 때문에 이번 호도 또 구입하려고 생각하고 있습니다.

25.　A ― 若い

젊었을 때는 세상의 냉엄함도 제대로 모른 채 유명해지는 일밖에 생각하지 않았다.

제3장　な형용사 (2)　　p.200

[JPT · JLPT 실전확인문제]

1.　C　저쪽 손님은 적당한 가격의 화장품을 찾고 있는 듯합니다.

2.　B　여행의 대략적인 설명은 이 종이에 쓰여 있습니다.

3.　C　중요한 이야기가 있으니까 조용한 레스토랑에 가자.

4.　C　이 주변은 선술집이나 슬롯머신 가게가 많기 때문에 밤

에도 떠들썩합니다.

5. C 저 길은 차 왕래가 심해서 초보자가 운전하는 것은 위험합니다.

6. D 그렇게 공부를 싫어했던 아들도 지금은 훌륭한 의사가 되었습니다.

7. C 오늘 당신의 스커트. 나와 같은 색이네요.

8. A 어제의 식사회는 화기애애하고 부드러운 분위기였습니다.

9. A 그의 집은 화려하고 아름답게 꾸며져 있어 마치 궁전과 같았다.

10. B 밤길에서는 수수한 옷차림을 한 통행인은 잘 안 보이기 때문에 주택가 등에서는 서행해야 합니다.

11. A 내가 그를 좋아하게 된 이유는 그가 아버지를 닮아 매우 명랑한 사람이기 때문입니다.

12. D 아이들이 건강하게 자라 주면 그것으로 좋다.

13. B 그러면 제도의 중요한 내용은 제가 설명하겠습니다.

14. A 옛날에는 명랑한 성격이었던 그가 저런 작은 일로 흐트러진 모습을 보이다니.

15. B 아무렇지 않은 듯한 얼굴로 거짓말을 하는 그를 믿을 수 없다.

16. B 파란만장한 인생이었지만 지금은 효성스러운 아들을 가져 행복하다.

17. C 그녀의 목소리는 매우 아름다워서 아나운서에 꼭 어울린다.

18. C 최근 이 마을에서 발생한 불가사의한 사건을 조사했다.

19. C 이 주변은 사람의 왕래가 적어 낮에도 여성이 혼자 걷는 것은 위험하다.

20. D 시험 전은 항상 우울합니다.

[오문정정]

21. B — 心配なので

밤에 아이들만 밖을 걷게 하는 것은 걱정되기 때문에 어두워지기 전에 집에 돌아오도록 말하고 있다.

22. C — 同じ

나는 아버지를 꼭 닮았습니다. 그래서 모두에게 아버지와 같은 얼굴을 하고 있다고 듣고 있습니다.

23. A — きれいだし

다나카 씨는 예쁘고 자잘한 곳까지 신경을 쓰기 때문에 우리 직장의 인기인입니다.

24. D — 心配

최근 아들은 말수도 적고 그다지 웃지 않아서 매우 걱정스럽다.

25. C — 危険な

지진에 의해 무너진 다리는 다시 고치는 데 시간이 걸려 위험한 상태 그대로다.

제4장 동사 (2) p.235

[JPT · JLPT 실전확인문제]

1. B 팝콘을 먹으면서 영화를 봤습니다.

2. B 벽에 귀여운 시계가 걸려 있다.

3. C 현지 사람과의 교류에 의해 점점 영어를 말할 수 있게 되었습니다.

4. B 테이블 위에 있었던 읽다 만 잡지를 어머니가 버려 버렸다.

5. A 축제 당일은 모두 어찌할 바를 모른다.

6. C 이 상품은 저희 가게에서는 취급하고 있지 않습니다.

7. B 게임소프트 발매일에는 가게 앞에 많은 사람이 줄서 있습니다.

8. D 풀 마라톤에 출장하는 이상 기필코 42.195Km를 완주하고 싶다.

9. C 비록 손님이라도 영업 시간 외는 대응하기 어렵습니다.

10. B 여기서는 담배를 피워서는 안 됩니다.

11. D 그의 행동은 굉장하다고밖에 말할 수 없습니다.

12. B 휴일의 유원지에는 셀 수 없을 정도의 사람이 온다.

13. B 어머니는 밖에 나갈 때는 항상 모자를 씁니다.

14. C 비가 이렇게 내리고 있는데 저 사람은 우산을 쓰지 않고 걷고 있습니다.

15. A 바지를 살 때는 사기 전에 한 번 입어 봅니다.

16. D 최근에는 간단한 한자도 쓸 수 없는 사람이 늘어났습니다.

17. A 이 풀. 왠지 이상한 냄새가 난다.

18. B 이제 어른이니까 자기 관리를 확실히 해야만 한다.

19. A 다나카 씨는 자리에 없기 때문에 돌아오는 대로 연락드리겠습니다.

20. B 코끼리는 마치 빨리 달라고 말하는 듯이 코를 펴서 먹이를 원한다.

21. D ― なくて

인신사고에 의해 전철이 늦어졌기 때문에 평소에 타던 지하철이 아닌 택시로 회사에 갔습니다.

22. B ― 多

인기있는 동물원에 갔지만 사람이 너무 많아서 동물보다 사람을 보러 간 것 같았다.

23. D ― お取り次ぎ

접수처에서 용건을 물어 담당자에게 전하겠습니다.

24. B ― せずに

충분히 노력도 하지 않고 간단히 성공할 수 있다니 착각에도 정도가 있다.

25. C ― やり

장난치는 것을 좋아하는 우리 집 개라면 할 법도 하다.

제5장 조건·가정의 표현 p.243

[JPT·JLPT 실전확인문제]

1. B 여행 가면 반드시 기념품을 산다.

2. C 공항에 도착하면 전화해 주세요.

3. D 여행을 한다면 역시 교토가 좋다고 생각합니다.

4. C 장지를 여니 아내는 한창 다리미질을 하고 있는 중이었다.

5. A 돈을 넣고 버튼을 누르면 아래에서 주스가 나옵니다.

6. D 나는 이제 돌아갈 건데 너는 어떻게 할래? 글쎄. 다나카 군이 돌아가면 나도 돌아갈래.

7. A 아이의 장래를 생각하기 때문에 아이에게 너무 엄하게 해 버리는 경우도 있다.

8. B 이 아이로 말할 것 같으면 5학년이나 되어 이런 간단한 계산도 못해요.

9. C 내일 대설이 내리면 전철이 멈출지도 모른다.

10. B 지금은 바쁘니까 1시에 와 주세요.

11. B 바람이 그치기만 하면 야구를 할 수 있는데.

12. D 취미도 여러 가지가 있다. 청소가 취미라고 하는 사람도 있고 세탁이 취미라고 하는 사람도 있다.

13. A 여행 중 비만 내리지 않으면 좋을 텐데.

14. B 생각하면 할수록 어떻게 하면 좋을지 모르게 된다.

15. B 어학은 깊이가 있어 공부하면 할수록 어려워지는 듯한 느낌이 든다.

16. B 아무리 이익을 올렸다고 해도 투자에 걸맞지 않으면 그뿐이다.

17. D 은행에 간다면 버스로 가는 것이 편리합니다.

18. B 「자신의 발에 맞는 구두를 원합니다.」
「구두를 산다면 이 가게가 좋아요.」

19. B 내일 컨디션이 좋으면 스포츠 센터라도 갈까?

20. B 미국에 도착하면 공항에서 바로 전화해 주세요.

[오문정정]

21. B ― なら

다나카 씨라고 하면. 다른 현에 간다면 신칸센을 타는 것조차 모른다.

22. B ― したなら

이번 달 초순에 이사를 한다면 슬슬 인사하러 와도 좋을 것이다.

23. D ― なります

이 야채 주스를 마시면 더욱 예뻐집니다.

24. D ― ない

텔레비전에 아이의 얼굴만 나오지 않는다면 걱정할 필요는 없을 것이다.

25. B ― と

기름기 음식을 많이 먹으면 명치 언저리가 아플 수 있기 때문에 주의하도록 해.

제7장 부사 p.294

[JPT·JLPT 실전확인문제]

1. B 의사가 준 약을 먹었지만 조금도 좋아지지 않습니다.

2. D 「내가 아니야」라고 아무리 말해도 아무도 믿어 주지 않았다.

3. A 인기가수의 콘서트 티켓은 순식간에 다 팔렸다고 한다.

4. B 형은 정말 장남답고 항상 동생들의 싸움을 중재해 주었다.

5. B 매일 아침 어느 정도 거피를 마십니까?

6. B 「재회를 기념해서 한잔 마시러 가지 않겠습니까?」
「그래요. 모처럼이니까.」

7. A 졸업까지 얼마 남지 않았습니다.

8. D 의사로부터 절대로 이 이상 담배를 피지 마라고 들었다.

9. D 이 시간은 아마 이쪽 길로 가는 편이 빨리 도착하겠지요.

10. D 늦어서 죄송합니다. 사고로 전철이 좀처럼 오지 않았습니다.

11. B 아무리 분발해도 그의 실력에는 이길 수 없다.

12. A 다이어트 한다고 말하고, 딸은 조금도 먹지 않았다.

13. A 평가가 높은 영화라고 들었기 때문에 꼭 보고 싶습니다.

14. D 다음 선거에서는 틀림없이 저 사람이 뽑힐 것이다.

15. C 수업을 결석할 경우는 미리 담당교사에게 연락하도록.

16. B 이제 와서 과거의 일을 이러쿵저러쿵 해도 나로서는 어떻게 할 수도 없다.

17. B 시간은 많이 있으니까 침착하게 문제를 풀면 된다.

18. A 우리 가족은 모두 대개 10시경 잡니다.

19. B 어머니와 아들이 함께 건강해서 모두 안심했다.

20. C 잔업 때문에 늦어졌지만 겨우 마지막 전철에 시간을 맞출 수 있어 다행이었다.

[오문정정]

21. B — ぐうぐう

버스에 흔들려 쿨쿨 자고 있었더니 내리는 정류소를 지나치고 말았다.

22. C — 必ずしも

부모님이 유명하다고 해서 반드시 그 아들이 유명해진다고는 할 수 없다.

23. C — 今更

그가 누구보다도 동물을 좋아하는 것은 이제 와서 말할 필요도 없다.

24. D — なかなか

그 가방은 매우 인기가 좋아서 입하해도 매진이 되어 좀처럼 손에 넣기 어렵다.

25. B — ざあざあ

장마철이 되면 비가 좍좍 내려 습기도 많아 짜증내기 쉽다.

제8장 접속사　　　　p.308

[JPT · JLPT 실전확인문제]

1. C 참가비는 다나카 군 또는 나카무라 군에게 주세요.

2. C 폭풍우는 지나갔다. 그러나 안심하기에는 아직 이르다.

3. A 내일은 행락에 알맞은 날씨가 될 것 같다. 바다에 갈까 아니면 산에 갈까?

4. A 이것은 매우 희귀한 물건입니다. 따라서 가격도 상당히 비쌉니다.

5. B 다나카 씨 혹은 나카무라 씨에게 담당을 맡기려고 합니다.

6. A 생일날 받은 상자를 열어 보았습니다. 그러자 안에서 강아지가 나왔습니다.

7. D 그러면 오늘 연습을 시작합시다.

8. D 이 방은 8명 내지 10명이 생활할 수 있는 정도의 크기다.

9. B 엄마의 엄마, 즉 나의 외할머니는 현재 80살입니다..

10. B 자, 이제 슬슬 마중 갈 시간이네요.

11. A 최근 휴대전화는 무료로 텔레비전을 볼 수 있고 또한 인터넷도 가능하다.

12. A 좋아, 나도 투자할게. 단 몇 가지 조건이 있다.

13. D 「무라타 씨. 다나카 씨가 안 보여요.」
「그러고 보니 오늘은 아직 만나지 않았어요.」

14. A 물가는 오르기만 한다. 하지만 급료는 전혀 오르지 않는다.

15. A 내일은 프레젠테이션을 해 주세요. 또한 프레젠테이션 종료 후 쫑파티가 있습니다.

16. C 성적은 나쁘고 게다가 수업 중의 사담도 심하다.

17. B 지금 바로 갑니까? 그렇지 않으면 조금 뒤에 할까요?

18. A 케익 혹은 과일을 선물로 사서 가겠습니다.

19. C 그가 만든 요리는 맛있다. 게다가 재료비도 싸다.

20. A 그에게 전화를 걸었다. 그러자 모르는 여성이 전화를 받았다.

[오문정정]

21. C — それから

귀가하면 우선 손을 씻습니다. 그리고 나서 양치질을 하고 간식을 먹습니다.

22. C — それで

다나카 군은 자기중심적이고 타인의 의견을 듣지 않는다고 한다. 그래서 주변 사람들은 곤란해 하고 있는 것 같다.

23. B — それとも

먼저 점심 먹으러 갈까요? 그렇지 않으면 나와 쇼핑을 함께 해 주실래요?

24. B — すなわち

범인은 지금 동경에 있는 것 같다. 즉. 동경에 가면 범인을 체포
할 수 있다는 것이다.

25. B — しかし

창업을 생각하고 있다. 그러나 자금이 부족해서 곤란해 있다.

제10장 조사 (2)   p.328

[JPT · JLPT 실전확인문제]

1. C   어머니. 이것은 제가 드리는 선물입니다.

2. B   내일은 아무런 예정이 없으니까 드라이브라도 할까?

3. A   기무라 씨는 다리뼈에 금이 갔는데도 축구 시합에 나갔습니다.

4. C   다나카 씨는 피아노도 칠 수 있고 바이올린도 잘 켭니다.

5. A   동경에는 대학이 100학교 이상이나 있습니다.

6. D   몸이 건강하기 때문에 어떤 괴로운 일도 해낼 수 있다.

7. D   교수조차 모르는 문제를 학생이 풀 수 있을 리가 없다.

8. A   많이 걸어서 목도 마르고한데 이쯤에서 차라도 어떻습니까?

9. B   이 동물은 일본에는 단 2마리밖에 없습니다.

10. B   내일까지 예의 서류를 가져오겠습니다.

11. C   설명회는 몇 시경 끝납니까?

12. B   그는 독서가로 일주일에 10권 정도 책을 읽는다고 합니다.

13. A   아들은 집을 뛰쳐나간 뒤 벌써 6년이나 돌아오지 않고 있다.

14. D   맛있는지 아닌지는 먹어 보지 않으면 모른다.

15. C   학력은 어떻든 간에 그 잘난 체하는 태도에 문제가 있다.

16. C   학교에서 돌아오자마자 딸은 자신의 방에 틀어박혀 나오지 않는다.

17. B   설령 돈이 있어도 건강하지 않으면 의미가 없다.

18. C   서투른 집안일도 결혼한 이상은 할 수밖에 없다.

19. A   7월부터 8월에 걸쳐 일본은 불꽃놀이 시즌입니다.

20. D   저 사람과는 10년 전에 재회한 이래 계속 술친구입니다.

[오문정정]

21. C — でも

일이 끝나고 나서 함께 차라도 마시지 않을래요?

22. A — は

어제는 어디에도 가지 않았습니다. 집에서 리포트를 쓰고 있었으니까.

23. D — までに

회사는 8시에 시작되지만. 신입사원인 나는 매일 아침 7시 반까지 회사에 간다.

24. D — ありません

일단 엔짜리 물건을 사고 싶지만 지갑에는 5천 엔밖에 없습니다.

25. C — のに

영화관에 가자고 들었기 때문에 약속 장소에서 쭉 기다렸는데 아무도 오지 않는다.

제11장 경어 (2)   p.334

[JPT · JLPT 실전확인문제]

1. A   내가 그린 만화를 선생님에게 보여 드렸습니다.

2. B   「선생님. 벌써 이 책을 읽으셨습니까?」「네. 읽었습니다.」

3. A   많이 만들었으니까 사양하지 말고 계속 드세요.

4. D   사장님에게는 제가 전달하고 오겠습니다.

5. C   아버지가 선생님에게 잘 부탁한다고 말씀하셨습니다.

6. A   여러분에게 몹시 걱정을 끼쳐 드려서 대단히 죄송했습니다.

7. A   어머니가 「잘 부탁해」라고 말하셨습니다.

8. D   이제 곧 돌아올 거라고 생각하기 때문에 들어와서 기다리세요.

9. D   선생님은 맥주를 드십니까?

10. D   선생님의 유년시절의 일은 아버지로부터 이야기를 들어서 잘 알고 있습니다.

11. D   맛있을 것 같은 쿠키네요. 그럼 사양하지 않고 먹겠습니다.

12. B   기무라 회장님의 부인은 보라색 기모노를 입고 계신 분입니다.

13. A   어머님은 언제 여기로 오십니까?

14. D   어제 재미있는 물건을 손에 넣었습니다. 선생님에게 보여 드릴까요?

15. A   일전에 제가 방문했을 때에 드린 자료는 읽으셨습니까?

16. B   제가 이번 달부터 여기로 배속된 다나카라고 합니다. 실례합니다만 야마다 부장님이십니까?

17. C 　내 고향의 아름다운 산을 꼭 선생님에게도 보여 드리고 싶습니다.

18. B 　마음에 드신 것이 있으시면 손에 들고 보세요.

19. B 　이 건에 관해서는 여러분으로부터의 의견을 듣고 싶습니다.

20. C 　저희들을 위해 멀리서 와 주셔서 대단히 감사합니다.

[오문정정]

21. D — ご存じですか

종이나 티슈는 목재로부터 만들어지고 있다는 것을 알고 계십니까?

22. D — いただきたい

만약 괜찮다면 제가 그린 그림을 봐 주셨으면 합니다만.

23. D — まいりました

오늘은 제가 만든 케익을 들고 왔습니다. 모두 나누어 드세요.

24. D — さしあげる

선생님에게 드릴 일본식 과자를 어느 것으로 할지 고민하고 있습니다.

25. D — 存じ上げません

죄송합니다만, 그 건에 관해서는 저는 아무것도 모릅니다.

부록　관용구　p.360

[JPT · JLPT 관용구 확인문제]

1. C 　성인식날 미용실은 굉장히 바쁘다.

2. B 　귀에 못이 박힐 정도로 숙제를 해라고 말해도 남동생은 텔레비전 앞에만 붙어 있다.

3. A 　그는 항상 고학력을 자랑하고 있다.

4. D 　내일 회의까지 이 기획서를 대충 훑어봐 두세요.

5. A 　빚을 내면서까지 명품을 계속 사는 그녀를 보고 있으면 어이가 없어서 말이 나오지 않는다.

6. B 　우리 둘 문제에 마음대로 말참견을 하지 말아 주세요.

7. D 　이럭저럭 2시간 산을 계속 오르고 있기 때문에 다리가 뻣뻣해져 이제 걸을 수 없다.

8. B 　아버지가 그를 마음에 들어해서 정말 다행이었다.

9. D 　이 나이가 되어도 부모님에게 의지하면서 생활하고 있는 자신이 한심스럽다.

10. D 　그의 아무런 근거도 없는 이야기를 믿은 내가 바보였다.

11. C 　나의 어디가 마음에 들지 않는지 확실히 말해 주지 않으면 몰라요.

12. D 　내정이 정해진 회사로부터 내정 취소 통보가 와서 어찌할 바를 몰랐다.

13. B 　모처럼 화해한 두 사람에게 찬물을 끼얹는 말을 하지 않도록 말을 조심하자.

14. C 　팀의 리더에 한몫을 맡아 주지 않을래?

15. A 　그의 감언에 감쪽같이 속아 버렸다.

16. D 　젊은데 지역 청소활동에도 고생을 조금도 마다하지 않고 자진해서 참가하다니 감탄스럽다.

17. C 　그 우유부단한 태도를 언제까지 계속할 작정입니까?

18. A 　운동도 하지 않고 집에서 빈둥빈둥하니까 뒤룩뒤룩 살찌는 거야. 자업자득이야.

19. D 　한때는 어떻게 될런지 하고 생각했지만 겨우 우리 회사도 궤도에 올랐어.

20. C 　증거가 불충분한 채 시효기간이 점점 다가와 이대로는 결말이 나지 않는다.

[오문정정]

21. C — 浴びる

언젠가 예능계에 들어가서 각광을 받는 것이 나의 꿈이다.

22. D — 抜けない

아이는 언제 무엇을 입에 넣을지 모르니까, 한순간이라도 긴장을 늦출 수 없다.

23. D — 削って

백화점은 보너스 경쟁으로 맹렬히 싸우고 있어.

24. D — 瘤

전학생인 그녀는 미인이고 머리도 좋아서 반 여자 아이들에게 있어서 눈에 가시일 거야.

25. B — 七

부모의 위광으로 예능계에 들어간 유명인은 오래가지 못해.

あ 행

あ	25
あげる	98
あたかも	256
強ち	254
あまり	252
予め	260
あります	90
あるいは	300
案の定	269
い	146
いただく	99
一応	273
一向に	253
一体	257
〜一方で	214
います	90
未だ	251
イ音便	85
いらっしゃる	73
い형용사 어간 + かった	43
い형용사 어간 + く ない	43
い형용사 어간 + く + 동사	43
う(동사 의지 · 권유형)	81
う(조동사)	127
〜うちに	169
おいでになる	331

おかげで	168
〜おき	173
お越しになる	331
お(ご) + 동사의 ます형 + いただく	152
お(ご) + 동사의 ます형 + ください	151
お(ご) + 동사의 ます형 + する(致す)	152
お(ご) + 동사의 ます형 + です	151
お(ご) + 동사의 ます형 + なさる	151
お(ご) + 동사의 ます형 + になる	151
お(ご) + 동작성 명사 + いただく	152
お(ご) + 동작성 명사 + する(致す)	152
お(ご) + 동작성 명사 + です	151
お(ご) + 동작성 명사 + なさる	151
お(ご) + 동작성 명사 + になる	151
お(ご) + 동작성 명사 + くださる	151
〜おそれがある	213
おっしゃる	73
男らしい	123
思わず	270
お見えになる	331
および	300
女らしい	123

か 행

か(종조사)	143
か(부조사)	327
が	139
かえって	260

かけの	206		こ	25
かしら	145		ござる	73
がたい	207		こそ	322
がちだ	205		～ごと(毎)	173
～がてら	173		～ごと	173
かな(あ)	146		～ことができる	116
必ずしも	254		尽く	266
予て	263		～ことだから	161
かねない	206		～こととて	161
かねる	206		～ことなく	161
彼女	24		～ことなしに(は)	161
～が早いか	213		～ことに	161
～かもしれない	227		～ことにしている	161
から(격조사)	142		～ことにする	161
から(접속조사)	314		～ことになっている	161
彼	24		～ことになる	161
かわいらしい	123		～ことはない	160
きっぱり	287		子供らしい	123
君(たち)	24		こなす	206
気味	205			
～きらいがある	213			
きり	325			
きれない	207		さ	145
ぐずぐず	287		さえ	322
くださる	99		～さえ～ば	240
ぐっすり	278		さしあげる	99
くらい	324		～(さ)せていただきたい	111
ぐらい	324		～(さ)せていただく	152
くれる	99		～(さ)せていただけますか	111
決して	253		～(さ)せてください	111
けれども	299		～(さ)せてくれませんか	111

さ행

〜(さ)せてもらえますか 111
させられる 118
(さ)せる 110
さぞ 255
早速（さっそく） 262
さっぱり 251
さて 299
然程（さほど） 252
さらに 259
〜ざるを得（え）ない 207
し 316
しか 322
しかし 298
〜しかない 212
したがって 302
次第（しだい） 206
自動詞（じどうし） 93
〜始末だ（しまつ） 214
じめじめ 283
徐々に（じょじょ） 274
しょっちゅう 261
しょんぼり 277
〜じゅう 174
ず 127
すぎる 204
少しも（すこ） 252
〜ずじまい 209
〜ずつ 173
すなわち 298
〜ずに 208
〜ずに 215

〜ずにはいられない 208
〜ずにはおかない 208
〜ずには済まない（す） 208
すべて 265
〜する一方だ（いっぽう） 166
すると 303
ぜ 144
せい 168
せっかく 264
全然（ぜんぜん） 251
そ 25
ぞ 144
そうだ 121
〜そうではない 122
〜そうにない 123
〜そうにもない 123
〜そうもない 123
促音便（そくおんびん） 86
そして 301
そっくり 266
それから 301
それで 302
それとも 301
それなのに 299
それに 301

た 행

〜た(だ) 126
〜た挙げ句（あ）（く） 211
〜たい 120

大して　252
大分　259
〜たいものだ　163
〜た上で　212
〜たかと思ったら　212
だが　299
〜たが最後　211
だから　302
たがる　119
〜たきりだ　211
たくさん　266
〜たことがある　160
だす　203
ただし　298
直ちに　263
忽ち　263
〜だったです　33
だって　323
〜た＋つもりで　167
〜たて　205
他動詞　93
〜たところ(が)　166
〜たとたん　211
たびに　170
〜たほうがいい　225
ために　167
〜たら　241
〜だらけ　173
〜たり　85
〜だろう　227
〜(た)ばかり　165

た형＋まま　168
ちっとも　253
〜ちゅう　174
ちょっと　267
っけ　146
っこない　205
つつある　205
つつ(も)　205
つづける　203
常に　261
っぱなし　206
っぽい　205
つもり　167
つもりで　167
〜つもりはない　167
〜て　85
〜で　143
〜てあげる　100
〜てある　96
〜ていく　217
〜ていただく　101
〜て以来　211
〜ている　95
〜ておく　216
〜てからでないと　210
〜てからというもの　210
てきぱき　287
〜てくださる　100
〜てくる　217
〜てくれる　100
〜てさしあげる　100

～てしかたがない	210	
～てしまう	218	
～でしょう	227	
～てしょうがない	210	
～です	126	
～てたまらない	210	
～てならない	210	
～てはいけない	226	
～て(は)いられない	211	
～てばかりいる	165	
～てはじめて	211	
～で働く	141	
～てはならない	226	
～てみる	217	
～てもいい	226	
～でも～でもありません	34	
～てもらう	101	
～てやる	100	
～てやまない	210	
～と思う	227	
と(격조사)	141	
と(조건・가정)	238	
ど	25	
どうか	255	
どうして	257	
どうぞ	255	
到底	254	
とおす	204	
とおりに	169	
どおりに	169	
ところ	166	

ところが	299	
ところで	300	
ところに	166	
ところへ	166	
ところを	166	
とっさに	263	
とはいえ	299	
とも	144	
取り敢えず	273	

な행

な	144	
なあ	144	
ない(동사부정)	77	
～ないうちに	169	
～ない限り	209	
～ないことはない	160	
～ないで	215	
～ないではいられない	208	
～ないではおかない	208	
～ないでは済まない	208	
～ないものでもない	209	
～ないわけにはいかない	209	
なお(부사)	259	
なお(접속사)	300	
尚更	260	
ながら(も)	204	
～なくて	215	
～なくてはいけない	226	
～なくてはならない	208	

〜なければならない	226
〜なさそうだ	122
なさる	73
など(형식명사)	171
など(조사)	325
何か	92
何が	92
なら	242
なり	326
〜なり〜なり	213
なんて	171
な형용사 어간 + な + 명사	55
な형용사 어간 + に + 동사	56
に	140
〜に会う	141
〜に憧れる	141
〜に値する	141
〜に行く	204
〜に勝つ	141
〜に通う	141
〜に気づく	141
〜に気をつける	141
〜にくい	204
〜に触る	141
〜に住んでいる	141
〜に沿う	141
〜に背く	141
〜に勤める	141
〜に似ている	141
〜に乗る	141
〜にはあたらない	214

〜に入る	141
〜に迷う	141
ぬ	127
ぬく	206
ね	145
ねばねば	283
〜ねばならない	208
の(격조사)	140
の(종조사)	145
ので	314
のに	316
〜のみならず	341

は 행

は	320
ば(조건・가정)	238
ば(동사 가정형)	83
ばからしい	123
〜ばかりか…も(まで)	165
〜ばかりに	165
はじめる	203
〜はずがない	163
〜ばそれまでだ	240
〜は〜だ	32
果して	257
〜は〜だった	33
撥音便	87
〜は〜でした	33
〜は〜でしょう	34
〜は〜です	32

～は～ですか	32	～ます(か)	75
～は～で、～です	34	ますます	259
～は～では(じゃ)ありません	33	ます형	72
～は～では(じゃ)ありませんでした	34	ます형 + うる	117
～は～では(じゃ)ない	32	ます형 + える	117
～は～では(じゃ)なかった	33	ます형 + 方(かた)	170
～ば～ほど	240	～ません	75
ひっきりなしに	262	～ませんか	76
ぶり	170	～ませんでした(か)	75
へ	141	また	300
～べからざる	340	真(ま)っ白(しろ)	172
～べからず	340	真(ま)っ赤(か)	172
～べく	340	真(ま)っ黒(くろ)	172
～べし	340	真(ま)っ青(さお)	172
べたべた	283	まっすぐ	268
別(べっ)に	252	全(まった)く	253
ぺらぺら	288	まで	323
放題(ほうだい)	206	まるで	251
僕(ぼく)(ら)	24	満更(まんざら)	252
ほしい	120	みたいだ(회화체)	124
ほしがる	120	むしろ	260
ほど	324	～め(目)	173
殆(ほと)んど	266	迷惑(めいわく)の受(う)け身(み)	113
		滅多(めった)に	254
		も	321
		もう	272
まい	128	もしかしたら	255
前(まえ)もって	260	～もかまわず	341
まさか	251	もちろん	258
～ました(か)	75	もっぱら	272
～ましょう(か)	76	もの	146

～ものか	163		よさそうだ	122
～ものがある	162		よもや	251
～ものだから	163		より	142
～ものなら	162			
～ものの	162		**ら행**	
～ものを	163			
～も～ば～も	240		らしい	121
もらう	99		ら抜き言葉(ら가 빠진 말)	117
もん	146		(ら)れる	112
～もんか	163		碌に	254

や행

や(격조사)	143		**わ행**	
や(종조사)	146		わ	145
～や(屋)	173		わざと	264
～や否や	213		わざとらしい	123
やがて	263		わざわざ	265
やく	265		～わけがない	164
やすい	204		～わけではない	164
やっと	269		～わけにはいかない	165
やはり	258		を	140
やら	327		～を問わず	341
やる	99		～をものともせずに	163
よ	144			
よう	127		**ん**	
ようがない	206		ん	127
～(よ)うが～まいが	214		～んがため(に)	208
ようだ	121		～ん(ぬ)ばかりに	165
～(よ)うと～まいと	214		～んばかりだ	209
～(よ)うにも～ない	215		～んばかりの	209